वैज्ञानिक संत

डॉ. कलाम

डॉ. ए.पी.जे. अब्दुल कलाम एक साधारण से परिवार में मानवतावादी गुणों के साथ अवतरित हुए। अनेक भाग्यशाली व्यक्तियों को भिन्न-भिन्न क्षेत्रों जैसे–विज्ञान, तकनीकी, आध्यात्मिक, शिक्षा, सामाजिक आदि में साक्षात् रूप में उनके साथ कार्य करने का सौभाग्य प्राप्त हुआ।

इस ग्रंथ के विद्वान् लेखकों एवं लेखिकाओं ने डॉ. कलाम के आत्मीय एवं मानवीय गुणों के भिन्न-भिन्न पहलुओं पर प्रकाश डाला है। भारत के प्रधानमंत्री श्री नरेंद्र मोदी ने अपनी श्रद्धांजलि में लिखा है कि कलाम के रूप में भारत ने एक हीरा खो दिया है। लेकिन उस हीरे की चमक और रोशनी हमें उस मंजिल तक पहुँचाएगी, जो उस स्वप्नद्रष्टा ने सोची थी। उनके एक घनिष्ठ सहयोगी एवं वैज्ञानिक मित्र डॉ. वाई.एस. राजन ने लिखा है कि 'वे इतिहास रचने आए थे, रचकर चले गए।' इसी प्रकार एक वैज्ञानिक साथी ने 'संत के रूप में' और दूसरे साथी ने 'आदर्श इनसान के रूप में' उनका आकलन किया है। कुछ लेखक डॉ. कलाम के गुणों और कार्यों को 'एक सच्चे कर्मयोगी एवं विज्ञान ऋषि' के रूप में देखते हैं। एक वरिष्ठ विज्ञान लेखक ने लिखा है 'न भूतो न भविष्यति : देवोपम डॉ. कलाम।' एक लेखिका ने अपने पिताश्री के साथ डॉ. कलाम से दोस्ती को 'कलियुग में कृष्ण-सुदामा जैसी मित्रता' की संज्ञा दी है। डॉ. कलाम के साथ एक फोटो के प्रभाव से 15 वर्षीय विद्यार्थी को गंभीर उपचार में जीवनदान मिलने के विषय में उसने अपने लेख 'किसी के लिए आशीर्वाद, किसी के लिए जीवनदान' भावों से कलाम साहब के प्रति कृतज्ञता व्यक्त की है।

भारत रत्न डॉ. कलाम के महान् प्रेरणाप्रद जीवन की अनुपम झाँकी है यह पुस्तक।

जन्म : 19 अक्तूबर, 1930, अलीगढ़ (उ.प्र.)।

सन् 1954 में लखनऊ विश्वविद्यालय से सामाजिक कार्यों में स्नातकोत्तर उपाधि प्राप्त की। विकलांगों के पुनर्वास विषय पर आई.एल.ओ. द्वारा 1960 में मनीला, फिलिपिंस में आयोजित सम्मेलन में भारत सरकार का सफलतापूर्वक प्रतिनिधित्व। तत्पश्चात् 25 वर्ष सार्वजनिक उद्योगों व बहुराष्ट्रीय कंपनियों में कार्मिक प्रबंधक के पद पर कार्य किया। 1984 में स्वैच्छिक अवकाश के पश्चात् अपने नवाचारों पर आधारित उद्योगों की स्थापना। 1995 में विकलांग कल्याण केंद्र की स्थापना, जिसके द्वारा कृत्रिम अंग एवं कैलीपर का नि:शुल्क वितरण। देश में नवाचार आंदोलन के जनक।

नवाचार/आविष्कार : राष्ट्रीय महत्त्व के 25 नवाचार, जिनमें से 12 नवाचारों का सफलतापूर्वक व्यापारीकरण।

लेखन एवं प्रकाशन : लगभग सवा सौ लेख और 16 पुस्तकें, जिनमें 4 पुस्तकें अंग्रेजी और 12 हिंदी में प्रकाशित। दोनों भाषाओं में मिलाकर 12 पुस्तकें नवाचार/आविष्कारों पर आधारित।

सम्मान/पुरस्कार : विज्ञान एवं नवाचार के क्षेत्र में विशिष्ट योगदान के लिए 'विज्ञानरत्न' सहित भारत सरकार द्वारा 8 राष्ट्रीय, 3 राज्यस्तरीय सम्मानों से विभूषित। इसके अलावा 2 पुस्तकों पर देश का सर्वोच्च पुरस्कार 'डॉ. मेघनाद साहा सम्मान' तथा 'बाल किशोर साहित्य सम्मान' से पुरस्कृत। विकलांग कल्याण क्षेत्र में भी एक अंतरराष्ट्रीय पुरस्कार और दूसरा राष्ट्रीय 'मोदी फाउंडेशन सम्मान' से पुरस्कृत।

वैज्ञानिक संत
डॉ. कलाम

लक्ष्मण प्रसाद

प्रकाशक

प्रभात प्रकाशन प्रा. लि.

4/19 आसफ अली रोड, नई दिल्ली-110002

फोन : 23289777 • हेल्पलाइन नं. : 7827007777

इ-मेल : prabhatbooks@gmail.com ❖ वेब ठिकाना : www.prabhatbooks.com

संस्करण

2025

पेपरबैक मूल्य

पाँच सौ रुपए

मुद्रक

नरुला प्रिंटर्स, दिल्ली

———— ★ ————

VAIGYANIK SANT DR. KALAM

by Shri Lakshman Prasad

Published by **PRABHAT PRAKASHAN PVT. LTD.**

4/19 Asaf Ali Road, New Delhi-110002

ISBN 978-93-5266-064-3

₹ 500.00 (PB)

डॉ. कलाम

के

सृजक को समर्पित

लेखकीय

कलाम साहब का प्रशंसक होने के नाते मैंने 10 वर्ष पूर्व उनके 75वें जन्मदिवस के अवसर पर एक पुस्तक संकलित करने की योजना बनाई थी। इस विषय में मैंने अपने कुछ विद्वान् मित्रों से सलाह-मशवरा किया तो सभी ने मेरे इस विचार को पूर्ण रूप से सहयोग करने का आश्वासन दिया। जब मैंने उस पुस्तक का नाम 'कर्मयोगी कलाम' रखा तो कुछ विद्वान् लेखकों ने इस 'कर्मयोगी' शब्द के ऊपर संशय जताया और प्रश्न किया कि आप डॉ. कलाम को किस रूप में 'कर्मयोगी' देखते हैं और मानते हैं। स्पष्टीकरण के रूप में मैंने बताया कि डॉ. कलाम में 'कर्मयोगी' के सभी गुण विद्यमान हैं, जैसे—'मन', 'वचन' एवं 'कर्म' आदि। जब मैंने 'कर्मयोगी कलाम' पुस्तक को डॉ. कलाम को भेंट की तो उन्होंने भी कहा कि आपने मुझे कैसे 'कर्मयोगी' बना दिया। उनको भी मैंने उपरोक्त उत्तर दिया और उनकी मुसकराहट से ऐसा लगा कि वे मेरे उत्तर से संतुष्ट थे। इस पृष्ठभूमि के कारण जब डॉ. कलाम ने 27 जुलाई, 2015 को शिक्षक के रूप में आई.आई.एम., शिलांग में छात्र व छात्राओं को पढ़ाते हुए शरीर त्यागा, उससे भी स्पष्ट हो गया कि वे एक सच्चे 'कर्मयोगी' थे। इस अशुभ समाचार ने मुझे हिलाकर रख दिया और कुछ दिन बाद मैंने संकल्प किया कि मैं उनके मानवीय गुणों एवं आत्मीय व्यवहार आदि के विषय में एक ऐसी पुस्तक संकलित करूँ, जिससे आनेवाली पीढ़ियों—विशेषरूप से छात्र व छात्राओं—को उनके इन विशेष गुणों के बारे में जानकारी प्राप्त हो।

इस प्रकार के विचार के आने के बाद मैंने अपने कुछ घनिष्ठ मित्रों एवं शुभचिंतकों से विचार-विमर्श किया। सभी ने ऐसी पुस्तक संकलित करने के लिए प्रोत्साहित किया। इससे उत्साहित होकर डॉ. कलाम के विषय में लेख लिखने के लिए मैंने उनके ऐसे वैज्ञानिक मित्र, सहयोगी एवं महानुभावों को ढूँढ़ने का प्रयास

किया, जिन्होंने उनके साथ निकटता से कार्य किया। इसके अलावा ऐसे व्यक्तियों को भी ढूँढने की कोशिश की, जिन्हें डॉ. कलाम के संपर्क में आने का सौभाग्य प्राप्त हुआ, जिससे वे सभी डॉ. कलाम की आत्मीयता, मानवीय गुणों आदि के विषय में अपने-अपने लेखों के माध्यम से विचार प्रस्तुत करें, परंतु इस कार्य में मुझे पूर्ण रूप से सहयोग प्राप्त न हो सका।

भिन्न-भिन्न महानुभावों एवं देवियों के आलेखों द्वारा यह पुस्तक अपने आपमें एक अद्भुत/विचित्र पुस्तक बन गई है, जो वास्तव में लीक से हटकर है। प्रधानमंत्री श्री मोदीजी का बहुत ही हृदयस्पर्शी लेख है तो एक जूनियर हाईस्कूल की अध्यापिका ने भी मार्मिक लेख लिखने का प्रयत्न किया है। जहाँ एक 86 वर्षीय बुजुर्ग का लेख है तो वहीं एक 15 वर्षीय किशोर ने भी लेख लिखने की हिम्मत जुटाई है। जहाँ एक महिला राज्यपाल का लेख है तो वहीं दूसरी ओर एक साधारण सी गृहिणी ने भी लेख लिखकर अपने हृदय की संवेदना प्रकट की है। जहाँ अनेक महान् वैज्ञानिकों के लेख हैं तो वहीं एक साधारण से सफल इन्नोवेटर (नवाचारी) ने भी अपने विचार प्रस्तुत करने की कोशिश की है। जहाँ एक अत्यंत वरिष्ठ आई.ए.एस. अधिकारी का लेख है, तो वहीं दूसरी ओर एक साधारण से नौकरशाह ने भी अपने विचार प्रस्तुत करने का प्रयास किया है। एक ऐसी महिला का रोचक लेख है, जिसके पिताश्री एयर कमोडोर आर.के. अग्रवाल के निर्देशन में डॉ. कलाम कार्य करते थे और कुछ समय के बाद डॉ. कलाम के निर्देशन में उनको कार्य करने का सुअवसर मिला। जहाँ देश के एक वरिष्ठ पत्रकार का लेख है, तो वहीं दूसरी ओर एक साधारण से व्यक्ति ने अपने मन के उद्‌गार प्रदर्शित करने का भरपूर प्रयत्न किया है।

इस ग्रंथ के अधिकतर सभी विद्वान्, लेखक/लेखिकाएँ विभिन्न क्षेत्रों में उत्तरदायी पदों पर कार्य कर चुके हैं और कर रहे हैं। लेखकों में अधिकतर उच्च शिक्षा एवं प्रशासनिक क्षेत्र से संबंधित हैं। डॉ. आर.ए. माशेलकर, डॉ. वाई.एस. राजन एवं प्रो. अरुण कुमार तिवारी ने अपने-अपने कार्यक्षेत्र में अंतरराष्ट्रीय ख्याति के वैज्ञानिक के रूप में कलाम के मानवीय गुणों के विषय में अपने-अपने आलेखों में विचार प्रस्तुत करने का प्रयत्न किया है। एक वरिष्ठ प्रशासनिक अधिकारी के रूप में श्री पी.एम. नायर ने 5 वर्ष तक राष्ट्रपति डॉ. कलाम के प्रमुख सचिव के रूप में कार्य किया। गोवा प्रांत की राज्यपाल श्रीमती मृदुला सिन्हा को केंद्रीय समाज कल्याण बोर्ड के अध्यक्ष के रूप में ग्रामीण महिलाओं को साथ लेकर कलाम साहब से मिलने का सौभाग्य प्राप्त हुआ। डॉ. कलाम के

साथ अनेक वर्षों तक निजी सचिव के रूप में कार्य कर चुके श्री एच. शेरिडॉन एवं श्री आर.के. प्रसाद ने अपने-अपने लेखों में उनके आध्यात्मिक एवं आत्मीय गुणों का हृदयस्पर्शी वर्णन किया है। लंदन निवासी एक महिला श्रीमती अनामिका बंसल के विवाह के शुभ अवसर पर राष्ट्रपति के रूप में डॉ. कलाम द्वारा भेजे गए एक बहुत ही आत्मीयतापूर्ण शुभकामना एवं आशीर्वाद संदेश के बारे में अपने विचार प्रस्तुत करके उन्होंने कृतज्ञता ज्ञापित की है। डॉ. कलाम के एक निकट सहयोगी श्री सृजन पाल सिंह, जो अंत समय तक उनके साथ रहे, उनका भी एक बहुत ही मार्मिक लेख पुस्तक में संकलित है। डॉ. कलाम के हमउम्र इस पुस्तक के संकलनकर्ता विज्ञानरत्न लक्ष्मण प्रसाद ने अपने जीवन में डॉ. कलाम की आत्मीयता एवं मानवीय गुणों के प्रभाव को अपने लेख 'डॉ. कलाम : मित्र, विचारक एवं पथ-प्रदर्शक' के माध्यम से भाव/विचार रूप में प्रदर्शित करने का प्रयत्न किया है। इसी प्रकार सभी शेष विद्वान् लेखक/लेखिकाओं ने अपने-अपने व्यक्तिगत अनुभवों के आधार पर डॉ. कलाम के भिन्न-भिन्न प्रकार के गुणों एवं आदर्शों का सफलता-पूर्वक वर्णन करने की कोशिश की है।

ग्रंथ की योजना कुछ इस प्रकार है : 1. प्रस्तावना एवं आभार, 2. डॉ. कलाम से संबंधित लेख, 3. राष्ट्रपति के रूप में डॉ. कलाम के प्रति विचार, अवधारणाएँ, प्रशस्तियाँ आदि, 4. परिशिष्ट (1) डॉ. कलाम के निधन पर देश-विदेश के राष्ट्राध्यक्षों एवं राजनेताओं द्वारा अर्पित श्रद्धांजलि (2) पत्रिकाओं एवं पुस्तक से लिये गए लेख (3) लेखक/लेखिकाओं का परिचय।

संपादक द्वारा डॉ. कलाम से संबंधित सभी लेखों में वर्णित सामग्री में पूर्ण रूप से जानकारी देने की पूरी सावधानी बरती गई है। फिर भी अगर किसी प्रकार की कोई त्रुटि रह गई हो तो पाठकगण इसकी सूचना अवश्य दें, ताकि पुस्तक का अगला संस्करण प्रकाशित करते समय उसमें आवश्यक संशोधन कर दिए जाएँ।

अगर इस ग्रंथ को पढ़कर एक भी पाठक—विशेषरूप से छात्र/छात्राएँ एवं नवयुवक—डॉ. कलाम के द्वारा दिखाई गई राह पर चल पड़ता है, तो मैं अपने श्रम और प्रयास को सफल मानूँगा। निश्चित रूप से यह ग्रंथ हमारे समाज में मानवीयता एवं आत्मीयता जैसे गुणों का प्रचार एवं प्रसार करने में सहायक होगा, ऐसी मेरी आशा है।

—विज्ञानरत्न लक्ष्मण प्रसाद

आभार

इस पुस्तक के संपादन के लिए अपने अनेक मित्रों, हितैषियों, शुभचिंतकों के उत्साहवर्धन के लिए आभारी हूँ, जिनके सहयोग से यह कार्य समय पर संभव हो सका।

हिंदी में प्रकाशित देश की प्रमुख पाँच पत्रिकाओं 'साहित्य अमृत', 'विज्ञान', 'इलेक्ट्रॉनिकी आपके लिए', 'डिफेंस मॉनीटर' और 'पाञ्चजन्य' के संपादकों के प्रति आभार प्रकट करना मेरा कर्त्तव्य बनता है, क्योंकि इन पाँचों पत्रिकाओं ने डॉ. कलाम से संबंधित प्रकाशित लेखों को इस पुस्तक में सम्मिलित करने के लिए कोई आपत्ति नहीं की और इन पत्रिकाओं से लिये गए आलेखों के सभी लेखक धन्यवाद के अधिकारी हैं। इसके अलावा लगभग 10 वर्ष पूर्व मेरे द्वारा एक संपादित पुस्तक 'कर्मयोगी कलाम' से भी तीन लेखों तथा छात्रों एवं नौजवानों के डॉ. कलाम के राष्ट्रपति के रूप में प्रदर्शित विचार एवं प्रतिक्रियाएँ भी इस ग्रंथ में सम्मिलित की गई हैं।

मैं अपने दो वरिष्ठ मित्रों डॉ. श्रीनिवास मिश्र, पूर्व अध्यक्ष, संस्कृत विभाग एवं डॉ. रमेश चंद्र शर्मा, पूर्व अध्यक्ष, हिंदी विभाग, धर्म समाज कॉलेज, अलीगढ़ का विशेष रूप से आभारी हूँ, जिन्होंने पुस्तक की भाषा के दोषों को दूर करने के साथ ही इसके प्रकाशन में भी सहयोग किया। इसी प्रकार मेरे दो युवा मित्रों श्री मनीष मोहन गोरे, विज्ञान प्रसार, नई दिल्ली एवं डॉ. राजेश कुमार शर्मा, अध्यक्ष, हिंदी विभाग, बागला कॉलेज, हाथरस ने भी मेरे इस कार्य में सहयोग किया। इसलिए मैं उनके प्रति भी आभार प्रकट करना कैसे भूल सकता हूँ।

मैं उन सभी के प्रति आभार प्रदर्शित करना चाहता हूँ, जिन्होंने इस पुस्तक के लिखने में मेरी भरपूर सहायता की है। मेरे परिवार के सभी सदस्यों एवं सहयोगियों ने अनुकूल वातावरण बनाए रखने में अप्रतिम योगदान किया है। इस पुस्तक की

पांडुलिपि से कंप्यूटर द्वारा शुद्ध प्रतिलिपि तैयार करने के लिए जिस तत्परता, लगन, मन एवं मेहनत से कार्य किया है, उसके लिए श्री संजय शर्माजी विशेष रूप से धन्यवाद के पात्र हैं।

सभी को पुनः एक बार फिर मेरा हृदय से धन्यवाद।

—विज्ञानरत्न लक्ष्मण प्रसाद

अनुक्रम

राष्ट्रपति के रूप में डॉ. कलाम के प्रति विचार, अवधारणाएँ, प्रशस्तियाँ आदि

हम मिलकर पूरा करेंगे डॉ. कलाम का सपना

–श्री नरेंद्र मोदी

डॉ. ए.पी.जे. अब्दुल कलाम के रूप में भारत ने एक हीरा खो दिया है, लेकिन उस हीरे की चमक और रोशनी हमें उस मंजिल तक पहुँचाएगी, जो उस स्वप्नद्रष्टा ने सोची थी। उन्होंने ख्वाब देखा था कि भारत एक नॉलेज सुपरपावर (ज्ञान शक्तिपुंज) के रूप में पहली कतार के देशों में शामिल हो।

हम उस लक्ष्य की ओर बढ़ेंगे। वैज्ञानिक पृष्ठभूमि से चलकर राष्ट्रपति पद तक पहुँचे कलाम सच्चे अर्थों में जनता के राष्ट्रपति थे और यही कारण था कि उन्हें जनता से अथाह प्यार और सम्मान मिला। शायद उनके लिए सफलता का अर्थ भी यही था। उनकी हर कथनी-करनी में इसी की झलक मिली। गरीबी से लड़ने का उनका हथियार ज्ञान था और इसे फैलाने में उन्होंने कभी कोई कसर नहीं छोड़ी। रक्षा कार्यक्रम के वैज्ञानिक के रूप में उन्होंने क्षितिज को पार किया तो एक सच्चे संत के रूप में उन्होंने बताया कि सद्भाव का आकाश सबसे बड़ा है।

यथार्थ पर टिका था उनका आदर्शवाद

हर बड़ी शख्सियत का जीवन एक प्रिज्म की तरह होता है। रोशनी उससे होकर गुजरती है तो हम पर सतरंगी किरणों की वर्षा होती है। कलाम का आदर्शवाद यथार्थ के आधार पर टिका था। सही मायनों में हर वंचित बच्चा यथार्थवादी होता है। गरीबी से भ्रम पैदा नहीं होता है। गरीबी एक डरावनी विरासत है, जिसके बोझ तले बच्चा सपना भी नहीं देख सकता है। वह उससे पहले ही परास्त हो जाता है, लेकिन कलाम को परिस्थितियों से हार मानना स्वीकार नहीं

था। उनका बचपन भी कठिन था। अपनी पढ़ाई के लिए उन्होंने अखबार भी बेचा। आज सभी अखबार उनकी याद और श्रद्धांजलि से अटे पड़े हैं।

उन्होंने कभी खम ठोककर यह नहीं कहा कि उनका जीवन दूसरों के लिए रोल मॉडल है, लेकिन यह सच्चाई है कि उनसे प्रेरणा लेकर गरीबी और अंधकार से भ्रमित तथा ग्रसित किसी असहाय बच्चे को बाहर निकालने में मदद मिल सकती है। कलाम मेरे मार्गदर्शक हैं, उसी तरह जैसे हर बच्चे के।

चापलूसी कभी रास नहीं आई

उनका आचरण, समर्पण और उनकी प्रेरणादायी सोच उनके पूरे जीवन से प्रस्फुटित होती है। अहं उन पर कभी हावी नहीं हो सका और चापलूसी उन्हें कभी रास नहीं आई। हाई प्रोफाइल मंत्री हों या उच्च सामाजिक वर्ग के श्रोता या फिर युवा छात्र, उन पर इसका कभी कोई फर्क नहीं दिखा। डॉ. कलाम हर किसी के लिए एक समान थे। उनके व्यक्तित्व में अद्‌भुत बात थी, वह थी—एक छोटे बच्चे की ईमानदारी, युवा होते एक बच्चे का उत्साह और एक वयस्क की परिपक्वता का मिश्रण। यह हर क्षण उनके व्यक्तित्व में झलकता था। संसार से उन्होंने जो कुछ लिया, वह पूरा समाज पर लुटा दिया। गहरी आस्था रखनेवाले कलाम हमारी सभ्यता के तीनों गुण—दम (आत्म-नियंत्रण), दान और दया से भरपूर थे।

व्यक्तित्व में थी प्रयत्नशीलता की आग

लेकिन उनके व्यक्तित्व में प्रयत्नशीलता की आग थी। राष्ट्र के लिए उनकी दृष्टि का निर्माण स्वतंत्रता, विकास और शक्ति के तीन स्तंभों पर हुआ था। हमारे इतिहास में स्वतंत्रता का मतलब राजनीतिक स्वतंत्रता से है, परंतु इसमें वैचारिक व बौद्धिक स्वतंत्रता भी शामिल हैं। वे भारत को विकासशील देश से विकसित राष्ट्र के रूप में परिवर्तित होते और समवेत आर्थिक विकास के जरिए गरीबी को समाप्त करना चाहते थे।

नेता 70 फीसद समय विकास में लगाएँ

डॉ. कलाम ने कहा था कि नेताओं को केवल 30 फीसद समय राजनीति में और 70 फीसद विकास में लगाना चाहिए। वे अकसर सांसदों को बुलाकर उनके साथ उनके क्षेत्र की सामाजिक-आर्थिक समस्याओं पर चर्चा किया करते थे।

उनके मुताबिक, राष्ट्र की शक्ति का तीसरा स्तंभ यानी क्षमता केवल आक्रामकता से नहीं, बल्कि समझ विकसित करने से मजबूत होती है। एक

असुरक्षित राष्ट्र शायद ही कभी समृद्धि के रास्ते पर जा सकता है। शक्ति से सम्मान प्राप्त होता है। हमारी नाभिकीय एवं अंतरिक्ष संबंधी उपलब्धियों में उनके योगदान ने ही भारत के अंदर और विश्व में उचित स्थान पाने की शक्ति व भरोसा पैदा किया है।

पेड़ों में कविता देखते थे कलाम

हम ऐसी सर्वश्रेष्ठ संस्थाएँ खड़ी कर उनकी याद को सम्मान दे सकते हैं, जो विज्ञान एवं तकनीक को बढ़ावा देती हों और प्रकृति की आश्चर्यजनक शक्ति के साथ तादात्म्य स्थापित करने में हमारी मदद करें। अकसर हम लालच के वशीभूत होकर प्रकृति का शोषण करने लगते हैं, लेकिन कलाम को पेड़ों में कविता, जबकि पानी, हवा और सूरज में ऊर्जा दिखाई देती थी। हमें अपनी दुनिया को उनकी आँखों और उन्हीं के उत्साह से देखने का अभ्यास करना होगा।

वे हर भारतीय बच्चे के पिता थे

मनुष्य अपने जीवन को अपनी इच्छा, क्षमता और साहस के अनुसार संचालित कर सकता है। उसे अपने जन्म का स्थान और मृत्यु का समय तय करने का अधिकार नहीं मिला है। यदि कलाम को यह अधिकार मिलता तो अवश्य ही वे कक्षा में अपने प्रिय छात्रों को पढ़ाते हुए संसार से रुखसत होना पसंद करते। यदि कोई कहता है कि अविवाहित होने के नाते उनके कोई संतान नहीं थी, तो यह सही नहीं होगा।

वस्तुतः वे प्रत्येक भारतीय बच्चे के पिता थे, जिन्हें वह न केवल पढ़ाते और मनाते थे, बल्कि उनका जोश बढ़ाते थे और अपनी दृष्टि की आभा और स्नेह से उनके भीतर से अज्ञान के अँधेरे को दूर करते थे। उन्होंने खुद भविष्य को देखा और दूसरों को रास्ता दिखाया।

प्रेरणा देगा उनका व्यक्तित्व

मैंने जब उस कमरे में प्रवेश किया, जहाँ उनका पार्थिव शरीर रखा गया था, तो मेरी नजर द्वार के पास लटकी एक पेंटिंग पर पड़ी। उस पर कलाम की पुस्तक 'इग्नाइटेड माइंड्स' की कुछ प्रेरणादायी पंक्तियाँ लिखी थीं। उनका काम उनके साथ समाप्त नहीं होगा। यह अनंत के लिए है। उनकी प्रेरणा बच्चों के जीवन और काम को दिशा दिखाएगी और फिर आगे उनके बच्चों के लिए भी मार्गदर्शक बनेगी।

❑

वह इतिहास रचने आए थे, रचकर चले गए (पूरी जिंदगी शिक्षा के नाम कर दी)

—डॉ. वाई.एस. राजन

कलाम साहब से लंबी-चौड़ी बातचीत हुई थी। मेरा बड़ा लड़का विदेश जा रहा था, तो वह उससे और पोते से मिलने आए थे। काफी वक्त तक वह पोते से बतियाते रहे, उसकी ही टूटी-फूटी भाषा में और मेरी पत्नी के हाथों का बना सादा खाना खाया, साथ में फोटोग्राफी भी हुई। रविवार को मैं चेन्नई चला गया और सोमवार को वापस आते समय हवाई अड्डे पर यह दुखद खबर मिली कि कलाम साहब हमारे बीच नहीं रहे। मोबाइल और टेलीविजन चैनलों पर यह खबर फ्लैश हुई थी। मुझे पहले तो लगा कि यह झूठी खबर है, क्योंकि पिछले कुछ समय से ऐसी अफवाहें फैलती रही थीं। मैंने उनके दफ्तर में फोन किया और वहाँ से इस खबर की पुष्टि हुई। यह सुनकर दिल सहसा डूबने लगा। सोचा न था कि शनिवार को उनसे हुई मुलाकात हमारी आखिरी भेंट बन जाएगी।

अपने दोस्त वैज्ञानिकों से कहा करते थे, "मुझे घेरे मत रहो, अलग-अलग मोर्चा सँभालो। यही सोचकर मैं दिल्ली नहीं लौटा, बल्कि भारतीय अंतरिक्ष अनुसंधान संस्थान (इसरो), बेंगलुरु आ गया।" वर्षों तक इस संस्थान से वे जुड़े रहे।

एक बार कलाम साहब बीमार पड़ गए। डॉक्टर ने उन्हें हफ्ते भर तक बिस्तर से न उठने की सलाह दी। वह छूटते ही बोल पड़े, "मैं जिंदा ही क्यों हूँ!" ऐसे कर्मयोगी थे वे। यह देखिए कि वे आईआईएम शिलांग में अपना व्याख्यान देने गए, वहीं दिल का दौरा पड़ा और स्टेज पर गिर पड़े।

वे पूरी जिंदगी अध्ययन-अध्यापन से जुड़े रहे। जब वे डीआरडीओ में थे, तब भी और जब वे इसरो में आए तब भी। प्रधानमंत्री के मुख्य वैज्ञानिक सलाहकार बनने के बाद भी वे पढ़ने-पढ़ाने के लिए समय निकाल लेते थे, यहाँ तक कि जब वह देश के राष्ट्रपति बने, तब भी बच्चों के बीच जाना नहीं छोड़ा। इस पद से मुक्त होने के बाद विश्वविद्यालयों के सेमिनारों में उनके जाने का सिलसिला एकदम से बढ़ गया। जो उन्हें करीब से नहीं जानते थे, उनका मानना था कि अब वे आराम की जिंदगी बिताएँगे, लेकिन उन्होंने इतनी आसान राह कहाँ चुनी थी!

राष्ट्रपति पद से मुक्त होने के बाद जब शिक्षण संस्थानों के विजिटिंग प्रोफेसर के ऑफर उनके पास आने लगे, तो उनका शिक्षक मन फिर से जाग उठा। हालाँकि विश्वविद्यालयों की तरफ से एक हिचक थी कि कैसे अप्रोच किया जाए। वहीं, कलाम साहब को भी कुछ लोगों ने यह बता दिया कि आप देश के पूर्व राष्ट्रपति हैं, अगर आप विश्वविद्यालयों में जाएँगे, तो इससे आपकी छवि खराब होगी। इसी बीच, एक दिन चेन्नई में अन्ना यूनिवर्सिटी से लोग मेरे पास आए और उन्होंने कहा कि यूनिवर्सिटी से कलाम साहब को जोड़ना कैसे मुमकिन होगा! मैंने उनसे कहा कि अगर आप अच्छे तरीके से अप्रोच करेंगे, तो उधर से पॉजिटिव जवाब ही आएगा। जब मैं दिल्ली आया तो कलाम साहब से भेंट हुई और उन्होंने कहा कि सब मना कर रहे हैं पढ़ने-पढ़ाने से, लेकिन मेरा मन नहीं मानता।

चल, तू ही बता दे, क्या करूँ? मैंने उनसे कहा कि आप कब से लोगों की सुनने लगे, वह भी पढ़ने-पढ़ाने के मामले में। इसके बाद तो मैं जब भी उनसे संपर्क साधता, वे कहते, आज पढ़ाने यहाँ जा रहा हूँ तो कल वहाँ। सचमुच, अपनी पूरी जिंदगी ही शिक्षा के नाम उन्होंने दे दी थी।

वे एक महान् राष्ट्रपति साबित हुए। 25 जुलाई, 2002 से पहले तक मैं उनका एक तरह से प्रवक्ता था। जब वे अपने दो सूटकेस के साथ दिल्ली आ रहे थे, तो हवाई अड्डे पर एक मीडियाकर्मी ने मुझे रोकते हुए कहा—वह देश के राष्ट्रपति पद की जिम्मेदारी कैसे सँभाल सकते हैं, उनके पास न तो संविधान का ज्ञान है, न राजनीतिक ज्ञान! कैसे होगा, क्या आप वैज्ञानिक लोग भी उनके साथ जाएँगे? उसने दनादन कई सवाल पूछ डाले थे। मैंने कहा—घबराइए नहीं, उनके साथ पूरा सपोर्ट सिस्टम है। एक महत्त्वपूर्ण पद पर रहने के लिए जो सबसे बड़ा गुण चाहिए, वह उनके पास है। वे लोगों की सुनते हैं और खुद फैसले लेते

हैं। जहाँ तक हम लोगों का सवाल है तो यकीन मानिए, राष्ट्रपति भवन में उनके सरकारी कामकाज में हमारी जरूरत नहीं पड़ेगी और यही हुआ। अगर हम लोग मिलते भी थे तो दावत में, भाषण के दौरान या समारोहों में। जब 2004 में पंजाब टेक्निकल यूनिवर्सिटी के कुलपति पद से मेरी सेवा समाप्त हुई, तब मैं दिल्ली आ गया और इसके बाद तो हमारी मुलाकातें पारिवारिक आयोजनों में होने लगीं। साठ के दशक में इंडियन नेशनल कमेटी फॉर स्पेस रिसर्च में विक्रम साराभाई ने मेरी मुलाकात कलाम साहब से कराई थी। वे दिन बड़े ही खुशनुमा थे। अंतरिक्ष विज्ञान के क्षेत्र में हम दुनिया से होड़ ले रहे थे। साराभाई ने कहा कि ये डीआरडीओ से आए हैं और मिसाइल टेक्नोलॉजी में अच्छी समझ रखते हैं। यहाँ से हमारे बीच दोस्ती शुरू हुई, हालाँकि वे मुझसे 12 साल से अधिक बड़े थे। एसएलवी-3 के समय में यह दोस्ती और मजबूत हो गई।

जुलाई 1998 में हम दोनों की एक किताब आई—'इंडिया 2020'। बस किताब लिखने भर के लिए यह काम नहीं हुआ था। दरअसल, टेक्नोलॉजी इन्फॉर्मेशन, फोरकास्टिंग एंड एसेस्मेंट कौंसिल (टी.आई.एफ.ए.सी.) से जुड़ने के दौरान लगा कि हमारे लिए सिर्फ इसरो और अंतरिक्ष विज्ञान नहीं है, बल्कि कृषि, कपड़ा उद्योग, चीनी उद्योग, घरेलू उत्पाद तकनीक, इंफ्रास्ट्रक्चर टेक्नोलॉजी, वगैरह भी हैं। कलाम साहब के नेतृत्व में हम लोगों ने 17 क्षेत्रों को पहचाना और उन क्षेत्रों को कई वर्गों में बाँटा। फिर एक साथ अलग-अलग क्षेत्रों के जानकारों को जोड़ने का काम किया गया। 15,000 लोगों के इनपुट को हमने इकट्ठा किया। रिसर्च पेपर नहीं, बल्कि 25 डॉक्यूमेंट तैयार हुए। एक डॉक्यूमेंट में करीब 250 पन्ने थे। 1996 में इन सबको मिलाकर एक मोटा दस्तावेज तत्कालीन प्रधानमंत्री देवेगौड़ा को सौंपा गया। संसद् ने इसमें दिलचस्पी दिखाई। विज्ञान से लेकर उद्योग जगत् तक में इसकी माँग बढ़ी, इसके आधार पर रिसर्च बनने और रिजल्ट मिलने लगे। एक दिन कलाम साहब ने कहा कि इसको सरल बनाओ। अगर कोई विज्ञान लेखक है, तो उसे दे दो, वह यह काम करेगा। कई लोग आए, पर मोटा दस्तावेज देखकर सबने हाथ खड़े कर दिए। फिर कलाम साहब ने कहा कि लगता है, हमें ही लिखना पड़ेगा। मार्च 1997 में हम लिखने बैठे और जुलाई 1998 में किताब आ गई।

साल 2014 में हम दोनों की दूसरी किताब आई—'बियांड 2020'। एक दिन कलाम साहब ने कहा कि इनफॉर्मेशन टेक्नोलॉजी के मोह में बहुत कुछ छूट गया है। इस विशाल देश को इससे आगे बढ़ना होगा। जो इंडिया 2020 में है, वह

जमीन पर उतर नहीं पाया है, इसलिए मैन्युफैक्चरिंग सेक्टर में काम होना चाहिए। यहीं से 'बियांड-2020' की नींव पड़ी और इसमें 'मेक इन इंडिया' को शामिल किया गया।

वे इतिहास रचने आए थे, रचकर चले गए।

❑

डॉ. ए.पी.जे. अब्दुल कलाम : इनसान के रूप में

—डॉ. रघुनाथ माशेलकर

डॉ. कलाम नहीं रहे। मैं डॉ. कलाम के बिना भारत की कल्पना ही नहीं कर सकता। देश भर में दुःख की अभूतपूर्व लहर देखी गई। डॉ. कलाम को देश का 'मिसाइलमैन' कहा जाता है। मैं मिसाइल को एक किनारे करते हुए केवल मैन के बारे में लिखना चाहता हूँ, खासकर उनके उस रूप के बारे में, जिसे मैंने अपनी आँखों से देखा-परखा था।

डॉ. कलाम से मेरी पहली मुलाकात तब हुई, जब मैं तत्कालीन प्रधानमंत्री राजीव गांधी के समय वैज्ञानिक सलाहकार समिति का सदस्य था। 1987-88 की बात है। मुझे भारतीय विज्ञान और प्रौद्योगिकी के भविष्य की भावी योजना का प्रारूप तैयार करने की जिम्मेदारी दी गई थी। मुझे रक्षा अनुसंधान एवं विकास समेत विज्ञान और प्रौद्योगिकी के विभिन्न मुद्दों को शामिल करना था। मैं डॉ. कलाम से मिलने का प्रयास कर रहा था, लेकिन मुझे सफलता नहीं मिल पा रही थी। आखिरकार एक बार संयोग से हम दोनों एक ही विमान में सवार हुए। मुझे अब भी याद है कि मिल न पाने के लिए उन्होंने बार-बार क्षमा माँगी और मुझे विस्तार से बताया कि वे किस तरह से अनेक परियोजनाओं में भारी व्यस्त चल रहे थे। उन्होंने मुझसे मेरे उद्देश्य के बारे में पूछा। जो काम वे कर रहे थे, उसे उन्होंने एक किनारे किया और एक कागज निकालकर उस विषय पर अपने विचार अपने ही हाथ से लिखे। पहली मुलाकात ने मुझे बहुत प्रभावित किया, क्योंकि मैंने उनमें एक सादा, बेहद मानवीय, साथ-ही-साथ व्यावहारिक व्यक्ति को पाया था,

बाद में उनसे हुई अनेक मुलाकातों के दौरान मैंने उनके अन्य गुणों को भी जाना।

ऐसे ही एक अवसर पर मैंने उनकी अत्यधिक विनम्रता और दूसरों से सीखने की इच्छा का प्रमाण देखा। मुझे याद है, 1992 का साल चल रहा था। मैं तब राष्ट्रीय रासायनिक प्रयोगशाला (एन.सी.एल.) का निदेशक था। मेरे पास डॉ. कलाम का फोन आया। वे तब रक्षा अनुसंधान एवं विकास संगठन (डी.आर. डी.ओ.) के प्रमुख थे, जिसकी 50 से ज्यादा प्रयोगशालाएँ थीं। डॉ. कलाम ने बताया कि वे पुणे में निदेशकों का सम्मेलन करने जा रहे हैं और मुझसे उसमें उद्घाटन भाषण करवाना चाहते हैं। मैंने वह आमंत्रण प्रसन्नतापूर्वक स्वीकार किया और डॉ. कलाम से पूछा कि उस मौके पर मुझे क्या बोलना चाहिए। 1991 में भारत में उदारीकरण लागू हुआ ही था और उसने व्यापार तथा निवेश के अपने द्वार शेष जगत् के लिए खोल दिए थे। डॉ. कलाम ने सुझाव दिया कि मुझे उदारीकरण के बाद के दौर में बाजार में स्थान बनाने के लिए लड़ाई के बारे में बोलना चाहिए। वे चाहते थे कि मैं बताऊँ कि भारतीय विज्ञान एवं प्रौद्योगिकी का इस लड़ाई में क्या योगदान हो सकता है। मुझे उस सम्मेलन में बोलना याद है, जिसकी अध्यक्षता डॉ. कलाम कर रहे थे। व्याख्यान शुरू करते हुए मैंने डॉ. कलाम को 'मिस्टर टेक्नोलॉजी ऑफ इंडिया' कहकर संबोधित किया। मैंने भाषण में बताया कि भारत में खुलेपन के बाद आनेवाले सालों में उसे कौन सी बड़ी चुनौतियों का सामना करना पड़ेगा। पेटेंट के बारे में मेरा रुझान तब तक जानी-मानी बात हो चुकी थी। 1989 में ही मैंने पेटेंट साक्षरता आंदोलन शुरू कर दिया था और एन.सी.एल. को पेटेंट के मामले में मजबूत बनाने की राह पर बढ़ा दिया था, यहाँ तक कि अपने पेटेंट्स को उन्नत विश्व के सामने रखना शुरू कर दिया था। मैंने इस मुद्दे को 'पेटेंट साक्षरता' नाम दिया था और बताया था कि भारत को कड़ी वैश्विक प्रतिस्पर्धा का सामना करने के लिए किस तरह से इस बारे में निरक्षरता को हटाना पड़ेगा।

व्याख्यान के बाद भोजन की व्यवस्था थी। डॉ. कलाम मेरे पास आकर बोले—माशेलकर, आपने मुझे मिस्टर टेक्नोलॉजी ऑफ इंडिया कह दिया। आपने पेटेंट साक्षरता अभियान के बारे में भी बताया, लेकिन अब मैं आपको बताना चाहता हूँ कि आपका यह मिस्टर टेक्नोलॉजी ऑफ इंडिया मिस्टर पेटेंट इल्लिटरेट ऑफ इंडिया भी है! मैंने उनसे ऐसा कहने का कारण पूछा। उन्होंने बताया कि उन्हें पेटेंट और उनके महत्त्व के बारे में बहुत कम जानकारी है और यह भी नहीं पता कि उनका डी.आर.डी.ओ. इस बारे में क्या कर सकता है। मैंने उन्हें समझा दिया। उन्होंने तुरंत ही किसी को बुलाया और डी.आर.डी.ओ. की सारी पचास से

ज्यादा प्रयोगशालाओं में एक पेटेंट प्रकोष्ठ बनाने का निर्देश दिया। आज डी.आर. डी.ओ. न केवल पेटेंट से अवगत है, बल्कि बहुत सक्षम भी हो चुका है। यह सामान्य उदाहरण वास्तव में साबित करता है कि वह महान् इनसान एक तरफ तो इतना विनम्र था कि खुद भी स्वीकार करने को तैयार था कि उसे नहीं पता, और दूसरी तरफ वे इतनी तेजी और निर्णायक रूप से काम कर रहे थे। नेताओं के लिए ये दोनों ही गुण बहुत महत्त्वपूर्ण होते हैं।

जब मैं केंद्रीय वैज्ञानिक एवं औद्योगिक अनुसंधान परिषद् (सी.एस.आई.आर.) को देखता था, तो 38 प्रयोगशालाओं की श्रृंखलावाले सी.एस.आई.आर. में महत्त्वपूर्ण परिवर्तन हो चुका है। सी.एस.आई.आर. में यह सारा रूपांतरण डॉ. कलाम की सलाह पर शुरू किए गए मेरे एक फैसले से संभव हुआ। वास्तव में, मुझे 1 जुलाई, 1995 का दिन स्पष्ट रूप से याद है। इसी दिन मैंने सी.एस.आई.आर. के महानिदेशक का पद सँभाला था। डॉ. कलाम भी पार्टी में मौजूद थे। उन्होंने मुझे बधाई दी और पूछा, "माशेलकर, सी.एस.आई.आर. के बारे में आपका क्या विजन है?" वे काफी गहराई में गए और उन्होंने बताया कि एक नए मुखिया के रूप में विजन स्टेटमेंट जारी करना कितना महत्त्वपूर्ण है, ताकि समूचा सी.एस.आई.आर. परिवार स्पष्ट रूप से समझ जाए कि मेरे मन में क्या है। मुझे याद है कि अंत में मैंने सी.एस.आई.आर. के सलाहकार मंडल के सामने अपना प्रेजेंटेशन दिया था, जिसके सदस्य डॉ. कलाम भी थे। मुझे उनका बहुमूल्य योगदान याद है। मेरा विजन स्टेटमेंट सी.एस.आई.आर. 2001 : विजन एंड स्ट्रेटजी युगारंभ करनेवाला स्टेटमेंट बन गया, जिसने सी.एस.आई.आर. का कायाकल्प कर दिया। आज यह संगठन इस स्तर तक तरक्की कर चुका है कि हाल ही में अंतरराष्ट्रीय पुस्तक 'वर्ल्ड क्लास इन इंडिया' में सी.एस.आई.आर. को उन शीर्ष संगठनों में शामिल किया गया, जिन्होंने भारत में उदारीकरण के बाद के दौर में आमूलचूल परिवर्तन किए। जयंत नार्लीकर की किताब 'साइंटिफिक एज' में सी.एस.आई.आर. के रूपांतरण को बीसवीं शताब्दी में भारतीय विज्ञान एवं प्रौद्योगिकी की दस सर्वश्रेष्ठ उपलब्धियों में शामिल किया गया।

मैंने डॉ. कलाम को बेहद दयालु और सादा इनसान पाया। मैंने निजी रूप में उनकी गर्मजोशी और स्नेह को महसूस किया। एक बहुत साधारण उदाहरण से यह साबित होता है। मुझे याद है, एक दिन दोपहर में 11 बजे मेरे ऑफिस में डॉ. कलाम का फोन आया। उन्होंने बताया कि उन्होंने प्रधानमंत्री द्वारा गठित ज्ञान कार्यबल की एक मीटिंग रखी है। वे और मैं उसकी संचालन समिति में साथ में थे।

मैंने बताया कि मैं मीटिंग में नहीं आ पाऊँगा, क्योंकि मुझे शाम 4 बजे की उड़ान से पुणे जाना है। मुझे पुणे से फोन आया कि मेरी पत्नी बहुत ज्यादा बीमार है। मेरा पुणे में होना बहुत जरूरी है। पहली चीज पहले करना जरूरी था। मैंने अपने सारे कार्यक्रम रद्द किए और पहली उपलब्ध उड़ान से चल दिया। मैं इतने तनाव में था कि मैं अपने को सँभाल नहीं पाया था और फोन पर ही रोने लगा था। डॉ. कलाम ने मुझे सांत्वना दी। बातचीत खत्म होने के 15 मिनट बाद ही डॉ. कलाम मेरे कार्यालय में आ चुके थे। मैं उन्हें देखकर चकित रह गया। वे उस मीटिंग को छोड़कर आ गए थे, जिसकी उन्हें अध्यक्षता करनी थी! वे घंटे भर तक मेरे पास रहे। उनका बेहद चिंतित और दयालु स्वरूप मेरे सामने आया था।

डॉ. कलाम बच्चों और युवाओं की कल्पना को सच में भाँप लेते थे। यह तब साबित हुआ, जब वे जनवरी में पुणे में विज्ञान कांग्रेस में भाग लेने आए। डॉ. कस्तूरीरंगन, डॉ. चिदंबरम और डॉ. कलाम की त्रिमूर्ति को एक साथ मंच पर देखना मेरा सपना था। मैंने उनसे सुरक्षित भारत के निर्माण के उनके सपनों को प्रस्तुत करने को कहा था। वह दोपहर यादगार रही थी, क्योंकि तीनों महान् व्यक्तियों ने अपने-अपने विजन प्रस्तुत किए थे। मुझे अब भी याद है कि चर्चा के बाद डॉ. कलाम को सैकड़ों युवाओं ने घेर लिया था। मैंने उन्हें निकाला था। इस साल लखनऊ में भारतीय विज्ञान कांग्रेस 2002 में भी मुझे यही काम करना पड़ा था। एक पैनल चर्चा चल रही थी। डॉ. मुरली मनोहर जोशी, डॉ. आर. चिदंबरम, डॉ. अनिल काकोदकर, डॉ. कस्तूरीरंगन और मैं स्वयं मंच पर बैठे थे। करीब 2000 दर्शक मौजूद थे। जब प्रेजेंटेशन चल रहा था, तभी डॉ. कलाम वहाँ पहुँचे। हर कोई हम मंच पर बैठे लोगों को भूलकर डॉ. कलाम की ओर दौड़ पड़ा। सैकड़ों युवाओं ने उन्हें घेर लिया था। डॉ. गुरली मनोहर जोशी ने मुझसे नीचे जाकर उन्हें बचाने को बोला। कार्यक्रम जारी रखने का एकमात्र तरीका उन्हें मंच पर बैठा लेने का ही था। मैंने युवाओं में, बल्कि समाज में ही किसी वैज्ञानिक की ऐसी लोकप्रियता पहले कभी नहीं देखी थी।

डॉ. कलाम का विश्वास था कि बच्चे ही हमारा भविष्य हैं और हमें उनके मस्तिष्कों को जाग्रत् करना होगा। जब वे प्रधानमंत्री के प्रमुख वैज्ञानिक सलाहकार थे, तब मुझे याद है कि मैं उनके पास कुछ चर्चा करने गया था। हमेशा की तरह चर्चा का रुख भारत के भविष्य और उसमें हमारे बच्चों की भूमिका की ओर मुड़ गया। मुझे याद है कि उन्होंने कहा था कि वे भविष्य में अपने को बच्चों के मस्तिष्कों को जाग्रत् करने में लगाना चाहते हैं। उन्होंने कहा था कि वे एक साल में कम-

से-कम एक लाख बच्चों से बातचीत करेंगे। उन्होंने मुझसे कहा था—माशेलकर, आप भी मेरे इस बड़े काम में साथ क्यों नहीं देते! हम दोनों मिलकर एक मंच से बच्चों को प्रेरित करेंगे। मुझे याद है, मैंने उत्साहपूर्वक अपनी सहमति दे दी थी, लेकिन हाँ, बाद में उनके साथ मैं काम नहीं कर पाया।

जल्द ही डॉ. कलाम भारत के राष्ट्रपति बन गए। मैंने उनसे मिलकर उन्हें बधाई दी। पहला काम उन्होंने इसी बातचीत को याद दिलाने का किया था। उन्होंने मुझसे पूछा था कि मैं कितने बच्चों को संबोधित कर चुका हूँ। उन्होंने बताया कि वे अब तक 50,000 बच्चों को संबोधित कर चुके हैं। मैंने बताया कि मैंने तो एक को भी नहीं किया। उन्होंने मुझसे कहा कि मुझे न केवल बच्चों को संबोधित करना चाहिए, बल्कि हम दोनों को आपस में एक-दूसरे को संबोधित किए जानेवाले बच्चों की संख्या बताते भी रहना चाहिए। मुझे याद है, दो-तीन साल तक हम ऐसा करते भी रहे।

हमारी सारी बातचीत में मैंने डॉ. कलाम को सामाजिक संवादहीनता से बेहद क्षुब्ध पाया था। एक बार उन्होंने मुझसे कहा था कि उनके पिता और रामेश्वरम् मंदिर के बड़े पुरोहित अपने घरों में 'भगवत्गीता' और 'कुरआन शरीफ' पर चर्चा करते थे। उन्होंने कई बार बताया कि किस तरह से एक गिरजाघर एक प्रौद्योगिकी प्रयोगशाला में बदल गया और राष्ट्र की रॉकेट प्रौद्योगिकी का जन्म-स्थान बना। उनके लिए यह विज्ञान और अध्यात्म का संगम था और उनकी इच्छा थी कि ऐसा संगम सभी क्षेत्रों में सतत रूप से होता रहना चाहिए।

अंत में डॉ. कलाम का 25 जुलाई को राष्ट्र के नाम वह संबोधन दोहराना चाहूँगा, जब उन्होंने भारत के राष्ट्रपति के रूप में शपथ ली थी। उन्होंने कहा था, "जब मैं अपने देश की यात्रा करता हूँ, जब मैं अपने देश के तीन तरफ के समुद्रों की लहरों की आवाजें सुनता हूँ, जब मैं ऊँचे हिमालय से आती हवा महसूस करता हूँ, जब मैं पूर्वोत्तर और हमारे द्वीपों की जैव विविधता देखता हूँ और जब मैं पश्चिमी रेगिस्तान की गरमी महसूस करता हूँ, जब मैं युवाओं की आवाज सुनता हूँ, मैं भारत गान कब गा पाऊँगा?" अगर हमारे युवा को भारत गान गाना है तो भारत को ऐसा विकसित देश बनना होगा, जो गरीबी, निरक्षरता और बेरोजगारी से मुक्त हो और आर्थिक समृद्धि, राष्ट्रीय सुरक्षा और आंतरिक सद्भाव से परिपूर्ण हो और तभी इसके बाद वे इस गान को गाने लगे—

"भारत के युवा नागरिक के रूप में, प्रौद्योगिकी, ज्ञान और अपने देश के प्रति प्रेम से भरपूर, मेरा मानना है कि छोटा लक्ष्य रखना अपराध है। मैं ऐसे महान्

विजन के लिए काम करूँगा और पसीना बहाऊँगा, जो भारत को विकसित देश के रूप में बदलने का हो, मूल्य प्रणाली समेत आर्थिक शक्ति से युक्त हो।

अरबों नागरिकों में से मैं एक हूँ; केवल विजन ही अरबों आत्माओं को जाग्रत् कर सकेगा।

यह मेरे अंदर बैठ चुका है; जाग्रत् आत्मा पृथ्वी पर और पृथ्वी के अंदर, अन्य किसी भी संसाधन की तुलना में सबसे ताकतवर है।

मैं विकसित भारत के विजन को हासिल करने के लिए ज्ञान का दीपक जलाए रखूँगा।''

मेरे लिए डॉ. कलाम राष्ट्रपति के रूप में एक उचित व्यक्ति थे, उचित स्थान पर थे और उचित समय पर थे। भारतीय युवा बेसब्री से रोल मॉडल की तलाश कर रहे थे। इससे बेहतर रोल मॉडल उनके लिए और कौन हो सकता था, जो रामेश्वरम् के एक नाविक का बेटा था और भारत के राष्ट्रपति पद तक पहुँचा था। इससे बेहतर रोल मॉडल उनके लिए और कौन हो सकता था, जो इतना विनम्र और मानवीय था, जो सच्चा राष्ट्रवादी था और साथ ही जो महान् स्वप्नद्रष्टा और दूरद्रष्टा था! इससे बेहतर रोल मॉडल उनके लिए और कौन हो सकता था, जिसका दृढ विचार था कि ताकत ही ताकत का सम्मान करती है और अपने जीवनकाल में ही विकसित भारत को देखना चाहता था।

डॉ. कलाम के लिए एकमात्र उचित श्रद्धांजलि हम यही दे सकते हैं कि न केवल उनके टेक्नोलॉजी विजन 2020 को साकार करें, बल्कि डॉ. कलाम की सोच के ही अनुरूप एक रूपांतरकारी कलाम विजन 2050 भी निर्धारित करें, जो हमेशा असंभव को संभव बना सकने के विश्वास को मानते थे और उसके लिए काम करते थे।

यह तभी होगा, जब हर भारतीय कलाम साहब की सच्ची भावना के अनुरूप कहे, ''हाँ, मैं कर सकता हूँ। हाँ, भारत कर सकता है। हाँ, भारत करेगा।''

हम डॉ. कलाम के ऋणी हैं, जो कल तक जीती-जागती किंवदंती थे और अब हमारे बीच नहीं हैं।

❑

संत कलाम

—प्रो. अरुण कुमार तिवारी

तैंतीस साल का समय एक शिष्य के लिए अपने गुरु को समझने के लिए अच्छा-खासा वक्त है। मेरा और डॉ. ए.पी.जे. अब्दुल कलाम का ऐसा ही रिश्ता था। उनके अधीनस्थ मिसाइल प्रणाली विकसित करनेवाले वैज्ञानिक से लेकर नागरिक रक्षा प्रौद्योगिकी के प्रौद्योगिकी प्रबंधक और अंत में उनके सह-लेखक और भाषण-लेखक के रूप में मेरी यह यात्रा धन्य रही।

क्या एक शिष्य के लिए अपने गुरु का आकलन कर पाना संभव है? हाँ भी और न भी। हाँ, इसलिए, क्योंकि शिष्य को अपने गुरु के भीतरी जगत् में प्रवेश करने का सौभाग्य मिलता है, न इसलिए, क्योंकि गुरु हमेशा अपने शिष्य की समझ की सीमा से परे होता है। प्लूटो ने सुकरात के बारे में लिखा, सेंट पॉल ने जीसस क्राइस्ट और स्वामी विवेकानंद ने रामकृष्ण परमहंस के बारे में लिखा, तो डॉ. कलाम के शिष्यों को ऐसा प्रयत्न करने से कौन रोक रहा है?

डॉ. कलाम ने तीन मूल सिद्धांतों को अपने जीवन का आधार बनाया—कल्पना, धर्मपरायणता और भगवान् पर विश्वास। संपूर्ण सृष्टि में भगवान् ने केवल मानवजाति को ही कल्पना करने की क्षमता दी है। यह एक गुण मनुष्य को जानवरों से अलग करता है। युवाओं के साथ अपनी हर सभा में डॉ. कलाम उनके अंदर सपने जगाते थे। सपने विचार पैदा करते हैं, विचारों से हम क्रियाशीलता की ओर निर्देशित होते हैं और क्रियाशीलता एक अच्छे जीवन के निर्माण में हमारी सहायता करती है। उनके सपने वे सपने नहीं थे, जो लोग अकसर नींद में देखते हैं, उनके सपने एक अच्छे और सुखद भविष्य की कल्पना तथा उन्हें पाने के लिए किया गया दृढ संकल्प थे, एक ऐसी प्रबल प्रेरणा थे, जो आपको सोने नहीं देगी। वे कहा

करते थे, ''जब आपकी कल्पना ही केंद्रित नहीं है तो आप अपनी आँखों पर कैसे निर्भर रह सकते हैं!''

डॉ. कलाम का दूसरा सिद्धांत था—धर्मपरायणता। एक बार राष्ट्रपति भवन के बगीचे में चाय पीते हुए उन्होंने मुझसे पूछा, ''दोस्त, यह बताओ, क्या तुम किसी गंदे कप में चाय डालोगे?'' मैंने कहा, ''कोई भी ऐसा कैसे कर सकता है? कप को पहले साफ किया जाएगा, उसके बाद ही उसमें चाय डाली जाएगी और अगर गंदे कप में चाय दे भी दी गई तो वह पी ही नहीं जाएगी, उसको फेंक दिया जाएगा।'' उसके बाद डॉ. कलाम ने कहा, ''बहुत अच्छा! इसी तरह ईश्वर भी अशुद्ध दिलों में शुद्ध प्रबुद्ध ज्ञान का प्रकाश नहीं डालता, सिर्फ शुद्ध और सच्चे दिल के लोगों को ही ईश्वर की यह कृपा प्राप्त होती है। भगवान् पहले लोगों के दिलों में देखते हैं और उसके बाद ही दैवी सम्मान तथा वृत्ति प्रदान करते हैं।'' डॉ. कलाम अचंभित थे। ''यह एक सीधा सा सत्य है और कोई इसे कैसे नजरअंदाज कर सकता है?'' उन्होंने मुझे बताया, ''मैंने अपने जीवन में बहुत जल्दी यह समझ लिया कि जिन्हें भी ईश्वरीय ज्ञान प्राप्त होता है, उन्हें यह पता होना चाहिए कि यह सिर्फ अच्छे और साफ दिल के लोगों को ही मिलता है।''

डॉ. कलाम के जीवन की तीसरी नींव थी—भगवान् में उनकी आस्था। भगवान् ने अपनी सभी रचनाओं में मानव को सर्वश्रेष्ठ दर्जा और सभी जीव-जंतुओं को एक ही नजर से देखने की क्षमता प्रदान की है, पर इतना श्रेष्ठ दर्जा मिलने के बाद भी मनुष्य हमेशा कमजोर ही रहा। डॉ. कलाम ने मेरे साथ अपने बचपन का एक किस्सा साझा किया। एक बार कलाम के पिता ने उन्हें बताया था, ''खुद को हमेशा शून्य और भगवान् को हमेशा एक की तरह देखो। अब अगर शून्य को एक के बाईं ओर रख दिया जाएगा तो वह एक ही रहेगा। यह मनुष्य की असली स्थिति है—शून्य। लेकिन अगर भगवान् आप पर अपनी कृपा बरसाना चाहते हैं तो वे इस शून्य को एक के दाहिनी तरफ खिसका देते हैं, जिससे आप बन जाते हैं दस और तब आपकी कोई कीमत होती है।''

वर्ष 2002 में 'अग्नि की उड़ान' के चीनी में अनुवाद के संबंध में मैंने चीन का दौरा किया। प्रकाशकों ने राष्ट्रपति कलाम के लिए प्राचीन चीनी दार्शनिक कन्फ्यूशियस पर छपी पुस्तकों का एक सेट भेजा। साहित्य के उस संग्रह में दार्शनिक का समझाया गया 'ली' और 'यी' का सिद्धांत उन्हें बहुत पसंद आया।

'ली' का अर्थ है—मानव हार्दिकता, सहानुभूति या मानवीयता और 'यी' का अर्थ है—धार्मिकता। कन्फ्यूशियस ने आपके आस-पास के लोगों की तकलीफ

और दर्द के साथ सहानुभूति प्रकट करने की क्षमता के रूप में 'ली' को परिभाषित किया। वहीं दूसरी ओर धर्म—निर्धारित सामाजिक स्थिति की माँग के अनुसार व्यवहार करने की क्षमता है। सामूहिक और सांसारिक भलाई की खातिर न्यायसंगत व्यक्ति, जो कि 'यी' का जानकार है, उसे कौन सा कर्तव्य करना या निभाना चाहिए। हालाँकि 'यी' को अगर इस प्रकार अकसर 'ली' के प्रतिरोध में रखा जाए, इसका मतलब आप अपने परिवार, रिश्तेदार और जानकार लोगों के लिए बहुत अच्छे हैं। कन्फ्यूशियस का कहना था कि धार्मिक और महान् व्यक्ति 'यी' को स्वीकार करते हैं, लेकिन छोटी सोच के व्यक्ति को केवल 'ली' समझ में आता है। कन्फ्यूशियस ने सिखाया कि मनुष्य आधारभूत रूप से अच्छा है, लेकिन कुछ-कुछ भटकने की ओर उन्मुख है। भारत का राष्ट्रपति बनने के बाद कन्फ्यूशियस की एक कहावत उनके व्याख्यान का नियमित हिस्सा बन गई—

अगर दिल में धर्म है,
तो चरित्र में सौंदर्य आ जाएगा।
अगर चरित्र सुंदर है,
तो घर में मधुरता होगी।
घर में मधुरता होगी,
तो राष्ट्र में सुव्यवस्था होगी।
जब राष्ट्रों में अनुशासन होगा,
तो विश्व में शांति होगी।

स्वॉट्र्ज में अपनी पढ़ाई के दौरान डॉ. कलाम ने 'बाइबल' से अखंडता का पाठ सीखा। भ्रष्टाचार भारतीय व्यवस्था का एक प्रमुख मुद्दा रहा। सरकारी अधिकारियों, व्यापारियों, यहाँ तक कि आम लोगों के जीवन में भी यह नियमित रूप से देखा जाने लगा। लोगों के घर के अंदर और घर से बाहर के बरताव में दिखनेवाले अंतर को डॉ. कलाम ने एक समस्या की तरह देखा। 'पूर्णांक' शब्द से बनी अखंडता को उन्होंने उसके शाब्दिक मायनों में लिया और उसे मनुष्य की पूर्णता के रूप में समझा। एक पूरे नंबर की तरह अखंड व्यक्ति को वैसे ही जीना चाहिए, न कि हर परिस्थिति में एक अलग व्यक्ति की तरह बँटकर। एक पूर्ण व्यक्ति को भीड़ में और अकेले में एक समान व्यवहार करना चाहिए। युवा कलाम ने देखा कि 'बाइबल' में अखंडता का काफी बार जिक्र किया जा रहा है। परमेश्वर ने सुलेमान को अपने पिता की तरह 'दिल और शुचिता की अखंडता' के साथ चलने का निर्देश दिया। डेविड ने कहा, "मैं जानता हूँ, मेरे परमपिता कि आप दिलों की परीक्षा लेते हैं

और अखंडता से प्रफुल्लित होते हैं और डेविड दिल की अखंडता के साथ-साथ हाथों के हुनर से उन्हें मार्ग दिखाता है।''

उपनिषद् में वर्णित नचिकेता की कहानी डॉ. कलाम को बहुत प्रिय थी। उन्हें नचिकेता में साहस का मूर्त्त रूप दिखाई देता था। उसने मृत्यु के देवता यम से प्रश्न किया और पूछा कि मृत्यु के बाद क्या आता है? डॉ. कलाम ने कहा कि नचिकेता को दिया यमराज का उत्तर वास्तव में भारत का शाश्वत सत्य है; एक ऐसा सत्य, जो आज भी संसार में स्थायी है, ''हे नचिकेता! हमारा सिर्फ शरीर मरता है, आत्मा अमर है और जब तक मनुष्य पराकाष्ठा पर नहीं पहुँच जाता, यह पुनर्जन्म लेती रहती है।''

वास्तव में कल्पना, धर्मपरायणता और भगवान् में आस्था तीनों की बुनियाद के बिना जिया गया जीवन बेकार है। इन बुनियादी ताकतों के सहारे ही मनुष्य बाद में अपने अंदर तीन आवश्यक गुण—धर्म, निष्ठा और साहस पैदा कर पाता है। केवल पढ़ने और सुनने से मनुष्य के अंदर ये गुण नहीं आएँगे। इन ताकतों के लिए मनुष्य को कल्पना का पुण्यार्थ दान, निजी अनुशासन और सभी स्थिति-परिस्थिति में भगवान् पर अटूट आस्था; इन तीन शक्तियों का संगम करना पड़ता है। इन तीनों शक्तियों ने डॉ. कलाम के अंदर भारत को विकसित देश बनाने तथा पृथ्वी को रहने योग्य बनाने के दृढ निश्चय को जन्म दिया। यह डॉ. कलाम की विरासत है—एक महान् संत, जो कि एक महान् वैज्ञानिक भी है।

संत कलाम ने आकाश में अपने पंखों की चाप का कोई भी निशान नहीं छोड़ा, लेकिन मनुष्य की आकांक्षाओं का एक बड़ा उदाहरण उन्होंने पेश किया। उन्होंने लालच को पराजित किया। कभी भी अपने दोस्तों को सहारा देने के लिए उन्होंने अच्छे निर्णय लेने से समझौता नहीं किया। अगर आइंस्टीन की कहावत 'धर्म के बिना विज्ञान अपूर्ण है, विज्ञान के बिना धर्म अंधा है' को प्रसिद्ध बनाया तो कलाम ने अपनी सूक्ति बनाई, ''मेरा दिमाग आपका दर्द दूर करे।'' करुणा उनकी सर्वोच्च विशेषता और जरूरतमंदों की मदद करना उनका सबसे बड़ा कर्तव्य था। भगवान् उनकी आत्मा को शांति दे और उनके कर्म लाखों युवाओं को जिंदगी का असली मकसद दिखाएँ। संत और वैज्ञानिक अपने भक्तों और छात्रों को सिखाई गई दया और ज्ञान के माध्यम से जन्म-जन्मांतर तक जीवित रहते हैं। कलाम एक संत और वैज्ञानिक दोनों थे—कमल में जड़े एक रत्न की तरह!

❑

डॉ. कलाम : मित्र, विचारक एवं पथ-प्रदर्शक

—विज्ञानरत्न लक्ष्मण प्रसाद

मैं बचपन से ही छोटी-छोटी समस्याओं के प्रति सदैव संवेदनशील रहा हूँ। उनको हल करने के प्रयासों में सौभाग्यवश मैं एक छोटा सा इन्नोवेटर/आविष्कारक बनने में सफल हुआ। सर्वप्रथम जब मैंने नवाचारों/आविष्कारों के क्षेत्र में प्रारंभिक सफलता पाई तो मैंने डॉ. कलाम को अपना आदर्श माना। तब अपने कुछ सफल नवाचारों का ब्योरा मैंने कलाम साहब को लिखकर भेजा, परंतु उत्तर प्राप्त नहीं हुआ, फिर भी मैं निराश नहीं हुआ। मुझे विश्वास था कि कभी-न-कभी डॉ. कलाम से मुलाकात अवश्य होगी। आखिर वह दिन आ ही गया, जब 2 जनवरी, 2000 को मैं दिल्ली से हवाई जहाज द्वारा पूना जा रहा था। एकाएक मेरी दृष्टि कलाम साहब पर पड़ी, जो पूरी तन्मयता के साथ कुछ लिख रहे थे। मैं उन्हें ध्यान से देखता रहा, थोड़ी देर बाद जैसे ही कलाम साहब की नजर मुझ पर पड़ी, तुरंत उन्होंने बराबर वाली खाली सीट पर बैठने के लिए कहा और मैं खुशी से बैठ गया। परिचय के उपरांत मैंने उन्हें बताया कि मैंने आपको दो पत्र भेजे थे, परंतु किसी भी पत्र का उत्तर प्राप्त नहीं हुआ।

पहला पत्र एक कंपोजिट मैटेरियल के बारे में था, जो आपकी देखरेख में उपग्रहों के लिए विकसित किया गया। उन्होंने इस हलके एवं मजबूत पदार्थ का उपयोग विकलांगों के लिए कृत्रिम अंग बनाने हेतु किया था। तुरंत ही कलाम साहब ने मुझसे पूछा कि मेरी इस पदार्थ में क्यों रुचि है? मैंने उत्तर दिया कि मई 1995 से मैं अलीगढ़ में विकलांगों के लिए एक निःशुल्क *'सेवा कृत्रिम अंग केंद्र,*

अलीगढ़' चला रहा हूँ। इस कार्य को प्रारंभ करने का श्रेय मैं तत्कालीन राष्ट्रपति डॉ. शंकरदयाल शर्मा (जो सन् 1950 में लखनऊ विश्वविद्यालय में मेरे गुरु थे) को दूँगा। उन्होंने नवंबर 1994 में विकलांगता विषय पर आधारित मेरी एक विस्तृत संदर्भ पुस्तक *'रिहैबिलिटेशन ऑफ फिजिकली हैंडीकैप्ड'* के विमोचन के उपरांत मुझे प्रेरित किया था और कहा था कि मैं विकलांगों की सहायता के लिए ऐसा कार्य करूँ, जो उनको सीधा लाभ पहुँचाए। उसके उपरांत कलाम साहब ने मुझसे पूछा कि इस नवीन विकसित पदार्थ की जानकारी मुझे कहाँ से मिली तो मैंने उन्हें बताया कि इसके संबंध में एक लेख 'इंडिया टुडे' में प्रकाशित हुआ था। इसके उपरांत दूसरे पत्र के विषय पर चर्चा चली, जो मेरे द्वारा प्रस्तावित *'रचनात्मक विचारों के भंडार की स्थापना'* के संदर्भ में था। डॉ. कलाम को याद आ गया और कहा कि यह पत्र हाल ही में मिला था और उत्तर में कहा कि इस प्रकार के बैंक की स्थापना की आवश्यकता है, जो देश के विकास में उपयोगी साबित होगी। जैसे ही मैं सीट से उठकर जाने लगा, उन्होंने पूछा कि आप और क्या करते हैं तो मैंने बताया कि कुछ वर्ष पूर्व डाक एवं तार विभाग के लिए एक ऐसे उपकरण (टिकट कैन्सिलेशन मशीन) का नवाचार किया है, जिसका सफल प्रयोग भारत के *प्रथम अंतरिक्ष यात्री स्क्वॉड्रन लीडर राकेश शर्मा* ने अंतरिक्ष उड़ान में अप्रैल 1984 में किया था। इसके अलावा मैंने उनको बताया कि एक और महत्त्वपूर्ण *'रेलवे टिकट डेटिंग मशीन'* का नवाचार किया है, जिससे भारतीय रेलवे को लगभग 200 करोड़ रुपए का प्रतिवर्ष अतिरिक्त आर्थिक लाभ हो रहा है। इतनी बड़ी रकम को सुनकर उनको कुछ संशय हुआ तो उनके इस संशय को दूर करने के लिए मैंने बताया रेलवे बोर्ड के चेयरमैन द्वारा अपने पत्र में इसकी पुष्टि की गई है।

कलाम साहब ने मुझसे पूछा कि आप किस कार्य से पूना जा रहे हैं। मैंने उन्हें बताया कि भारतीय विज्ञान कांग्रेस में डॉ. आर.ए. माशेलकर ने 'इन्नोवेशन इंडिया प्रदर्शनी' तथा 'इन्नोवेशन' विषय पर एक सत्र बुलाया है, जिसमें भाग लेने के लिए मुझे आमंत्रित किया है। डॉ. कलाम ने मुसकराकर कहा कि अगली मुलाकात भारतीय विज्ञान कांग्रेस में होगी, परंतु यह मुलाकात संभव नहीं हुई।

हमारी दूसरी मुलाकात सितंबर 2000 के अंत में हुई, जब वे भारत सरकार के मुख्य वैज्ञानिक सलाहकार थे और उनका दर्जा कैबिनेट मंत्री का था। समय से पूर्व पहुँचने के कारण मुझे और मेरी पत्नी को डॉ. वाई.एस. राजन, जो उनके वैज्ञानिक सचिव के रूप में कार्य कर रहे थे, उनके कमरे में बैठाया गया। जैसे ही डॉ. राजन अपने कमरे में आए, मेरा परिचय प्राप्त करने के उपरांत उन्होंने

तुरंत कलाम साहब को इसकी सूचना दी। डॉ. राजन ने बताया कि डॉ. कलाम हमसे स्वयं मिलने उनके कमरे में आ रहे हैं। मुझे यह शिष्टाचार के विरुद्ध लगा। डॉ. राजन ने फिर कलाम साहब से बात की और वे मेरे अनुरोध को मान गए। इससे हम दोनों को पता लगा कि कलाम साहब कितने सहृदय एवं विनम्र इनसान हैं। इस छोटी सी मुलाकात में कलाम साहब ने मेरे परिवार, मेरी शिक्षा, सेवाकाल, देश-विदेश की यात्राओं, नवाचारी कार्यों की सफलता के विषय में विस्तृत जानकारी प्राप्त की और मुझे और अधिक उत्तम कार्य करने के लिए प्रोत्साहित किया। हम दोनों उनके इस सद्व्यवहार से भाव-विभोर हो गए।

हमारी तीसरी मुलाकात कलाम साहब से विज्ञान भवन, नई दिल्ली में 02 जनवरी, 2001 को नवाचार विषय पर प्रकाशित पुस्तक *'मेकिंग इंडिया इन्नोवेटिव'* के लोकार्पण के अवसर पर हुई। पुस्तक के लोकार्पण के पश्चात् कलाम साहब ने उस पर अपने आशीर्वचन दर्ज किए, जिसमें लिखा था, *''श्री लक्ष्मण प्रसादजी को उनके समाज के प्रति उत्कृष्ट योगदान के लिए मेरी शुभकामनाएँ एवं अभिवादन।''*

समय बीतता गया। इस बीच मैं अमेरिका और कनाडा में कुछ माह रहने के उपरांत वापस आया तो उसके बाद अगस्त 2001 में कलाम साहब से चौथी बार मिलने का अवसर मिला। बातों-बातों में उन्होंने मुझसे पूछा कि इस दौरे का उपयोग मैंने किस प्रकार किया। मैंने बताया कि वहाँ पर छोटे-छोटे उपयोगी आविष्कार-नवाचार से संबंधित अनेक पुस्तकों को पढ़ा। जिज्ञासावश कलाम साहब ने कुछ आविष्कार संबंधित प्रश्न किए और कहा कि एक छोटे से सफल इन्नोवेशन की कहानी सुनाएँ।

मैंने विस्तृत रूप से बताया कि 1952 में अमेरिका की एक 27 वर्षीय महिला टाइपिस्ट ने किस प्रकार *करेक्शन फ्लुइड (व्हाइटनर)* का आविष्कार किया, जिसका दुनिया के सभी देशों में स्वागत हुआ। इस छोटे से विचार की सफलता ने उसको मालामाल कर दिया। दुर्भाग्यवश 1979 में उस महिला का देहावसान हो गया और वसीयत के अनुसार 2.5 करोड़ डॉलर अपने बेटे को और 2.5 करोड़ डॉलर परोपकारी एवं धर्मार्थ कार्यों के लिए छोड़ गईं।

कलाम साहब को यह कथा बहुत भाई और एक और दूसरी कथा को सुनाने के लिए मुझसे कहा तो मैंने *बैंड-एड* की सफलता की कहानी सुनाई, जिसको एक साधारण से श्रमिक ने जॉनसन ऐंड जॉनसन कंपनी में कार्य करते हुए निर्मित किया था। यह कंपनी के लिए आर्थिक रूप से सबसे अधिक लाभदायक पदार्थ

साबित हुआ और इस छोटे से उत्पाद से यह श्रमिक तरक्की करते-करते कंपनी के सीनियर वाइस-प्रेसिडेंट के पद तक पहुँचा।

इन दो छोटे-छोटे सफल इन्नोवेशन की कहानी को सुनने के बाद उन्होंने मुझे सलाह दी कि मैं भविष्य में छोटे-छोटे सफल आविष्कार-इन्नोवेशन से संबंधित पुस्तकें हिंदी में लिखूँ, क्योंकि इस प्रकार का साहित्य न हिंदी भाषा में और न अन्य प्रादेशिक भाषाओं में प्रकाशित किया गया है।

कलाम साहब की सलाह ने मुझको हिंदी भाषा का लेखक बना दिया। उनकी सलाह के उपरांत मेरी 12 पुस्तकें हिंदी में प्रकाशित हुई हैं। अधिकतर पुस्तकों का विमोचन कलाम साहब के कर-कमलों द्वारा संपन्न हुआ और सौभाग्यवश हिंदी में प्रकाशित दो पुस्तकों को भारत सरकार द्वारा राष्ट्रीय सम्मान भी मिला है।

मैंने उन्हें बताया कि मैं आपके लिए अमेरिका से एक छोटा सा तोहफा लेकर आया हूँ, जिज्ञासावश उन्होंने तोहफे के बारे में पूछा तो मैंने बताया कि मैं वहाँ से एक सुंदर सी टाई लाया हूँ। कलाम साहब ने तुरंत ही कहा कि मैं तो टाई नहीं लगाता। उत्तर में कहा कि मैंने तो आपको पूना में टाई पहने हुए देखा है और आपका एक फोटो भी टाई लगाए हुए मेरे पास है। कलाम साहब मुसकराए और कहा कि मेरे पास दो टाई हैं और वे पर्याप्त हैं। इसलिए मुझे और टाई की जरूरत नहीं है और यदि आप मुझे देंगे तो वह बेकार पड़ी रहेगी। यह सुनकर मैं निराश हो गया और यह देखकर कलाम साहब ने मुझसे कहा कि आप टाई मुझे दे दें। मैंने तुरंत सादर टाई भेंट कर दी। टाई हाथ से लेकर उन्होंने कहा कि अब यह मेरी चीज हो गई और मैं जैसे चाहूँ, वैसे इसका प्रयोग कर सकता हूँ। मैंने सहमति में सिर हिला दिया। अब कलाम साहब ने कहा कि आप अकसर आई.आई.टी. या आई.आई.एम. में वार्त्तालाप के लिए आमंत्रित किए जाते हैं, इसलिए वहाँ के किसी प्रतिभावान् छात्र को इसे मेरी ओर से भेंट कर दें।

सौभाग्यवश सन् 1999 में डॉ कलाम की दो पुस्तकें *'इंडिया-2020'* एवं *'विंग्स ऑफ फायर'* पढ़ने के उपरांत मुझे लगा कि कलाम साहब 2020 तक भारत को एक विकसित राष्ट्र के रूप में देखना चाहते हैं। उनकी इस प्रकार की दृष्टि को साकार करने में नवाचारों (इन्नोवेशंस) की अहम भूमिका होगी। इसलिए मैंने कलाम साहब के जन्म दिवस 15 अक्टूबर को *'नवाचार दिवस'* प्रत्येक वर्ष सन् 2000 से मनाने की पहल एवं शुरुआत की, जो पिछले 15 सालों से देश के अनेक स्कूलों में प्रतिवर्ष मनाया जा रहा है।

अत्यंत व्यस्तता के कारण डॉ. कलाम 2000 एवं 2001 के *'नवाचार दिवस'*

के अवसर पर अलीगढ़ आने में असमर्थ थे। जब 2001 के अंत में डॉ. कलाम ने भारत सरकार के प्रमुख वैज्ञानिक सलाहकार पद को त्यागा और अन्नामलै विश्वविद्यालय में छात्रों को पढ़ाने का दायित्व ले लिया तो मैंने मई 2002 में अमेरिका जाने से पूर्व कलाम साहब से टेलीफोन पर प्रार्थना की कि इस वर्ष *'नवाचार दिवस'* के अवसर पर अलीगढ़ आने की अवश्य ही स्वीकृति प्रदान करें। मेरी प्रार्थना को स्वीकार करते हुए कहा कि मैं अलीगढ़ सीधा पहुँच जाऊँगा और मुझे दिल्ली एयरपोर्ट से अलीगढ़ लाने के लिए आप कोई व्यवस्था न करें। सलाह भी दी कि *'नवाचार दिवस'* मनाने का कार्यक्रम किसी साधारण से स्कूल में रखा जाए और मेरे आने के विषय में अधिक प्रचार-प्रसार नहीं किया जाए। समय तेजी से बदला और डॉ. कलाम बहुमत से राष्ट्रपति के चुनाव में विजयी हुए। देश ने पहली बार एक वैज्ञानिक को राष्ट्रपति पद पर सुशोभित किया, जो अपनी लगन, कार्यकलापों और सभी के प्रति सद्व्यवहार के कारण *'जनता के राष्ट्रपति'* के रूप में लोकप्रिय हुए।

कलाम साहब से राष्ट्रपति के रूप में और राष्ट्रपति पद छोड़ने के उपरांत अनेक मुलाकातें हुईं, जिनके विषय में बहुत कुछ लिखा जा सकता है, परंतु इस लेख को कुछ पृष्ठों तक ही सीमित रखना है तो दो-चार मुलाकातों के बारे में लिखना यहाँ उचित होगा।

एक बार उनके जन्म दिवस पर मैंने एक सुंदर बधाई पत्र के साथ मेरे द्वारा आम की गुठली से बनाए गए लकड़ी के बोर्ड का सैंपल भेजा था। शीघ्र ही कलाम साहब ने टेलीफोन पर उसके विषय में चर्चा की और मेरे आम की गुठलियों से बने बोर्ड के पीछे निहित विचार की तारीफ भी की और कहा कि बोर्ड बनाने के बजाय इसका कंपोजिट पदार्थ बनाया जाए तो अधिक उपयोगी रहेगा। उसके लिए उन्होंने यह सैंपल आगे काररवाई के लिए टाइफैक को भेज दिया। इससे पता चलता है कि कलाम साहब छोटे-छोटे कामों में भी इतनी अधिक दिलचस्पी लेते हैं।

नवंबर 2003 में कलाम साहब द्वारा हमारी दो पुस्तकों के विमोचन के अवसर पर एक ग्रामीण स्कूल के छात्रों ने लकड़ी के बोर्ड पर पेस्ट किए कुछ चप्पलों, सैंडलों आदि के डिजाइनों के आकर्षक मॉडल, जो आइसक्रीम को खानेवाली लकड़ी की बहुत छोटी-छोटी चम्मचों के ऊपर तैयार किए गए थे, उनको भेंट किए। इस कार्य की सराहना करते हुए उन्होंने आदेश किया कि इस बोर्ड को राष्ट्रपति भवन के म्यूजियम में रखा जाएगा।

कलाम साहब के राष्ट्रपति बनने के उपरांत मेरी और मेरे सभी परिजनों की मुलाकात डॉ. कलाम से राष्ट्रपति भवन में 2003 के आरंभ में हुई। इसमें मेरी वयोवृद्ध सासू माँ भी शामिल थीं। जैसे ही कलाम साहब ने उनको देखा, फौरन ही कुरसी से उठकर उनके पास चले आए और बड़ी विनम्रता के साथ अपना सिर उनके सामने झुका लिया। जब सासू माँ ने उनका शॉल पहनाकर अभिनंदन किया तो मैंने कलाम साहब की आँखों में आँसू छलकते देखे और मुझे ऐसा लगा कि शायद उनको अपनी माँ की याद आ गई होगी। जब हमारे परिवार का फोटो खिंचनेवाला था तो कलाम साहब ने फोटोग्राफर को रोका और सासू माँ से कहा *'अम्मा, यू टेक योर स्टिक विद यू दैन वी विल हैव फोटोग्राफ'* इससे पता चलता है कि कलाम साहब बुजुर्गों के प्रति कितने विनम्र एवं संवेदनशील थे।

कलाम साहब एक गहन चिंतक, विचारक के साथ-साथ विनोदी स्वभाव के व्यक्ति थे। सन् 2004 में राष्ट्रपति भवन में मैंने अपने एक नए आविष्कार *'करेंसी नोट फास्टनर'* जिसे 100 नोटों की गड्डियों को कसने के लिए बनाया था, जिसे कसने के बाद गड्डी में से एक भी नोट नहीं निकाला जा सकता, दिखाया तो वे उससे बहुत खुश हुए और उसकी तारीफ भी की और उसको खुद भी कई बार चलाकर देखा। जब मैंने कहा कि गड्डी डमी नोटों की है तो उन्होंने हँसकर कहा इसीलिए मैं इसको अपने पास रख सकता हूँ।

अलीगढ़ मंडल के एक मंडलायुक्त डॉ. पी.वी. जगनमोहन आई.ए.एस., जो हिंदी, अंग्रेजी एवं तमिल भाषा के एक अच्छे लेखक थे, से धीरे-धीरे मेरी मित्रता हो गई और घर आना-जाना भी होता रहता था। एक बार उन्होंने कहा कि आप मुझे कलाम साहब से मिलाएँ। इस कार्य के लिए बहुत इंतजार नहीं करना पड़ा और कलाम साहब से भेंट करने का समय जल्दी ही मिल गया। मैं, मेरी पत्नी एवं डॉ. जगनमोहन कलाम साहब से मिलने पहुँचे तो परिचय कराते समय मैंने कलाम साहब को बताया कि डॉ. जगनमोहन अलीगढ़ मंडल के मंडलायुक्त हैं। कलाम साहब ने मुसकराते हुए डॉ. जगनमोहन से पूछा कि आप कितने जिलों के राजा हैं, इसके उत्तर में विनम्रतापूर्वक डॉ. जगनमोहन ने कहा कि मैं 4 जनपदों की जनता का एक छोटा सा सेवक हूँ। इस उत्तर को सुनते ही कलाम साहब बहुत प्रसन्न हुए और आगे की बातों का सिलसिला बढ़ता चला गया।

यह लिखना गलत नहीं होगा कि कलाम साहब मुझे घर बैठे बड़ा बना गए। जून 2008 में जब वे अलीगढ़ मुसलिम विश्वविद्यालय के दीक्षांत समारोह में मुख्य अतिथि के रूप में अलीगढ़ पधारे थे तो 17 जून की शाम को लगभग 6 बजे

मेरे पास फोन आता है कि कलाम साहब आपसे मिलना चाहते हैं। मैंने पूछा कि मैं किस जगह और किस समय पर कलाम साहब से मिलने पहुँचूँ। उत्तर मिला कि यदि आप घर पर हैं तो वे शीघ्र ही आपसे मिलने पहुँचेंगे। इस प्रकार की सूचना पाकर हम सब हक्के-बक्के रह गए। सुरक्षा की दृष्टि से जब एस.एस.पी., अलीगढ़ मेरे सोफा सेट आदि की चेकिंग कर रहे थे, तभी कलाम साहब मेरे घर आ पहुँचे और मैंने बहुत ही जोशीले ढंग से दरवाजे पर उनका स्वागत किया। अनेक विषयों पर चर्चा के बाद जब कलाम साहब को नाश्ता कराने के लिए ले गया तो पत्नी की गैर-हाजिरी में मेरी पुत्री ने कलाम साहब से पूछा कि क्या आप इडली खाना पसंद करेंगे? उत्तर मिला, 'हाँ'। कलाम साहब ने इडली और कॉफी का नाश्ता बहुत ही प्रेमपूर्वक किया और बीच-बीच में फोटो एलबम देखकर पुरानी यादें ताजा कीं और आधे घंटे उन्होंने हमारे परिवार के साथ बिताए।

घर से विदा होने से पूर्व डॉ. कलाम ने मेरे 500 वर्ग गज में फैले बगीचे को बहुत ही ध्यान से देखा और प्रसन्नता व्यक्त की। अनेक पेड़-पौधों की जानकारी मेरी पुत्री से ली और मुझसे पूछा कि इसमें किसकी प्रमुख रुचि है, मैंने बताया कि मेरी पत्नी लगभग 3-4 घंटे प्रतिदिन इस कार्य में बिताती हैं। उन्होंने अपनी प्रसन्नता व्यक्त करते हुए कहा कि यदि देश का प्रत्येक व्यक्ति इसी तरह प्रतिवर्ष कम-से-कम एक-एक पेड़ लगाए और उसकी भली-भाँति देखभाल भी करे तो देश के पर्यावरण सुधार में एक महत्त्वपूर्ण योगदान होगा। इससे ऐसा लगा कि कलाम साहब को प्रकृति से बहुत ही गहरा लगाव है और सुझाव दिया कि आवासीय कॉलोनी में इस प्रकार के बाग-बगीचों से पर्यावरण संरक्षण में मदद मिलती है और वातावरण भी सौहार्दपूर्ण बनता है।

कलाम साहब के घर से विदा होने के बाद एक पत्रकार ने मुझसे पूछा कि आपको कलाम साहब का आना कैसा लग रहा है? मैंने कहा कि कलाम साहब का इस प्रकार मेरे घर आना एक *दुर्लभ सम्मान* से कम नहीं है और एक *महान् आत्मा* के आने से मेरा घर पवित्र हो गया। उसके बाद उन्होंने मेरी पुत्री से सवाल किया तो उसने बताया कि डॉ. कलाम का अचानक आगमन कलियुग में '*कृष्ण-सुदामा जैसी दोस्ती*' से किसी भी रूप में कम नहीं है।

डॉ. कलाम के प्रकृति प्रेम की एक और घटना को मैं अपने अनुभव के आधार पर लिखना उचित समझता हूँ। एक बार जब मैं अपनी पत्नी के साथ कलाम साहब से उनके आवास पर मिलने गया तो डॉ. कलाम ने मेरी पत्नी से पूछा कि आप अपने आवास पर इतना अच्छा और सुंदर बगीचा किस प्रकार सँभालकर

रखती हैं। उन्होंने जवाब दिया कि वह लगभग 3-4 घंटे अपने बगीचे के लिए प्रतिदिन समर्पित करती हैं। थोड़ी देर बाद डॉ. कलाम अपने आवास के बगीचे में हम दोनों को ले गए और वहाँ पर उन्होंने एक ऐसा पेड़ दिखाया, जो 140 वर्ष पुराना है और जो रात में भी ऑक्सीजन देता है। दुर्भाग्यवश, मुझे उस पेड़ का नाम स्मरण नहीं आ रहा है। इससे प्रकट होता है कि डॉ. कलाम को मनुष्य के अलावा पेड़-पौधों से कितना लगाव और प्रेम था।

कलाम साहब के साथ बगीचे की ओर जाते हुए मेरे ड्राइवर ने मुझसे प्रार्थना की कि कलाम साहब के साथ हम सब ड्राइवरों का एक फोटो हो जाए तो अच्छा रहेगा। लौटते समय मैंने कलाम साहब से जैसे ही इस विषय में चर्चा की, वे तुरंत इसके लिए तैयार हो गए और ड्राइवरों के बीच स्वयं जाकर फोटो खिंचवाया। इस प्रकार छोटे-से-छोटे व्यक्ति के प्रति अपनी उदारता से उनकी मनोकामनाओं को पूरा करने की कोशिश करते थे।

डॉ. कलाम के शिक्षा के प्रति गहनतम लगाव के कारण, 2007 में उन्होंने मुझे एक आदर्श ग्रामीण विद्यालय स्थापित करने के लिए प्रेरित किया और उन्हीं की प्रेरणा से मेरे निर्देशन में ग्रामीण क्षेत्र में जनता के आर्थिक सहयोग एवं दान से एक आदर्श एवं नवाचारी स्कूल 2009 में आरंभ हुआ और मेरे अनुरोध पर 2 नवंबर, 2010 को कलाम साहब विद्यालय में पधारे और लगभग 1 घंटे तक विद्यार्थियों एवं शिक्षकों से संबोधन एवं संवाद किया। डॉ. कलाम विद्यापीठ के वातावरण एवं प्रगति से इतने प्रभावित हुए कि उन्होंने अपने लिखित संदेश में शुभकामनाओं के साथ विद्यापीठ को एक *'महान् स्कूल'* की संज्ञा दी, जो विद्यापीठ के लिए एक अनमोल उपलब्धि से कम नहीं है। डॉ. कलाम की शुभकामनाओं एवं आशीर्वाद से इस छोटे से ग्रामीण विद्यालय के सभी कार्य आसानी से आगे बढ़ते गए और इसने 4 साल की अल्प अवधि में कुछ असाधारण उपलब्धियाँ अर्जित की हैं, जैसे—विद्यापीठ का शिलान्यास 4 छात्रों एवं 1 छात्रा द्वारा किया गया तथा प्रथम इन्नोवेशन प्रदर्शनी का उद्घाटन विद्यापीठ की एक सबसे छोटी लड़की एवं लड़के के हाथों संपन्न हुआ। इसके अलावा 4 महत्त्वपूर्ण पुस्तकें एवं 4 पत्रिकाओं का सफलतापूर्वक प्रकाशन हुआ। 2012-13 में एन.सी.ई.आर.टी. ने नवाचारी परियोजना के अंतर्गतन *'नवाचारी शिक्षण प्रवृत्तियों द्वारा विद्यार्थियों में सृजनात्मक चिंतन'* को बढ़ावा देने के फलस्वरूप *राष्ट्रीय पुरस्कार* से सम्मानित किया एवं 20,000 रुपए का नकद इनाम भी दिया गया, जो अपने आप में एक कीर्तिमान से कम नहीं है। इस सुखद समाचार को जानकर डॉ. कलाम विद्यालय

की प्रगति से अत्यंत प्रभावित हुए। शीघ्र ही उन्होंने मुझे अपने एक लिखित संदेश में विद्यापीठ को शुभकामनाओं के साथ-साथ आशीर्वाद भी दिया। इससे प्रकट होता है कि वे छोटे-से-छोटे विद्यालयों की प्रगति के प्रति कितने उदार एवं सजग थे।

छोटे-से-छोटा व्यक्ति डॉ. कलाम के विषय में क्या भाव और विचार रखता था, इस संबंध में एक और घटना का वर्णन करना उचित समझता हूँ। कलाम साहब से आखिरी मुलाकात से पूर्व दिल्ली में मेरे कुछ मित्रों ने एक बहुत ही प्रतिष्ठित क्लब में शाम की चाय पार्टी रखी थी। मित्र मंडली से चाय पार्टी से विदा लेने के उपरांत जब मैंने उस क्लब के एक अत्यंत हृष्ट-पुष्ट दरबान से पूछा कि राजाजी मार्ग वहाँ से कितनी दूर है तो तुरंत उसने पूछा कि क्या आप कलाम साहब से मिलने जा रहे हैं, मैंने पूछा कि वे कैसे व्यक्ति हैं? उसने उत्तर दिया कि डॉ. कलाम भगवान् हैं और वे देवतास्वरूप हैं। ऐसे विचारों को सुनकर मैंने उससे पूछा कि आप उनके विषय में इस प्रकार के विचार कैसे रखते हैं? उत्तर में उसने कहा कि राष्ट्रपति के रूप में डॉ. कलाम के सुरक्षा चक्र में मुझे 5 साल कार्य करने का सौभाग्य प्राप्त हुआ है। इस प्रकार उनके आचारों-विचारों को जानने का मुझे सुअवसर मिला। उस दरबान ने मुझसे विशेष रूप से प्रार्थना की कि आप कलाम साहब को मेरा नाम अवश्य बता दें। जैसे ही मैंने डॉ. कलाम से उसके विषय में चर्चा की तो उन्होंने प्रसन्नता व्यक्त की। इससे पता चलता है कि डॉ. कलाम छोटे-से-छोटे व्यक्ति को भी नहीं भूलते थे।

इसी मुलाकात में मेरे ड्राइवर ने बड़ी विनम्रता से मुझसे प्रार्थना की कि आप अपने साथ मुझे भी डॉ. कलाम से एक बार और मिलवा दीजिए। उसकी इतनी उत्सुकता एवं लालसा देखकर मैंने और मेरी पत्नी ने कहा कि अच्छा इस बार एक गुलदस्ता कलाम साहब को तुम ही भेंट करना। इस प्रकार गुलदस्ता भेंट कर उसकी मनोकामना पूरी हो गई और गुलदस्ता देते हुए जो फोटो लिया गया था, उसको वह अपने जीवन की एक अमूल्य निधि मानता है। ऐसे महान् व्यक्ति को देश का छोटे-से-छोटा व्यक्ति भी जीवनपर्यंत नहीं भूल सकता है।

डॉ. कलाम के एक और विशेष गुण एवं चिंतन के विषय में भी लिखना उचित होगा कि वे स्वयं अपने समय एवं व्यय के प्रति जितने मितव्ययी थे, उनके संपर्क में आनेवाले सामान्य-से-सामान्य व्यक्तियों के प्रति भी उनकी वही सोच थी। इस संबंध में लिखना चाहूँगा कि जब कभी मैं डॉ. कलाम से मिलने के लिए उनके सहायक से समय माँगता था तो वे मुझसे पूछते थे कि क्या दिल्ली, मैं

सिर्फ डॉ. कलाम से मिलने आ रहा हूँ या इसके अलावा दूसरा भी कोई काम है? जिज्ञासावश मैंने उनके निजी सहायक से कारण जानना चाहा तो उन्होंने बताया कि कलाम साहब ने उनसे स्पष्ट रूप से कह रखा था कि मुझे अपॉइंटमेंट तभी दिया जाए, जब मैं उनसे मिलने के अलावा किसी दूसरे कार्य के लिए भी दिल्ली आ रहा हूँ, जिससे समय एवं पैसे दोनों की बचत होगी। बड़े-बड़े आदमियों में इस प्रकार के सोच में कमी पाई जाती है।

मैं कलाम साहब की एक विशेष उदारता को कभी भी भूल नहीं सकता। पिछली अनेक मुलाकातों के अवसर पर डॉ. कलाम बड़ी विनम्रतापूर्वक मुझे और मेरी पत्नी को शुभकामनाओं एवं हस्ताक्षर करके अपनी लिखी हुई पुस्तक की एक-एक प्रति सस्नेह भेंट करते थे। ऐसी पुस्तकें हमारे जीवन की अनमोल धरोहर हैं।

लगभग 10 वर्ष पूर्व कलाम साहब के 75वें जन्म दिवस पर मैंने 'कर्मयोगी कलाम' नाम से पुस्तक प्रकाशित करने की योजना बनाई और अपने मित्रों से इसके लिए लेख लिखने के लिए प्रार्थना की। एक/दो मित्रों ने कर्मयोगी शब्द के प्रयोग पर संशय व्यक्त किया। इस प्रकाशित पुस्तक को जब मैंने कलाम साहब को भेंट किया तो उन्होंने भी मुझसे प्रश्न किया कि आपने मुझे कर्मयोगी कैसे बना दिया। उत्तर में मैंने कहा कि वास्तव में आप मन, कर्म एवं वचन से पूर्णरूप से कर्मयोगी हैं। जिस तरह उन्होंने कर्म करते हुए अपने शरीर को त्यागा, उससे पूर्ण रूप से सिद्ध हो गया है कि वे वास्तव में सच्चे कर्मयोगी थे। ऐसे कर्मयोगी को मेरा शत-शत नमन, प्रणाम एवं श्रद्धांजलि।

❑

जीवन से भी विशाल : तब और अब

–पी.एम. नायर

वे कलाम थे; नहीं, वे कलाम हैं। हमारे लिए वे आज भी यहीं हैं। डॉक्टर अबुल पाकिर जैनुलाबदीन अब्दुल कलाम। अपने शब्दों और कर्मों के जरिए एक सार्थक जीवन जीते हुए बिना किसी दिखावे के उन्होंने न सिर्फ भारत में, बल्कि संपूर्ण जगत् में एक अनुकरणीय व्यक्ति होने का उदाहरण प्रस्तुत किया। दिल्ली और रामेश्वरम् में उमड़ा जन-सैलाब, प्रार्थनाओं और संकल्पों से सजे लाखों होर्डिंग, महान् आत्मा को अंतिम श्रद्धांजलि अर्पित करनेवालों का अनुशासित आचरण दिवंगत आत्मा की महानता की कहानी बयान करते हैं। सर्वशक्तिमान ईश्वर ने अचानक उन्हें बुला लिया और वे वैसे ही उनके पास गए, जैसा वे हमेशा कहते थे कि वे चाहते हैं, अपना सबसे पसंदीदा काम करते हुए और अपने आस-पास के लोगों को कम-से-कम असुविधा देकर।

एक गरीब परिवार में जनमे कलाम रामेश्वरम् के एक छोटे से द्वीप में पले-बढ़े। उनके माता-पिता का धर्म ईमानदारी और जीवन का सिद्धांत सादगी था। हालाँकि लड़कपन उनके लिए काफी संघर्ष भरा था, जिसके बारे में उन्होंने कभी कोई शिकायत नहीं की, लेकिन उनकी युवावस्था में कोई दोष और बुढ़ापे में कोई अफसोस नहीं था। अपने प्रयासों में अथक, उच्च आदर्शोंवाले, आनेवाली पीढ़ियों के भविष्य को लेकर स्पष्ट अवलोकन के जरिए उन्होंने सर्वसाधारण पर जीत हासिल की, एक ऐसी जीत, जिसकी सुंदरता और कीमत उनके अथक परिश्रम, ईमानदारी, विनम्रता, सादगी और निष्कपटता के कारण और अधिक हो जाती है। विधिवत् अधिसूचित 12वें राष्ट्रपति पद का चुनाव जीतकर 2002 में वे भारत के 12वें राष्ट्रपति और गरिमापूर्ण कार्यालय में उपस्थित होनेवाले गणराज्य भारत के 11वें व्यक्ति बने।

वहाँ फिर से कार्यालय की महत्ता और संविधान में आरोपित उसकी महिमा उनके ऊपर आ गई। वे हमेशा सब तरह से कलाम थे, शुरुआत से अपने अंदर आत्मसात् किए गए गुणों को पुन: परिभाषित कर और उन्हें नया आयाम प्रदान कर, उन्होंने खुद को पूरे विश्व में उदाहरण की तरह पेश किया। विश्व ने उनसे सीखा कि कैसे अधिकार का अनुचित और मनमाने ढंग से उपयोग किए बिना, गरीब, जरूरतमंद, कम भाग्यशाली और दु:खी लोगों के लिए प्यार और चिंता के माध्यम से निपुणता हासिल की जा सकती है।

मुझे पूरे पाँच साल तक राष्ट्रपति के सचिव के रूप में उनकी सेवा करने के लिए उनके साथ रहने का गौरव और सौभाग्य प्राप्त हुआ। यह मेरे लिए ज्ञानोदय और शिक्षा के वर्ष थे। उन पाँच वर्षों में उनके साथ बिताए हर दिन में मैंने नए मूल्य और पुराने मूल्यों की नई तथा अधिक सार्थक परिभाषाएँ सीखीं। मैंने अपने जीवन के उस हितकारी पोषण का हर क्षण आनंद लिया।

उन पाँच सालों के घटनाक्रम मेरे इस निष्कर्ष पर पहुँचने के लिए काफी हैं कि कलाम ने अपने जीवन के माध्यम से ईमानदारी और विनम्रता के गुणों को नई परिभाषा दी। एक दिन जब मैं राष्ट्रपति भवन में अपने कार्यालय में बैठा हुआ था तो मुझे कॉल आया कि राष्ट्रपति कलाम मुझसे तत्काल बात करना चाहते हैं। हमेशा मुसकराहट के साथ दिखनेवाले कलाम के बिना मुसकराहट उत्तेजित रूप को देखने के लिए मैं नीचे की ओर भागा। वे एक ऐसे व्यक्ति थे, जिनको पता था कि मुसकराहट एक ऐसा वक्र है, जो चीजों को सीधा कर सकता है, क्योंकि चीजों को सीधा करना हमेशा से ही उनका मिशन रहता था, इसलिए वह मुसकराहट उनके होंठों से कभी गायब नहीं होती थी, लेकिन अब मैं उनके चेहरे पर व्याकुलता और हताशा के संकेत देखकर चिंतित था। इससे पहले कि मैं बैठता और उनसे इसका कारण पूछता, उन्होंने मुझसे एक अपरिचित से लहजे में तुरंत काररवाई करने के लिए कहा। मुझे सऊदी अरब में हमारे राजदूत को फोन करना था और साफ-साफ शब्दों में उन्हें बताना था कि कलाम के बड़े भाई, जो वहाँ हज यात्रा पर गए हैं, उनके साथ किसी भी तरह का विशेष बरताव नहीं किया जाना चाहिए, उन्हें भी उसी तरह से सहूलियतें दी जानी चाहिए, जैसी बाकी हज यात्रियों को दी जाती हैं। कलाम चाहते थे कि उनका यह आदेश मैं हमारे राजदूत तक उनके तत्काल अनुपालन के लिए पहुँचा दूँ।

अब मैं तो कलाम के स्वभाव को जानता था। इसलिए बिना वक्त गँवाए अपने कमरे में वापस आया और मैंने हमारे राजदूत को फोन लगाया। वे लाइन पर

आए और इससे पहले कि मैं कुछ कहता, वे मुझसे कहने लगे, "नायर, आप हमारे राष्ट्रपति महोदय तक यह संदेश पहुँचा दीजिएगा कि मैं यहाँ हज यात्रा पर आए उनके भाई का अच्छे से ध्यान रख रहा हूँ। मैंने उन्हें एक स्पेशल कमरा और सारी सुविधाएँ दी हुई हैं, जिससे वे सहज महसूस करें और उन्हें कोई परेशानी न हो।" मैंने बेहद सम्मान के साथ उन्हें बीच में रोकने की नाकामयाब कोशिश की। वे आगे कहते चले गए, "नायर, मैं व्यक्तिगत रूप से उनकी सभी खास व्यवस्थाओं का निरीक्षण कर रहा हूँ और तुम राष्ट्रपति को बता सकते हो..." और फिर मैंने अपनी आवाज ऊँची करते हुए कहा, "सर, आप कृपया मेरी बात सुनिए। मैंने आपको राष्ट्रपतिजी का एक अत्यावश्यक निर्देश देने के लिए फोन किया है।"

वे रुके और फिर मैंने शब्दश: और बराबर जोर देकर राष्ट्रपति का आदेश उन्हें बताया और मुझे उन्हें यह भी निश्चित करना था, "मैंने आपको इस बात से अवगत करा दिया है और आपको सख्ती से इसी अनुसार काम करना होगा।"

मैंने अपनी बात खत्म की और दूसरी ओर एक सन्नाटा था, सिवाय हलकी सी आह की आवाज और अविश्वास तथा निराशा की घुरघुराहट के स्वर थे। मैंने कलाम के निर्देशों को एक बार फिर से दोहराया और फिर राजदूत ने मद्धम सी आवाज में मुझे आश्वासन दिया कि कलाम के आदेशों का अक्षरश: पालन किया जाएगा और वे कलाम के भाई को दी गई सभी विशेष सुविधाओं को वापस ले लेंगे। मैंने उन्हें 'धन्यवाद' कहा और फटाफट राष्ट्रपति के पास गया, जो बेसब्री से मेरा इंतजार कर रहे थे। मैंने उन्हें हमारे राजदूत द्वारा दिए गए आश्वासन के बारे में बताया और उन्हें आश्वस्त करने के लिए उसे दोहराया। उसके बाद वे काफी चिंतामुक्त दिखाई दिए और वह मुसकराहट वापस उनके होंठों पर रेंगने लगी। उसके बाद मैं अपने कमरे में चला गया, बाद में मुझे पता चला कि उन्होंने किसी दूसरे माध्यम से इस बात की पुष्टि की कि आदेशों का कहे अनुसार पालन हो रहा है या नहीं और वे यह जानकर खुश हुए कि उनके निर्देशों का सही तरह से पालन हो रहा है। उस वक्त कलाम के भाई की उम्र इक्यानबे वर्ष थी।

किसी से उनकी तुलना करना अच्छी बात नहीं, लेकिन मुझे संदेह है कि जो उन्होंने किया, वह किसी और ने कभी किया होगा, क्योंकि फिर कलाम तो कलाम थे, जो हमेशा सच्चे अर्थों में ईमानदारी की साक्षात् मूरत थे। वे किसी तरह का दिखावा नहीं करते थे। यह उनके राष्ट्रपति कार्यकाल और मेरे सचिव पद के प्रारंभिक चरण की बात है। एक दिन हमारी बातचीत के दौरान कलाम ने अचानक से कहा, "हे भगवान्! मैं तो भूल गया। मुझे उस संस्था को एक संदेश भेजना था

और मैंने नहीं भेजा।'' मैंने उनका सच्चा सचिव होने के नाते कहा, ''चिंता मत कीजिए सर, अभी हो जाएगा…'' और मैं अपने ऑफिस की तरफ भागा।

मैंने अपनी शब्दाडंबरवाली अंग्रेजी में उत्तमतासूचक शब्दों और मुहावरों का इस्तेमाल करते हुए, जिस पर मुझे गर्व हुआ करता था, उस संस्था के लिए राष्ट्रपति की तरफ से एक संदेश तैयार कर दिया। एक पेज का वह संदेश बेहद कम वक्त में बनकर तैयार हो गया था और मैं फटाफट कलाम के पास गया, मैं उम्मीद में था कि भाषा पर मेरी पकड़ और मेरी तत्परता की कलाम तारीफ करेंगे।

उन्होंने बार-बार उस ड्राफ्ट को पढ़ा। उनके होंठों पर मुसकराहट बरकरार थी और फिर उन्होंने मेरी ओर देखते हुए कहा, ''मिस्टर नायर, उत्कृष्ट, अत्युत्तम ड्राफ्ट तैयार किया है आपने। इसके लिए आपको बधाई, लेकिन…'' और फिर वे रुक गए। मैंने अपनी कुरसी खिसकाई, क्योंकि उनके 'लेकिन' ने मुझे असहज कर दिया था। मेरी असहजता को भाँपते हुए कलाम ने कहा, ''इसे मेरे पास छोड़ जाओ, हम दोपहर में मिलेंगे।'' मैं वहाँ से चला गया।

जैसे-तैसे समय बीता, दोपहर हुई। मैं बेसब्री से इंतजार कर रहा था। आखिरकार उनके कमरे से फोन आया कि कलाम ने मुझे वहाँ बुलाया है। मैं वहाँ पहुँचा। वे अपने हाथ में कुछ लिखा हुआ पेपर लेकर बैठे हुए थे, उन्होंने मुझे वह पढ़ने के लिए दिया। मैंने उसे बार-बार पढ़ा। मैंने उनकी तरफ देखा और एक बार फिर उस कागज को पढ़ा। फिर उन्होंने मुझसे पूछा, ''तुम्हें यह पसंद नहीं आया?…यह मैं हूँ। तुम यह जानते हो और यह मेरा संदेश है। मैं जो हूँ, लोग मुझे उसी वजह से जानते हैं। मैं क्षमा चाहता हूँ, अगर मैंने आपको निराश किया।'' मुझे उनकी बात साफ समझ में आ गई थी। मैं बिना कुछ कहे वहाँ से चला गया। मुझे अहसास हुआ कि कलाम कोई भी काम अपनी तारीफ के लिए नहीं करते हैं और यही उनकी ताकत थी। मुझे एक और सीख मिली।

अपने बचपन में जिन समस्याओं से वे गुजरे, उनसे उन्होंने बहुत कुछ सीखा था। उनका दिल हमेशा गरीब और जरूरतमंद लोगों के लिए दया से भरा रहता था। उनके लिए कुछ भी महत्त्वहीन नहीं था। उनके संज्ञान में लाई गई कोई भी परेशानी बिना विचार के नहीं जाती थी। सभी पर तत्काल काररवाई की जाती थी। चाहे वह उत्तर प्रदेश के किसी म्यूनिसिपल गार्डन में लगे झूले की मरम्मत हो या मुगल गार्डन में पीने के पानी और प्राथमिक चिकित्सा की समस्या। वे हर परेशानी को निजी तौर पर तवज्जो देते थे और अपने तरीके से यह सुनिश्चित करते थे कि ऐसे मामलों में हर जरूरी कदम उठाए जाएँ।

कलाम का अपना धर्म मानवता था। उन्होंने तब भी मंदिरों में पूजा-अर्चना की, जबकि उन्हें लिखित में इस बात का प्रमाण देना पड़ा कि वे हिंदुत्व में विश्वास करते हैं। चर्च भी गए, जहाँ उन्होंने 'बाइबल' को भी बड़ी इज्जत और सम्मान से पूजा और मसजिद भी, जहाँ भी और जब भी वे जा पाते थे। मैं 29 जुलाई, 2015 को कलाम को अंतिम श्रद्धांजलि देकर रामेश्वरम् से वापस लौट रहा था। मेरे ड्राइवर ने मुझे दिखाया कि किस तरह लोग मंदिरों और चर्चों के बाहर कलाम की फोटो पर पुष्प अर्पित कर उनकी आत्मा की शांति के लिए प्रार्थना कर रहे थे। लगभग सभी दुकानों और वाहनों पर उस महान् आत्मा की फोटो लगी हुई थी, जहाँ लोग उन्हें भावभीनी श्रद्धांजलि अर्पित कर रहे थे।

मैं पहले ही उनके लिए रास्ता बनाते चक्रवात और तूफान के अविश्वसनीय उदाहरणों के बारे में लिख चुका हूँ। मुझे उन्हें दुहराना नहीं चाहिए। कलाम का प्रभाव अद्‍भुत था और उन अविश्वसनीय उदाहरणों के माध्यम से उनकी सच्चाई का भी पता चलता है। ऐसे कई अवसर आए, जब उन्होंने अपनी ईमानदारी, विनम्रता, विद्वत्ता और ज्ञान के जरिए उनकी तरफ प्रशंसा की दृष्टि से देखनेवालों को पीछे छोड़ते हुए ऐसी पहचान बनाई, जो सिर्फ वे ही बना सकते थे।

सर, अपनी राजनीतिक राजनीति और विकास की राजनीति के अपने प्रिय सिद्धांत के माध्यम से आपने हर नेता को अपना दोस्त और प्रशंसक बना लिया था। आपने युवा पीढ़ी को विकसित भारत का सपना पूरा करने के लिए ऊँची-से-ऊँची उड़ान भरने के लिए हौसलों के पंख दिए। देश या विदेश में; जहाँ भी आप गए, जिससे भी आप मिले, आपने उन पर अपनी अमिट छाप छोड़ी। आपने महामहिम प्रिंस चार्ल्स को राष्ट्रपति भवन में उनके दौरे के दौरान पौंडबरी में प्रगति के बारे में पूछकर सुखद आश्चर्य में डाल दिया। पौंडबरी में प्रिंस चार्ल्स उसी तरह की योजना पर काम कर रहे थे, जिसकी आप ग्रामीण क्षेत्रों में शहरी सुविधाएँ उपलब्ध कराना के नाम से भारत में वकालत कर रहे थे। मैं नहीं भूल सकता, किस तरह से आपने शेख हसीना को परमाणु वैज्ञानिक वाजिद मियाँ द्वारा लिखे कुछ लेखों का जिक्र करके आश्चर्यचकित कर दिया था। (बँगलादेश की पूर्व प्रधानमंत्री शेख हसीना कलाम से राष्ट्रपति भवन में शिष्टाचार भेंट कर रही थीं। वाजिद मियाँ उनके पति थे।)

शिष्टाचार भेंट के लिए आए सार्क देशों की सरकारों के प्रमुखों को कलाम ने इ-गवर्नेंस पर पावरपॉइंट प्रेजेंटेशन दी। प्रेजेंटेशन की शुरुआत में उन सभी के चेहरों पर आए उदासी, ग्लानि, थकावट और बेरुखी के भावों को प्रेजेंटेशन खत्म होने

तक मैंने पूर्ण प्रशंसा और मनुहार में तब्दील होते देखा। ऐसे बहुत से उदाहरण हैं। मैं नहीं भूल सकता कि किस तरह राष्ट्रपति कलाम द्वारा आयोजित भोज में भाग लेने के बाद राष्ट्रपति जॉर्ज बुश ने डेढ़ पन्ने का एक सुंदर और मार्मिक अपने हाथ से लिखा हुआ खत उन्हें भेजा था। कलाम के सम्मान में रखे एक अनौपचारिक भोज के दौरान मॉरीशस सरकार के एक शीर्ष स्तर के पदाधिकारी ने अपने भावुक भाषण में कहा कि आज तक कलाम केवल भारत के बेटे थे, लेकिन आज से कलाम मॉरीशस के भी बेटे हैं। इस घोषणा ने पूरी भीड़ को स्तब्ध कर दिया। कुछ सेकंड के सन्नाटे के बाद वहाँ तालियों की गड़गड़ाहट गूँज उठी और सभी ने इस बात का खुलकर समर्थन किया। कलाम जहाँ कहीं भी गए, चाहे वह ब्रसेल्स में यूरोपियन पार्लियामेंट हो या यूनान में एक्रोपोलिस, वॉशिंगटन डी.सी. हो या क्रेमलिन, उन्होंने अपनी ऐसी छाप छोड़ी कि हर कोई उनका मुरीद हो गया।

सर, आप भगवान् के भेजे हुए दूत थे। उन्होंने आपको जनता का राष्ट्रपति नियुक्त किया था और आपने उन्हें पूरी तरह संतुष्ट करते हुए अपना फर्ज निभाया। इसलिए भगवान् ने आपको अपने साथ रखने के लिए इतनी जल्दी हमसे दूर बुला लिया, लेकिन सर, आप हमसे कभी भी दूर नहीं गए हैं। आप अब भी हमारे साथ ही हैं। राष्ट्रपति भवन में हम सब एक बड़ा परिवार थे। आप उस परिवार के मुखिया थे, लेकिन आपने अब दूर जाने का रास्ता चुना। हालाँकि हम अब भी लगातार आपकी तरफ देखेंगे। हम आपको वहाँ ऊपर स्वर्ग में देख सकते हैं। आप अपने हाथ उठाकर अपनी उसी स्नेहमय, शांत और प्यारी मुसकराहट के साथ हमें आशीर्वाद दे रहे हैं और हमें देख रहे हैं। हम सब यहाँ धन्य महसूस कर रहे हैं।

हम सब यहाँ आपकी महान् और प्रतापी आत्मा की याद में प्रार्थना कर रहे हैं और उन सभी मूल्यों को सँजोने की कोशिश कर रहे हैं, जिन्हें आपने अपने जीवनकाल के दौरान अपनाया था। आप हमेशा चाहते थे कि हर कोई एक अच्छा इनसान बने। हम ऐसा करने की हरसंभव कोशिश करेंगे। आपके जैसा बनना तो वास्तव में असंभव है, लेकिन एक साधारण मनुष्य बनने की कोशिश करेंगे। आप हमेशा हम सबके साथ हैं। हम जानते हैं। यही हमारे लिए जिंदगी है—आज भी और हमेशा!

❑

मेरे वैज्ञानिक मित्र डॉ. कलाम

—डॉ. वाई.एस. राजन

प्रेरक व्यक्तित्व कलाम

सन् 1996 में सितंबर माह का शुरुआती दौर था। स्थान था इंडियन हैबिटेट सेंटर, नई दिल्ली की चौथी मंजिल पर भारतीय उद्योग संघ (सी.आई.आई.) का एक छोटा सा कमरा। सैकड़ों जिम्मेदारियों के साथ भारतीय रक्षा मंत्री के वैज्ञानिक सलाहकार डॉ. ए.पी.जे. अब्दुल कलाम ने कमरे में प्रवेश किया और कुछ युवा व्यवसायियों के साथ उन्होंने 2020 के भारत की प्रौद्योगिकी परिकल्पना के लिए कार्यप्रणाली की रूपरेखा पर एक व्याख्यान दिया। टाइफेक (टेक्नोलॉजी इन्फॉर्मेशन, फोरकास्टिंग एंड असेसमेंट काउंसिल) ने दो साल की राष्ट्रीय कवायद के बाद इसी नाम से दस्तावेजों की शृंखला भी बनाई थी। टाइफेक भारत सरकार के विज्ञान एवं प्रौद्योगिकी मंत्रालय के अंतर्गत बनी एक स्वतंत्र संस्था है। तत्कालीन प्रधानमंत्री ने एक माह पूर्व (2 अगस्त, 1996) ही टाइफेक द्वारा बनाई गई इस शृंखला को जारी किया था। तीनों युवा व्यवसायी सी.आई.आई. के लिए बनी प्रौद्योगिकी परिकल्पना को लेकर बेहद उत्साहित थे।

प्रश्न था कि वे यहाँ क्यों आए हैं? निस्संदेह एसोचैम, सी.आई.आई. और फिक्की जैसे औद्योगिक संगठन उन्हें अपने कई बड़े कार्यक्रमों में बुलाते रहे हैं, जहाँ कई बार उन्होंने अपने अनुभव, सपने और ठोस कार्ययोजना सबके साथ साझा की है। फिर वे यहाँ क्यों आए थे?

ऐसा इसलिए, क्योंकि एक व्यक्ति जो लंबे समय से उनके साथ जुड़ा हुआ था और भारत सरकार के विज्ञान एवं प्रौद्योगिकी मंत्रालय में सलाहकार के पद पर नियुक्त था, उसने लंबा कार्यकाल बचा होने के बावजूद स्वेच्छा से सेवानिवृत्ति ले

ली थी। जो व्यक्ति हमेशा से सरकारी नौकरी में ही रहा, वह एक बिल्कुल अलग माहौल में कैसे काम करेगा? कई लोग चुपचाप अचंभे में थे, लेकिन डॉ. कलाम के साथ ऐसा नहीं था।

ऐसे वक्त में जब वह व्यक्ति अकेला महसूस कर रहा होगा और नए बदलावों के साथ सामंजस्य बैठाने की कोशिश में लगा होगा, तब डॉ. कलाम उसके साथ रहकर, उसे सुरक्षा और अपनेपन का अहसास करवाकर उसके प्रति अपना स्नेह प्रकट करना चाहते थे। अपने बेहद व्यस्त कार्यक्रम के बावजूद वे वहाँ पहुँचे। वहाँ उन्होंने इस मौके को अपने दोस्तों और युवा व्यवसायियों के लिए नया मिशन बनाने के लिए भी इस्तेमाल किया, जबकि उनका प्राथमिक उद्देश्य कुछ और था। यह विकसित भारत बनाने के प्रधान कर्तव्य के लिए भी बेहद अनुकूल था।

वह व्यक्ति, जिससे मिलने के लिए डॉ. कलाम वहाँ आए थे, वह मैं (वाई.एस. राजन) था। इन सब गंभीर चर्चाओं के बीच उन्होंने खिड़की पर लगे बड़े काँच से बाहर आधुनिक वास्तु संरचना पर बैठे तोतों के झुंड को भी निहारा। बेहद उत्सुकता के साथ उन्होंने कहा! राजन—बाहर देखो, कितने सारे तोते हैं! उस जगह को बहुत खुशनुमा होना चाहिए, जहाँ तोते अपना ठौर-ठिकाना बना लें, तो तुम बहुत खुश रहनेवाले हो।

मैंने इस वर्णन को इतना विस्तार में इसलिए बताया, क्योंकि यह डॉ. कलाम के कई अच्छे पहलुओं में से एक को बयान करता है। वे अपने मित्रों और सहकर्मियों के प्रति गहरा सरोकार रखते और जरूरत के वक्त उन्हें समय-समय पर प्रोत्साहित भी किया करते थे। उनका यह भाव सिर्फ कहने मात्र के लिए नहीं होता, बल्कि वे उन्हें ऐसी सार्थक कार्ययोजना तैयार करने में भी मदद करते थे, जो उन्हें और भी ऊँचाइयों पर ले जाए। उनकी यह मदद उसी प्रकार की होती थी, जिस प्रकार की मदद को श्रेष्ठ कृति 'तिरुक्कुरल' के रचयिता महान् संत कवि तिरुवल्लुवर ने सच्ची मित्रता के लक्षणों के रूप में वर्णित किया था। (डॉ. कलाम अकसर तिरुक्कुरल का जिक्र किया करते थे) 'तिरुवल्लुवर' कहते थे कि सच्ची मित्रता उस हाथ की तरह होती है, जो व्यक्ति के पहने कपड़े सरकने से पहले ही उसे सँभालने के लिए बढ़ जाता है।

अपने दोस्तों और सहकर्मियों की फिक्र करने के अलावा वे दूसरों को भी प्रोत्साहित करना चाहते थे। वह मेरे किसी भी सी.आई.आई. सहकर्मी को उपेक्षित महसूस करवाना नहीं चाहते थे। उन्होंने उनसे बात की, उन्हें ऊँचाइयों पर ले गए। वे सिर्फ बातें नहीं किया करते थे, उनका एक दृष्टिकोण था, एक लक्ष्य था, जो लंबे

वक्त तक चल सकता है। लक्ष्य को पूरा करने के लिए किया गया उनका परिश्रम उन्हें बौद्धिक और भावनात्मक रूप से मजबूत बनाएगा, साथ ही देश के लोगों के लिए भी मददगार साबित होगा।

अकसर उनकी बातचीत और क्रियाकलापों में आपको ऐसी ही झलक देखने को मिलेगी। यही वह कारण है, जिसने उन्हें युवाओं और बुजुर्गों के बीच खुद-ब-खुद लोकप्रिय बना दिया। ऐसा उनके अंदर की स्वाभाविक मानवता की वजह से है।

कलाम : जनता के व्यक्ति

एक घटना अल्मोड़ा की है, जब राष्ट्रपति बनने के बाद कलाम वहाँ प्रौद्योगिकी सूचना, पूर्वानुमान एवं मूल्यांकन परिषद् के प्रौद्योगिकी परिदृश्य 2020 परियोजना और उत्तराखंड शासन की संयुक्त परियोजना सचल रोग निदान एवं शोध केंद्र का शुभारंभ करने पहुँचे थे। इस सचल इकाई का मकसद उत्तराखंड के स्वास्थ्य सुविधाओं से वंचित पर्वतीय इलाकों में आधुनिक निदान उपकरण एवं सेवाएँ पहुँचाना है। इस इकाई की संभावित पहुँच इतनी है कि हर जिले में एक या दो इकाइयाँ देश के ज्यादातर हिस्सों में सुविधा पहुँचा सकती हैं। गरीब लोगों तक आधुनिक स्वास्थ्य सेवाएँ पहुँचाकर ये उनके लिए काफी मददगार साबित हो सकती हैं। इसीलिए तत्कालीन राष्ट्रपति डॉ. कलाम वहाँ उपस्थित थे। वे ऐसी कोशिशों को प्रोत्साहित करना चाहते थे। इस सचल इकाई परियोजना के निदेशक और नई दिल्ली के प्रसिद्ध विकिरण चिकित्सक/रेडियोलॉजिस्ट डॉ. कर्नल (रिटायर्ड) सी.एस. पंत ने मुझे बताया कि राष्ट्रपति कलाम ने खुद सारी सुविधाओं का मुआयना किया और सबकुछ अच्छी तरह से होता देख उन्होंने मेरा हाथ पकड़ा और पूरी टीम को बधाई दी तथा मुझसे एक प्रश्न पूछा कि गरीबी रेखा से नीचे जीवनयापन करनेवाले परिवारों से इस सुविधा के लिए तुम कितना शुल्क लोगे? मैंने जवाब दिया—कुछ भी नहीं सर, जिसके बाद लगभग एक मिनट तक डॉ. कलाम ने बेहद स्नेह के साथ मेरा हाथ सहलाया, उनकी आँखों में एक चमक थी। उन्होंने कहा तो यह वादा रहा! वादा! क्या तुम इसे निभा पाओगे? मैंने कहा—हाँ सर! मैं देश के पीड़ित और गरीब लोगों के प्रति उनका गहरा सरोकार देखकर बेहद प्रभावित हुआ।

डॉ. कलाम काफी हद तक लोगों का दर्द, गरीबी की मार, अशिक्षा और कौशल की कमी के कारण लाचारी को दूर करने के मिशन से हार्दिक रूप से प्रेरित थे। उनके द्वारा बौद्धिक रूप से व्यक्त विकसित भारत की अवधारणा उनकी गहरी मानवीय भावना और मानवजाति की भलाई के प्रति उनकी प्रतिबद्धता का परिशुद्ध रूप है।

वे सभी, जो उनसे परिचित हैं और जो नहीं भी हैं, उनकी सादगी और विनम्रता से बेहद प्रभावित अवश्य हैं। वे किसी भी समय किसी भी क्षेत्र के लोगों से मिलने के लिए आसानी से उपलब्ध रहते थे। वे सुनते थे, विचार-विमर्श करते थे, प्रोत्साहित करते थे, उनको याद रखते थे।

वे कड़ी मेहनत करते थे। बच्चों से बेहद प्यार करते थे। उन्हें बच्चों से बातचीत करना बेहद पसंद था। वे उनसे अपने और देश के लिए प्रेरणा और ऊर्जा लेते थे। वे सभी धर्मों और धर्मगुरुओं का सम्मान करते थे। सभी लोग उनका सम्मान करते थे, जो लोग उनके विचारों से सहमति नहीं रखते थे, वे भी उनका बेहद सम्मान करते थे। वे कवियों, दार्शनिकों, राजनेताओं, व्यापारी नेताओं और वैज्ञानिकों के साथ-साथ आम नागरिक से भी बड़ी सहजता से मिलते थे। कई ऐसे लोगों के प्रति उनका करुणा भाव, जिन्होंने उन्हें अतीत में नुकसान पहुँचाया या पहुँचाने की कोशिश की, उनके विशिष्ट गुण को दरशाते थे। मैं ऐसे कई व्यक्तित्वों को जानता हूँ, लेकिन जाहिर कारणों से मैं उदाहरण नहीं रखूँगा।

क्या इसका मतलब यह है कि कलाम हमेशा बड़े-बड़े विचारों और रचनाओं से भरे रहनेवाले व्यक्ति थे? ऐसा नहीं था। वे छोटी-छोटी चीजों का भी आनंद लेते थे। गरम चावल पकाना। कुछ अच्छे से पकी सब्जियाँ, साँबर, दाल, रसम। कुछ मिठाइयाँ और विभिन्न प्रकार के अचार। वे बेहद मजाकिया स्वभाव के थे। वे अपने चुटकुलों से लोगों की टाँग खिंचाई कर सकते थे, यहाँ तक कि वे खुद पर भी चुटकुले सुनाकर उसका आनंद लेते थे।

उन्हें 'भारतरत्न' मिलने से पहले मैंने उनके साथ भारत के कई हिस्सों का भ्रमण किया था और बाद में चेन्नई के अन्ना विश्वविद्यालय में प्रौद्योगिकी एवं सामाजिक रूपांतरण के प्रोफेसर का पद सँभालने के लिए भारत सरकार में प्रमुख वैज्ञानिक सलाहकार का पद छोड़ने से पहले भी कई बार एक साथ भ्रमण किया। मैंने उनके साथ तब भी यात्रा की, जब भारत के राष्ट्रपति पद के चुनाव के लिए उनका नामांकन किया गया था। मैं सौभाग्यशाली रहा कि मुझे उनके राष्ट्रपति होने के दौरान भी उनके साथ घूमने का मौका मिला। मैंने देखा कि जितना वे लोगों को अपनी ओर आकर्षित करते थे, उतना ही वे भी लोगों के प्रति आकर्षित रहते थे। सुरक्षा की बाध्यता होने के बावजूद वे अपनी मुसकान से या हाथ हिलाकर या उनसे कुछ शब्द बोलकर और सुनकर लोगों से संपर्क स्थापित कर लेते थे।

भारत के हर हिस्से से, चाहे वह गुजरात हो, त्रिपुरा हो, मणिपुर हो या कोई अन्य भाग हो, लोग उनसे मिलने और विकसित भारत के मुद्दे पर उनसे बात

करने के लिए हमेशा उत्साहित रहते थे। शारीरिक एवं मानसिक रूप से विकलांग लोगों और उनके लिए काम करनेवाले लोगों तक भी वे हमेशा अपनी पहुँच बनाए रखते थे।

कलाम : विज्ञान-पुरुष

मैं यहाँ नेहरू-फैशन में विज्ञान शब्द का इस्तेमाल कर रहा हूँ, कुदरत के विषय में जानकारी के लिए खोज, जिंदगी को लेकर निर्धारित नजरिया, जिसे नेहरू ने वैज्ञानिक स्वभाव, विज्ञान एवं तकनीक का उपयोग और उनकी जानकारी के प्रयोग से जनमे लाभ को लोगों तक, खासकर गरीब और जरूरतमंद लोगों तक पहुँचाने का नाम दिया था। राष्ट्रीय सुरक्षा प्रदान करना भी विज्ञान के प्रयोग के संपूर्ण चिंतन का हिस्सा बनाता है।

कलाम का प्रारंभिक प्रशिक्षण वैमानिक इंजीनियर या प्रौद्योगिकीविद् के तौर पर हुआ। इसरो से जुड़ने के बाद उन्होंने अपनी जानकारी का अंश न सिर्फ तेजी से आगे बढ़ते हुए वाहन विकास आरंभ करने में लगाया, बल्कि कम वक्त और कम पूँजी में परिणाम देनेवाले बहु विषयक दलों के सर्वोत्कृष्ट प्रोजेक्ट प्रबंधक होने का खिताब भी हासिल किया। विफलताओं से संयमित होकर, सफलताओं से मजबूत बनकर तथा एक अदम्य जोश के साथ उन्होंने दीर्घकालिक दृष्टि और योजना बनाने के लिए आवश्यक कौशल एवं नेतृत्व की गुणवत्ता में महारत हासिल की। वे देश में यान कार्यक्रम के प्रक्षेपण के योजना और प्रौद्योगिकी विकास का केंद्र-बिंदु बन गए। यह करते हुए वक्त की बेहद पाबंदी होने के बावजूद उन्होंने अपना दिमाग इन प्रौद्योगिकियों से अनपेक्षित सामाजिक और आर्थिक लाभ लेने में लगाया। उदाहरण के लिए, उन्नत फाइबर प्रबलित प्लास्टिक उत्पादों के लिए देश में अग्रणी होने के बावजूद उन्होंने नावों और खाद्यान्न उत्पादन के लिए भी अनुप्रयोग का प्रयत्न किया, क्योंकि वे रॉकेट के लिए आवश्यक थे।

इसरो और डी.आर.डी.ओ. (डिफेंस रिसर्च एंड डवलपमेंट ऑर्गनाइजेशन) में उनकी उपलब्धियों की सूची सुप्रसिद्ध है और उन्हें अच्छी तरह से प्रलेखित किया गया है। इसलिए मैं यहाँ एक बार फिर से उन्हें दोहराऊँगा नहीं। उनका मुख्य उद्देश्य उत्पादों और परिचालन को समय पर पहुँचाना तथा भारत को नंबर वन बनाने और एक प्रोत्साहित टीम का गठन करने के लिए आगे-ही-आगे बढ़ते जाना था, इसलिए उन्होंने अपने नाम पर किसी भी तरह का विज्ञान संबंधी या तकनीकी कागजात लिखने पर कभी ध्यान नहीं दिया। उन्होंने हजारों अन्य लोगों

को रिपोर्ट और कागजात तैयार करने के लिए प्रोत्साहित किया। उन्होंने शिक्षा के क्षेत्र में कई लोगों को उनके शोधकार्य को पूरा करने में मदद की। डी.आर.डी.ओ. में उन्होंने खासकर बायो मेडिकल के क्षेत्र में अतिरिक्त उत्पाद पैदा करने के लिए प्रोत्साहित किया।

सामाजिक और आर्थिक बदलाव के लिए तकनीकी योगदान के उनके विचारों का पूर्ण विकास अध्यक्ष पद पर रहकर टाइफेक का नेतृत्व करने के दौरान हुआ, जिसने भारत 2020 के प्रौद्योगिकी विजन के लिए 25 दस्तावेजों की महान् कृति को जन्म दिया।

कलाम : द पॉइंट

उन्होंने तमिल एवं अंग्रेजी में कई कविताओं की रचना की। मैं अक्टूबर 2002 में छपे मनोरंजन दास के लेख 'डॉ. ए.पी.जे. अब्दुल कलाम के काव्य में मानवीय भावना एवं सिद्धांत' का जिक्र कर रहा हूँ—

वे कलाकार होने का दिखावा करनेवालों की स्वायत्तता या अन्य गतिविधियों से कला के विभाजन में विश्वास नहीं रखते थे। उनका मानना था कि कवि की कल्पना एक दर्पण की तरह होती है, जो सार्वभौमिक योजना और दुनिया के काम करने के तरीके की छवि को सामने रखती है। दुनिया और कविता की मौलिक एकता एवं आध्यात्मिक वास्तविकता को लेकर उनका खुद का एहसास अंतर्निहित है। यह अलग अस्तित्व के खयालों को विचारधारा से निकाल देता है और भावना के व्यापक प्रसार को उजागर करता है। इस आध्यात्मिक समझ का जीवन पर अपना एक प्रभाव पड़ता है। यह अस्तित्व की विशालता, जीवन की समृद्धि और समन्वय के विस्तृत आयामों के अनुभव की अनुमति देता है और सीमेंट के कमरों में बँटी जीवन की स्थूलता के पीछे की आदर्श एकता के रहस्य को उजागर करता है, जहाँ घटनापूर्ण दिन, नदी, बादल, हसीन, शांत, स्वर्गीय नजारे और खूबसूरती चारों ओर घूमा करते हैं। कुल मिलाकर डॉ. ए.पी.जे. अब्दुल कलाम के काव्य आकाश में सूर्य की किरणों के प्रतिबिंब सार्वभौमिक निर्मलता के माध्यम से जीवन के अनूठे अर्थ को स्वीकार करते हैं और मनुष्य के दिमाग की रणभूमि में घूमते रहते हैं।

कलाम : उभरते विश्व के नेता

इस प्रकार कई मानवीय गुणों का अनूठा एकीकरण डॉ. कलाम में देखने को मिलता है—बुद्धिजीवी व्यक्ति, स्वप्नद्रष्टा, कल्पनाशील व्यक्ति, मार्गदर्शक,

मिशन निर्देशक, प्रोजेक्ट प्रबंधक, लेखक, कवि और अपने साथ के दूसरे लोगों के लिए गहरी स्वाभाविक संवेदनशीलता रखनेवाले व्यक्ति। उन्होंने अपने अंदर आध्यात्मिकता की सर्वश्रेष्ठ परंपराओं को आत्मसात् किया था। इसके साथ ही वे किसी अन्य साधारण व्यक्ति की तरह भी थे, जो जिंदगी में साधारण चीजों का आनंद ले रहे हैं और एक समान स्तर पर हर किसी से बातचीत कर रहे हैं। हम सौभाग्यशाली हैं कि इस तरह के पूर्ण व्यक्तित्ववाले व्यक्ति हमारे देश के राष्ट्रपति रहे। वे भारत की महान् और भव्य सांस्कृतिक विरासत का प्रतिनिधित्व करते रहे। लगभग 46 वर्षों तक मुझे उनके इस बहुआयामी व्यक्तित्व, व्यापक भीतरी शक्ति और नई परिस्थितियों को अपनाने व उनके साथ आगे बढ़ने की क्षमता की झलक पाने का मौका मिला।

❑

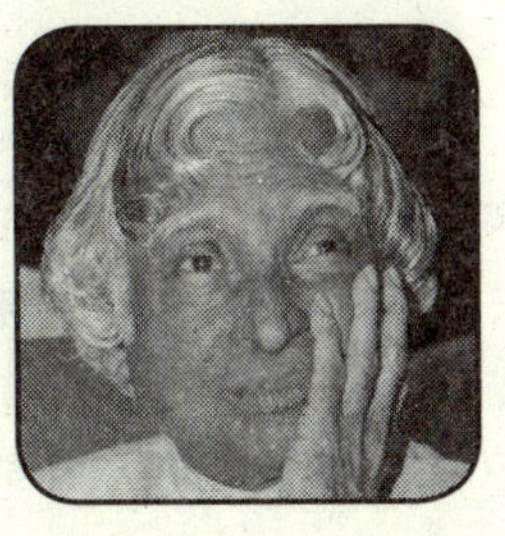

डॉ. कलाम अहर्निश शिक्षकीय भूमिका में

—श्रीमती मृदुला सिन्हा

वर्ष 2002 में डॉ. ए.पी.जे. अब्दुल कलाम के पदभार सँभालते ही मैं उनसे मिलने का समय माँगने लगी। उन दिनों मैं केंद्रीय समाज कल्याण बोर्ड की अध्यक्ष थी। यह तो सर्वविदित हो गया था कि देश के पूर्व राष्ट्रपति अब्दुल कलाम अपने पूर्ववर्ती राष्ट्रपतियों से थोड़ा भिन्न थे। उनका ग्रामीण जीवन से निकटता और शिक्षा के प्रति लगाव प्रथम राष्ट्रपति डॉ. राजेंद्र प्रसादजी की भी याद दिलाता था। देश के अन्य नागरिकों की तरह मेरे मन में भी उनके प्रति आदर और श्रद्धा के भाव जाग्रत् हुए। मैं उनसे मिलना चाहती थी, लेकिन छह महीने राष्ट्रपति भवन में बार-बार स्मरण कराने के बाद भी मुझे समय नहीं मिला। उसी वर्ष केंद्रीय समाज कल्याण बोर्ड का पचासवाँ वर्ष था और स्वर्ण जयंती वर्ष मनाने का मैंने निश्चय किया। केंद्रीय समाज कल्याण बोर्ड के जन्म के समय से तब तक के विभिन्न कार्यक्रमों की समीक्षा और समाज जीवन पर उनके प्रभाव के आकलन का भी कार्यक्रम तय किया। देश भर में बिखरे विभिन्न योजनाओं से लाभान्वित कुछ लोगों को दिल्ली बुलाने का कार्यक्रम बना। उसी क्रम में एक विषय हाथ लगा। 1953 से ही देश के कोने-कोने में शिक्षा से वंचित लड़कियों के लिए संक्षिप्त पाठ्यक्रम (दो वर्ष) की एक योजना बनी थी। दो वर्ष में प्राथमिक, दो वर्ष में माध्यमिक और दो वर्ष में उच्च विद्यालयी प्रमाण-पत्र देने की पढ़ाई होती थी। मुझे यह जानकारी थी कि इस योजना से दूर-दराज के इलाके में बहुत सारी युवतियाँ और महिलाएँ भी लाभान्वित हुई थीं। इसलिए प्रत्येक राज्य से दो-दो ऐसी महिलाओं को दिल्ली

बुलाने का कार्यक्रम बनाया, जिन्होंने इस शिक्षा योजना से पढ़ाई करके आगे की भी पढ़ाई जारी रखी या उसके आधार पर रोजगार की व्यवस्था की। तात्पर्य यह कि संक्षिप्त पाठ्यक्रम योजना के द्वारा उनके जीवन का उपयुक्त विकास हुआ। उनकी जीविका का आधार बनी यह योजना। कार्यक्रम में उनके मुख से यह बात सुनने का आयोजन बनाया और पता नहीं क्यों, मन में यह दृढ विश्वास जागा कि इस अवसर पर पधारने का हमारा निमंत्रण राष्ट्रपति डॉ. अब्दुल कलामजी अवश्य स्वीकार करेंगे। ऐसा ही हुआ। हमारा विश्वास फलित हुआ। मेरे पत्र लिखने के चार दिनों बाद ही उनका स्वीकृति पत्र आ गया। मेरे साथ सभी अधिकारी और कर्मचारी प्रसन्न हो गए।

राष्ट्रपति भवन के अधिकारियों से बात करके यह तय हुआ कि उन महिलाओं को बस में भरकर राष्ट्रपति भवन ही ले जाया जाएगा। हमने ऐसा ही किया। सुदूर गाँव से आनेवाली महिलाएँ बहुत प्रसन्न थीं। राष्ट्रपति भवन के अंदर पहुँचकर आश्चर्यचकित भी। उन्हें एक सभागार में बैठाया गया। राष्ट्रपतिजी के आने पर मैं खड़ी हो गई। मैंने उन महिलाओं का परिचय कराना प्रारंभ किया। राष्ट्रपतिजी ने मुझसे पूछा, ''आप भी संक्षिप्त शिक्षा पाठ्यक्रम से लाभान्वित हुई हैं क्या ?'' मैंने हँसते हुए कहा, ''नहीं।''

उन्होंने कहा, ''फिर आप बैठ जाइए। मुझे इनसे बात करने दीजिए।''

और वे स्वयं एक-एक महिला से बातें करने लगे। उनके भूत, वर्तमान और भविष्य की पूछताछ की। वे संतुष्ट हुए। दोनों के बीच वार्त्तालाप के समय स्वयं अपनी बात भी हमको सुनाते रहे। उनसे मिलकर जहाँ राष्ट्रपतिजी संतुष्ट हुए थे, वहीं दूरदराज से आई हुई महिलाएँ भी अपने को धन्य समझ रही थीं। यह भी कि उनके देश का राष्ट्रपति कोई दूर-दराज की चिड़िया नहीं, स्वयं उनके ही परिवार का सदस्य जैसा है। राष्ट्रपतिजी उनके साथ अभिभावक और शिक्षक दोनों की भूमिका में आ गए थे। दरअसल वे तो अहर्निश शिक्षकीय भूमिका में ही रहते थे।

उसी अवसर पर मुझे अपने जीवन की सबसे बड़ी प्रसन्नता हासिल हुई। जब कभी कोई पूछता है कि आपके जीवन का सबसे अधिक प्रसन्नता का क्षण कौन सा है ? तब मैं उसे सुनाती हूँ कि जब मेरे गाँव की एक गोबर थापनेवाली श्रमिक महिला, जिसे बोर्ड के संक्षिप्त पाठ्यक्रम के द्वारा प्राथमिक शिक्षा का प्रमाण-पत्र मिला था, उस दिन राष्ट्रपति भवन में बाएँ हाथ में चमकती प्लेट, उसमें भरा हुआ नाश्ते का सामान, दाहिने हाथ से चम्मच उठाकर नाश्ता खा रही थी। मैंने दूर से ही देखा। मेरी आँखें भर आई थीं। सुदूर गाँव में रहनेवाली, खेतों में परिश्रम

करनेवाली महिला को राष्ट्रपति भवन पहुँचा दिया था मैंने। सचमुच मेरे जीवन में इससे बढ़कर सुखद समय नहीं आया। मैं मन-ही-मन राष्ट्रपतिजी की सहृदयता के प्रति नतमस्तक हुई थी। उन्होंने एक सवाल उस महिला से भी पूछा था। उसने खड़े होकर जवाब दिया था। गाँव में अपने छोटे किसान मालिकों के आगे कभी घूँघट नहीं उठाया। वह महिला राष्ट्रपति से बात कर रही थी। महिलाओं के क्षेत्र में काम करने का मेरा प्रयास सफल हुआ था। कारण तो स्वयं डॉ. अब्दुल कलामजी बने थे। हमें भी वह सत्र बहुत उपयोगी लगा। चार दिनों के विभिन्न आयोजनों में वह सबसे सफल आयोजन था।

जिस 10, राजाजी मार्ग की कोठी में मैं छह वर्षों तक केंद्रीय समाज कल्याण बोर्ड की अध्यक्ष के नाते रही, डॉ. अब्दुल कलामजी ने अवकाश-प्राप्ति के बाद उसी कोठी में रहना पसंद किया। पता नहीं क्यों, इस बात की भी मुझे खुशी हुई। मैं उस मकान में जाकर उनसे नहीं मिल पाई। अभी राज्यपाल बन जाने के बाद जब हैदराबाद किसी कार्यक्रम के लिए पहुँची तो एयरपोर्ट पर ही सूचना मिली कि उस दिन डॉ. अब्दुल कलामजी हैदराबाद में ही थे और एयरपोर्ट आनेवाले हैं। मैंने अपने ए.डी.सी. से कहा कि उनसे मिलने के बाद ही शहर की ओर प्रस्थान करेंगे। उन्हें प्रणाम करने के बाद मैंने अपना परिचय दिया और कहा, ''जिस कोठी में आप रह रहे हैं, उसमें मैं भी छह वर्षों तक रही हूँ।'' मैंने उनसे यह भी कहा, ''कई बार मैंने आपसे मिलने का मन बनाया। कुछ बातें करनी थीं। आपसे कुछ सीखना था, पर समय नहीं मिला। इस बार दिल्ली आने पर आपसे समय लेकर अवश्य आऊँगी।'' उन्होंने कहा, ''जरूर आइए।''

उस कोठी से निकलने के एक दशक बाद मैं मिलने तो उन्हीं से गई, लेकिन उनका पार्थिव शरीर था। आँखें बंद थीं। युवाओं के बीच शक्ति का संचार करनेवाले डॉ. अब्दुल कलामजी मुझे नहीं देख पाए। वहाँ उपस्थित हजारों जन को भी नहीं। अपनी पुस्तक 'तेजस्वी मन' में उन्होंने साफ लिखा है, ''युवा पीढ़ी ही देश की पूँजी है। जब बच्चे बड़े हो रहे होते हैं तो उनके आदर्श उस काल के सफल व्यक्तित्व ही हो सकते हैं। माता-पिता और प्राथमिक कक्षाओं के अध्यापक आदर्श के रूप में महत्त्वपूर्ण भूमिका निभा सकते हैं। बच्चे के बड़े होने पर राजनीति विज्ञान, प्रौद्योगिकी और उद्योग जगत् से जुड़े योग्य तथा विशिष्ट नेता उनके आदर्श बन सकते हैं।''

हम सब जानते हैं कि हमारे पूर्व राष्ट्रपति मात्र कहते नहीं, स्वयं तदनुसार व्यवहार भी करते थे। राष्ट्रपति डॉ. ए.पी.जे. अब्दुल कलामजी बच्चों तथा युवाओं

से बातें करके संतुष्ट होते थे। वे बच्चों को अपने देश की पूँजी, भविष्य तथा कर्णधार मानते थे। इसलिए भी उनके बीच जाना जरूरी समझते थे। राष्ट्रपति भवन से विदा लेने के पूर्व उन्होंने युवावर्ग को सात शपथ दिलाई थीं। वे शपथ आज भी प्रासंगिक हैं और आगे भी रहेंगी। प्रथम शपथ में व्यक्ति अपने लक्ष्य की प्राप्ति के लिए ज्ञान हासिल करने की शपथ लेता है। दूसरी में लक्ष्य तक पहुँचने के लिए मेहनत करने की, तीसरी में समस्याओं पर विजय प्राप्त करने एवं पर्यावरण को स्वच्छ रखने की, चौथे में विश्व में शांति बनाए रखने की, पाँचवीं में भ्रष्टाचार से मुक्त एक ईमानदार जीवन व्यतीत करने की, छठी में देश में ज्ञान का प्रकाश फैलाने की एवं सातवीं में अपने निश्चल चरित्र से भ्रष्टाचार से मुक्त रहने, सदाचारपूर्ण जीवन अपनाने के लिए शपथ लेता है।

आज समाज में समृद्धि और सद्ज्ञान की कमी नहीं है। समृद्धि बढ़ती जा रही है। जानकारियाँ बढ़ रही हैं, ज्ञान बढ़ रहा है, कमी है तो अपने ज्ञान को बाँटने के भाव और व्यवहार की। राष्ट्रपति पद के अपने कार्यकाल के दौरान उनके द्वारा राष्ट्र निर्माण के सपने देखते रहना कोई बड़ी बात नहीं थी। बड़ी बात है अपने सपने को पैंतालीस करोड़ युवाओं की आँखों में उतारना। हमें उम्मीद रखनी चाहिए कि ये सारी शपथ दुहराई जाती रहेंगी, दुहराई जाती रहनी ही चाहिए।

मेरी तरह हजारों भारतीय, जो भारत माँ के सच्चे सपूत के बाहरी और आंतरिक देशभक्तिपूर्ण व्यवहार को स्मरण रखे हुए हैं, उन्हें बच्चों और युवा पीढ़ी में बाँटते रहना ही डॉ. कलाम को दी गई सही स्मरणांजलि होगी।

❑

कर्मयोगी-स्वप्नद्रष्टा डॉ. कलाम

—विज्ञानरत्न लक्ष्मण प्रसाद

मेरा ऐसा मानना है कि डॉ. ए.पी.जे. अब्दुल कलाम एक तपस्वी होने के साथ-साथ एक कर्मयोगी थे। वे अपनी लगन, कड़ी मेहनत और कार्यप्रणाली के बल पर असफलताओं को झेलते हुए आगे बढ़ते गए। उन्होंने विज्ञान के क्षेत्र में असाधारण सफलताएँ प्राप्त कीं। उनकी गणना अंतरराष्ट्रीय वैज्ञानिकों में की जाती है। सामान्य आविष्कारक के रूप में उनके जीवन से मैं बहुत ही ज्यादा प्रभावित हुआ। मैंने उनको अपना आदर्श माना। स्वाभाविक था कि मुझे उनसे मिलने की इच्छा हुई, परंतु इतने व्यस्त एवं बड़े वैज्ञानिक से मिलना आसान काम नहीं था। सौभाग्यवश 2 जनवरी, 2000 को दिल्ली से पूना जाते हुए हवाई जहाज में मुझे डॉ. कलाम से मिलने का एक सुअवसर प्राप्त हुआ। 15 मिनट की मुलाकात से मैं उनकी सादगी, सद्भावना, शालीनता, सौम्यता आदि से अत्यधिक प्रभावित हुआ।

उनकी पुस्तकों के अध्ययन से मुझे पता चला कि वे गुणों के भंडार हैं। अदम्य साहस के साथ-साथ शालीनता एवं सद्भावना के गुण उनमें कूट-कूटकर भरे थे। वे सरस्वती पूजा के साथ विज्ञान के प्रति पूर्ण रूप से समर्पित थे। उनका स्वभाव कोमल था, वे सबके प्रति सद्भावना रखते थे। सादगी, शालीनता एवं सौम्यता उनके विशेष गुण थे। दूसरों को सम्मान देने के साथ-साथ वे उन्हें अच्छे कार्यों के लिए प्रेरित करते थे। अपनी सफलताओं का श्रेय वे स्वयं न लेकर अपने माता-पिता, गुरुजनों एवं वैज्ञानिक अधिकारियों को देते थे। उनकी सम्मतियों को वे संस्मरण के रूप में अपने लेखों एवं पुस्तकों में उद्धृत करते थे। वे सभी धर्मों का समान रूप से सम्मान करते थे। बड़े-बूढ़ों का सदैव आदर एवं सम्मान करते थे। जहाँ वे बच्चों से प्यार करते थे, उनका चहुँमुखी विकास देखना चाहते थे, वहीं वे भारत

को विकसित राष्ट्र बनाने की संकल्पना रखते थे। कलाम साहब ने अपने आचरण से समाज के सभी वर्गों को प्रभावित किया। इन्हीं विशेष गुणों के कारण वे देश के सर्वोच्च पद पर आसीन हुए।

कलाम साहब ने देश की सुरक्षा से संबंधित लगभग 20 बड़ी-बड़ी परियोजनाओं का सफल नेतृत्व भी किया। प्रत्येक परियोजना में नवीनीकरण के प्रयोगों के साथ उन्होंने नई प्रौद्योगिकियाँ भी विकसित की थीं। इन्हीं विशेष गुणों के कारण उन्होंने वैज्ञानिक समुदाय में उच्चस्थ स्थान बनाया। वास्तव में डॉ. कलाम एक सफल वैज्ञानिक के साथ-साथ एक महान् नवप्रवर्तक भी थे। जब मैंने नवीनीकरण एवं नवप्रवर्तन के महत्त्व पर सोचना आरंभ किया तो मुझे महसूस हुआ कि हमको प्रत्येक क्षेत्र में नवप्रवर्तन की आवश्यकता है, जो हमारी अनेक जटिल समस्याओं को हल कर सकता है। मैंने सोचा कि क्यों न इसके महत्त्व का समाज में प्रचार और प्रसार किया जाए, जिससे समाज में नवप्रवर्तन एवं नवीनीकरण के प्रति लोगों में चेतना जाग्रत् हो। इन विचारों को ध्यान में रखते हुए 28 फरवरी, 2000 को 'विज्ञान दिवस' के अवसर पर मैंने प्रत्येक वर्ष 15 अक्टूबर को 'नवप्रवर्तन दिवस' मनाने का विचार किया। इस पर अपने कुछ मित्रों एवं शुभचिंतकों से विचार-विमर्श भी किया। सभी को यह विचार अच्छा लगा और इस कार्य को करने में मुझे पूर्ण रूप से सहयोग देने का आश्वासन भी दिया। 'नवप्रवर्तन दिवस' के लिए 15 अक्टूबर का चयन किए जाने के पीछे एक महत्त्वपूर्ण कारण है। 15 अक्तूबर लब्धप्रतिष्ठित वैज्ञानिक प्रौद्योगिकीविद् डॉ. कलाम का जन्मदिन है। मेरे विचार में नवप्रवर्तन की चेतना संचरित करने के लिए इससे अधिक महत्त्वपूर्ण अन्य कोई दिवस हो ही नहीं सकता।

पिछले 15 वर्षों (सन् 2000) से मेरे निर्देशन में हर वर्ष 15 अक्तूबर को 'राष्ट्रीय नवाचार दिवस' विभिन्न ग्रामीण एवं शहरी क्षेत्रों में आयोजित किया जाता रहा है। इस अवसर पर जो वैज्ञानिक कार्यक्रम आयोजित किए जाते हैं, उनसे समाज में वैज्ञानिक जागरूकता उत्पन्न हुई है। बच्चों की वैज्ञानिक सोच में वृद्धि हुई है। इसके अलावा इससे न सिर्फ नवप्रवर्तन आंदोलन को सही दिशा मिली वरन् लाखों बच्चों व किशोरों-युवा छात्रों के मस्तिष्क को तेजस्वी बनाने में सहायता भी मिली है। प्रत्येक नवप्रवर्तन दिवस के अवसर पर आरंभ के 5-6 वर्षों से एक सुंदर स्मारिका प्रकाशित की गई, जिसमें नवप्रवर्तन से संबंधित अनेक लेख एवं नवप्रवर्तकों के सफल कार्यों के विषय में सूचना प्रकाशित की जाती थी, साथ ही वैज्ञानिकों और देश के महान् नेताओं के संदेश भी छापे जाते थे। उसके उपरांत देश की सबसे प्राचीन 'विज्ञान' पत्रिका प्रत्येक वर्ष अक्तूबर माह का अंक 'नवाचार

विशेषांक' के रूप में सन् 2007 से लगातार प्रकाशित कर रही है। मेरे अनुरोध पर इस वर्ष 2015 का 'विज्ञान' पत्रिका का अक्तूबर माह का अंक पूर्ण रूप से डॉ. कलाम को समर्पित किया गया।

लगभग दस वर्ष पूर्व मेरे द्वारा संपादित एवं प्रकाशित पुस्तक 'कर्मयोगी कलाम' में पूर्व राष्ट्रपति कलाम के कुछ अनूठे कार्यों एवं विचारों से संबंधित लेख के अंत में डॉ. कलाम को एक कर्मयोगी एवं स्वप्नद्रष्टा के रूप में मैंने अपने भाव इस प्रकार प्रदर्शित किए थे—

''वास्तव में डॉ. कलाम महात्मा गांधी की भाँति ही कर्मयोगी एवं स्वप्नद्रष्टा हैं। गांधीजी स्वतंत्र भारत के स्वप्नद्रष्टा हैं, जबकि डॉ. कलाम स्वावलंबी, स्वयं समर्थ विकसित भारत के स्वप्नद्रष्टा हैं। उनकी सादगी, शालीनता, नैतिकता, आध्यात्मिकता एवं स्वदेश के प्रति गहनतम प्रेम और इन सबके ऊपर ईश्वर के प्रति अटूट आस्था उनको भारत के एक और गांधी के रूप में स्थापित करेगी। महात्मा गांधी के सभी मौलिक गुण उनमें विद्यमान हैं। नियंत्रित कर्तव्यशील कार्यकलापों के लिए 'गीता' गांधीजी की मार्गदर्शिका शक्ति थी, इसी प्रकार चमत्कारी उपलब्धियों के लिए 'गीता' डॉ. कलाम की ऊर्जा की सतत शीर्ष प्रवाहमयी निर्झरिणी है। जैसे गांधीजी अपने महान् कार्य से महात्मा बन गए थे, वैसे ही 'गीता' और 'कुरआन' की समीक्षाओं के अनुरूप अपने कृतित्व एवं निष्ठा के फलस्वरूप कुछ काल के बाद डॉ. कलाम भी संत कलाम के रूप में जाने जाएँगे।

''ऐसे अनूठे राष्ट्रपति के स्वप्नों को साकार करने के लिए प्रत्येक भारतीय नागरिक का कर्तव्य बनता है कि वह अपना कार्य अपने-अपने कार्यक्षेत्रों में पूर्ण ईमानदारी, मेहनत, निष्ठा, समर्पण-भावना से करे और गलत कामों को न करे, न बढ़ावा दे, तभी यह देश 2020 तक एक विकसित एवं बलशाली राष्ट्र बन सकता है। हम सब उनके जीवन से बहुत कुछ शिक्षा एवं प्रेरणा लेकर देश एवं समाज को आगे बढ़ाने में योगदान कर सकते हैं, जो समय की पुकार है।''

कलाम साहब के जाने के बाद लोगों ने उन्हें राष्ट्ररत्न, युगद्रष्टा, राष्ट्रनायक, राष्ट्रविभूति, राष्ट्रगौरव, राष्ट्रऋषि, भारतीय ऋषि परंपरा के स्रोत, देश के प्रेरणास्रोत, संत सरीखे वैज्ञानिक, सबके प्यारे कलाम, नेहरू का दूसरा रूप, चमत्कारी प्रतिभा आदि रूपों में पहचाना और उसी के अनुसार अपनी-अपनी श्रद्धांजलि अर्पित की। ❑

ईश्वरीय शक्ति ने मुझसे कलाम के साथ काम करवाया

—कर्नल अशोक किनी

30 जुलाई को प्रधानमंत्री नरेंद्र मोदी व अन्य नेताओं की मौजूदगी में पूर्व राष्ट्रपति ए.पी.जे. अब्दुल कलाम को पूरे सैन्य सम्मान के साथ सुपुर्द-ए-खाक किया गया। 'जनता का राष्ट्रपति' कहे जानेवाले कलाम के भारतीय ध्वज में लिपटे पार्थिव शरीर को पूरे सम्मान के साथ, फूलों से सजे एक गन कैरिज पर रखकर पी करुंबु ग्राउंड ले जाया गया। तीनों सेनाओं के प्रमुखों ने इसकी अगवानी की और कलाम के पार्थिव शरीर पर पुष्पहार अर्पित किए। उन्हें तीनों सेनाओं का 'गार्ड ऑफ ऑनर' दिया गया। सुबह पहुँचे श्री मोदी ने देश के युवाओं के आइकन और सबसे लोकप्रिय राष्ट्रपति को पुष्पहार अर्पित कर अपनी अंतिम श्रद्धांजलि दी। तमिलनाडु के राज्यपाल के. रोसैया, रक्षामंत्री मनोहर पर्रिकर, वेंकैया नायडू, पी. राधाकृष्णन, तमिलनाडु के मंत्रियों, जैसे—ओ. पनीरसेल्वम, नाथम आर. विश्वनाथन और कई अन्य मंत्रियों ने कलाम को अंतिम श्रद्धांजलि अर्पित की। केरल के राज्यपाल पी. सदाशिवम, केरल के मुख्यमंत्री ओमान चांडी और आंध्र प्रदेश के मुख्यमंत्री एन. चंद्रबाबू नायडू ने भी अंतिम संस्कार समारोह में भाग लिया।

कांग्रेस उपाध्यक्ष राहुल गांधी और अन्य पार्टी के नेताओं ने 'भारत के मिसाइलमैन' कहे जानेवाले डॉ. कलाम को अंतिम श्रद्धांजलि दी। पहले उनके पार्थिव शरीर को प्रार्थना के लिए मसजिद में ले जाया गया। पूर्व राष्ट्रपति के भाई ए.पी.जे.एम.के. शेख सलीम के पोते ने आई.ए.एन.एस. को बताया कि उनके सभी रिश्तेदार अंतिम संस्कार में शामिल होने के लिए पहुँच चुके हैं। तमिलनाडु सरकार

ने बृहस्पतिवार को सार्वजनिक अवकाश घोषित कर दिया। पूरे राज्य में उस दिन बैंक, बीमा कंपनियाँ, स्कूल और कॉलेज बंद रहे। सरकार ने पूरे राज्य में शराब की दुकानों को भी बंद रखने का आदेश जारी किया। लगभग 30,000 गहनों की दुकानें भी बंद रहीं, पेट्रोल पंप में भी कलाम के सम्मान में सुबह 10 से रात 10 बजे तक बिक्री बंद रही। सिनेमाघरों के मालिकों ने एक दिन के बंद का फैसला लिया तो वहीं मछुआरों ने समुद्र में न जाने का फैसला लिया। राजनैतिक पार्टियों—द्रमुक और अन्नाद्रमुक—ने अपने कार्यक्रम रद्द कर दिए। प्राइवेट सेक्टर द्वारा बंद का निर्णय यह दरशाता है कि कलाम वाकई जनता के राष्ट्रपति थे। 15 अक्तूबर, 1931 को जनमे कलाम अपने परिवार का पोषण करने के लिए अखबार वितरित करने का कार्य किया करते थे। कलाम के पिता के पास एक नाव थी और उनकी माता को परिवार का पोषण करने गें काफी कठिनाई का सामना करना पड़ता था। रामेश्वरम् में कलाम के परिवार और जमात के लोगों ने 'मिसाइलमैन' को दफनाने की रस्म पूरी की। कलाम के पूर्व कर्मचारी रहे लेफ्टिनेंट कर्नल अशोक किनी एच. ने परिवार की ओर से सैन्य कर्मचारी और सरकारी अधिकारियों के साथ मिलकर अंतिम रस्म का समन्वयन किया।

लेफ्टिनेंट कर्नल अशोक किनी सेवा मेडल, विशिष्ट सेवा मेडल (रिटायर्ड) राष्ट्रपति भवन के भूतपूर्व लेखानियंता, केरल के होसदुर्ग में एक छोटे से गाँव से भारत के राष्ट्रपति भवन तक मनुष्य देवरूपेण की संज्ञा को चरितार्थ करनेवाले जनता के राष्ट्रपति डॉ. ए.पी.जे. अब्दुल कलाम के साथ काम करने के अनुभव को मैं दैवी आदेश मानता हूँ। कान्हागढ़ के नेहरू कॉलेज से अपनी स्नातक स्तर की पढ़ाई पूरी करने के बाद मेरा चयन यू.पी.एस.सी. के सी.डी.एस. इम्तिहान के जरिए भारतीय सेना में हो गया था और उसके बाद से नागालैंड, श्रीलंका में शांति सेना, अंगोला में संयुक्त राष्ट्र और सेना मुख्यालय के औपचारिक निदेशालय में शांति सेना में रहा, जहाँ मैं राष्ट्रपति भवन में दूसरे देशों के प्रमुखों के दौरों में औपचारिक आगमन का संयोजन करता था। मैंने अपनी नौकरी के 17 साल इस कार्य को सौंप दिए। मैंने मुख्यतः दूसरे राष्ट्रों के प्रमुखों के दौरों में इंटर सर्विसेज गार्ड ऑफ ऑनर का सुनियोजन और समन्वयन किया। इस कार्यकाल के दौरान मुझे औपचारिक कार्यक्रम के दौरान पूर्व राष्ट्रपति कोच्चेरी रामण नारायणन (के.आर. नारायणन) से बातचीत का अवसर मिला।

राजाजी मार्ग स्थित आर्मी हाउस में 'सेना दिवस' के समारोह के दौरान डॉ. कलाम से मिलना और उनका मार्गरक्षण करना। यह मिसाइलमैन से मेरी पहली

मुलाकात थी। कार्यक्रम के बाद जब मैं उनकी स्टाफ कार बुलवाकर उन्हें विदाई दे रहा था, तब मैं नहीं जानता था कि वर्षों बाद इसी राजाजी मार्ग से गन कैरिज में मैं उन्हें अंतिम विदाई भी दूँगा।

1999 का कारगिल युद्ध मेरे जीवन का परिवर्तन काल साबित हुआ। मुझे शहीदों के पार्थिव शरीर को उनके गृहनगर पहुँचाने के लिए समन्वयीकरण करना और यातायात सँभालना होता था। मैंने कर्तव्यनिष्ठा से अगस्त 2015 में दिल्ली छावनी में आयोजित सभी अंतिम संस्कारों में भाग लिया और दिल्ली से गुजर रहे शहीदों के पार्थिव शरीरों को सैन्य सम्मान दिया। अपने कर्तव्य के तौर पर मैंने माँ भारती की रक्षा के लिए बहादुरी से लड़ने और जान कुरबान करनेवाले कैप्टन हनीफुद्दीन को कब्रिस्तान में सुपुर्द-ए-खाक करने की व्यवस्था की। इस अवधि में मुझे मेरी आत्मा ने उन्नत अवस्था तक उत्थान की दिशा में आगे बढ़ाया। यह अवधि मेरे लिए एक दिव्य अनुभव के समान थी। इस घटना ने मुझे दुश्मनों की उपस्थिति में उच्च कोटि की शूरवीरता एवं त्याग का प्रदर्शन करने के लिए सैन्य आश्रितों को मरणोपरांत दिया जानेवाला सर्वोच्च सैन्य अलंकरण 'परमवीर चक्र' का निर्धारण निष्पक्ष ढंग से करने पर विवश कर दिया। बाद में मुझे कई घायल सैनिक दिल्ली छावनी के बेस अस्पताल में मिले। इसने मुझे यह एहसास कराया कि श्रेष्ठ सैन्यदल मेरे जरिए देश की भलाई के लिए कार्य कर रहा है।

जुलाई 2002 में डॉ. कलाम देश के राष्ट्रपति बने। मैं राष्ट्रपति भवन में आयोजित उनके शपथ ग्रहण समारोह का हिस्सा बनने को लेकर बेहद आनंदित था। वहाँ मौजूद स्टाफ से बातचीत में मुझे पता चला कि राष्ट्रपति भवन में लेखा-नियंता का स्थान खाली होने वाला है। मैंने सैन्य मुख्यालय के भूतपूर्व महासैन्य सहायक लेफ्टिनेंट जनरल ए. नटराजन से इस पद के लिए अपनी इच्छा जाहिर की। कुछ दिनों बाद मुझे इंटरव्यू के लिए बुलावा आया। सितंबर 2002 में इंटरव्यू के लिए मुझे राष्ट्रपति डॉ. ए.पी. जे. अब्दुल कलाम के सामने बैठाया गया। मेरा इंटरव्यू राष्ट्रपतिजी द्वारा लिया जाना था तो मैं मेडल और रिबन लगाकर अपनी अधिकृत वर्दी पहने वहाँ पहुँचा। उन्होंने मेरे मेडल्स की तरफ देखा, उनकी खूबसूरती की प्रशंसा की और मुझे हर मेडल का व्याख्यान करने को कहा। जब मैंने उन्हें नागालैंड मेडल के बारे में बताया तो उन्होंने कुछ क्षण सोचा और मुझसे पूछा—नागालैंड में क्या परेशानी है? मुझे पता था कि वे एक भिन्न जवाब की उम्मीद कर रहे हैं। मैंने उनसे पूछा—अगर राष्ट्रपति इजाजत दें तो मैं एक वाकया बताऊँ, जिस पर उन्होंने मुसकराते हुए 'हाँ' बोल दिया।

मैंने उन्हें नागालैंड की अपनी सच्ची कहानी सुनाई। मैंने उन्हें बताया कि जब

मैं दूर-दराज की एक सीमा चौकी पर तैनात था, मेरी चौकी के पास पहाड़ पर जंगलों में एक गाँव था, जो वैसे तो सिर्फ दो किलोमीटर की दूरी पर था, लेकिन उस गाँव तक पहुँचने के लिए एक व्यक्ति को चार घंटे की चढ़ाई चढ़नी पड़ती थी।

पहले ही हफ्ते में मैंने अपने दस्ते के साथ गाँव में जाने का फैसला किया। जब हम गाँव में पहुँचे तो वहाँ के लोगों ने बेहद रुखाई से हमारा स्वागत किया। आस-पास के बच्चों ने 'विदेशी सेना, विदेशी सेना' चिल्लाना शुरू कर दिया। निराश महसूस करते हुए हम वापस लौट आए और एक हफ्ते के बाद कुछ चॉकलेट के साथ एक बार फिर हम उस गाँव में पहुँचे। हमने वे चॉकलेट बच्चों को बाँटी और उनके साथ कुछ वक्त भी बिताया। वापस लौटते वक्त उन्होंने हमें 'भारतीय सेना, भारतीय सेना' कहकर पुकारा। पंद्रह दिनों के बाद मैं बुजुर्गों के लिए बड़ा सा केक और बच्चों के लिए चॉकलेट लेकर उस गाँव में पहुँचा। उनके साथ बैठने और केक बाँटने के बाद उन लोगों ने मुझे मधु नाम की चावल से बनी शराब पिलाई। जब हम वापस लौटने लगे तो बच्चों ने 'हमारी सेना, हमारी सेना' चिल्लाना शुरू कर दिया। मैंने कलाम साहब को बताया कि 'विदेशी सेना' से 'हमारी सेना' के संबोधन तक पहुँचने में मुझे सिर्फ तीन मुलाकातें लगीं। मेरे हिसाब से नागालैंड की परेशानी यह है कि वहाँ के वरिष्ठतम लोग और नेता ग्रामीण इलाकों में रह रहे निम्न स्तर के लोगों से पारस्परिक व्यवहार नहीं रखते हैं, जिस वजह से वे अपने को उपेक्षित महसूस करते हैं। डॉ. कलाम मेरी यह सच्ची कहानी सुनकर बेहद खुश हुए और उन्होंने मुझे तुरंत ही राष्ट्रपति भवन में सी.पी.एच. का पदभार ग्रहण करने के लिए कहा। उसी दिन उन्होंने नागालैंड समेत उत्तर-पूर्वी राज्यों से अपना पहला दौरा शुरू करने का आदेश दिया। उनके फैसले और पूर्वोत्तर राज्यों तथा वहाँ के लोगों के प्रति उनकी चिंता देखकर मैं द्रवित हो गया।

आज डॉ. कलाम हमारे बीच नहीं हैं। मोदी सरकार ने सात दिन के राजकीय शोक की घोषणा की, लेकिन शोक का अंतिम दिन आते ही हमारे प्रधानमंत्री मोदीजी ने एन.एस.सी.एन. के साथ नागालैंड शांति समझौते पर हस्ताक्षर कर डॉ. कलाम के भारत को शांतिपूर्ण राष्ट्र बनाने के सपने की ओर एक कदम बढ़ाते हुए उन्हें सच्ची श्रद्धांजलि दी। डॉ. कलाम की ही तरह नरेंद्र मोदी भी अपना जीवन देश को समर्पित करते आए हैं। प्रधानमंत्री की सुबह 10 बजे एयरपोर्ट, फिर राजाजी मार्ग और फिर रामेश्वरम् में उपस्थिति इस बात को दरशाती है कि हमारे प्रधानमंत्री का डॉ. कलाम के साथ खास जुड़ाव था। हमारे प्रधानमंत्री की इन सभी जगहों पर मौजूदगी ऐतिहासिक मौजूदगी बन गई। डॉ. कलाम का पूर्वोत्तर के लोगों के साथ

एक भावनात्मक जुड़ाव था, फिर चाहे वे पूर्वोत्तर के राज्यों के छात्र हों, आदिवासी हों या वहाँ के राजनेता हों, कलाम उनके प्रति अपने व्यवहार में हमेशा विनम्र रहे हैं। इसमें कोई आश्चर्य नहीं है कि दुनिया से विदा लेने से पहले भी शिलांग उनका आखिरी गंतव्य बना। डॉ. कलाम के साथ काम करने का तीन साल का मेरा अनुभव बेहद आध्यात्मिक रहा।

डॉ. कलाम राष्ट्रपति भवन में अपने परिवार के साथ तो रहते नहीं थे, तो हम सब ही उनका परिवार थे और वे हमसे बेहद स्नेहपूर्ण व्यवहार करते थे। 'बाइबल' के शब्दों को डॉ. कलाम से जीवन में मंत्रों की तरह लेना मेरे लिए धार्मिक शुरुआत की तरह बन गया था। जब मेरे माता-पिता राष्ट्रपति भवन घूमने के लिए आए थे और वे मुगल गार्डन में खड़े थे तो डॉ. कलाम उनके पास आए और उनके उन शब्दों ने मुझे मेरे माता-पिता के सामने एक बड़े शून्य की तरह महसूस करवाया। उन्होंने कहा, "आप दोनों खुशकिस्मत हैं कि आपके पास ऐसा बेटा है। यह मेरा भी उसी तरह से ध्यान रखता है जैसा कि आप दोनों का रखता है।"

29 जुलाई, 2015 को 10, राजाजी मार्ग से डॉ. कलाम को विदा करना मेरे लिए बेहद पीड़ादायक अनुभव था। मुझे ऐसा लग रहा था, मानो वे मुझसे अंतिम विदाई देने को रामेश्वरम् जाने के लिए कह रहे हों। यही शब्द मेरे बेटे अभिषेक किनी ने भी मुझसे कहे। तीन घंटे के अंदर मैं चेन्नई होता हुआ मदुरै पहुँचा। रामेश्वरम् पहुँचने पर मुझे उनके परिवार के सदस्यों द्वारा सैन्य सम्मान के साथ उन्हें सुपुर्द-ए-खाक करने के लिए समन्वयन करने का आखिरी मौका मिला। रामेश्वरम् में उनकी अंतिम यात्रा के दौरान अरुणाचल प्रदेश के मुख्यमंत्री, डिप्टी रेजिडेंट कमिश्नर मिस्टर दमो मौजूद थे, जिनका मानना था कि यह ईश्वरीय शक्ति ही थी, जो उन्हें पूर्वोत्तर के राज्यों और वहाँ के लोगों का प्रतिनिधित्व करने के लिए रामेश्वरम् लेकर आई थी। उन्होंने कहा, "मैं सौभाग्यशाली हूँ, जो मुझे यह मौका मिला।" वे मुसकराए और उन्होंने डॉ. कलाम की कब्र से एकत्र मिट्टी मुझे दिखाई। मेरे लिए वह साधारण मिट्टी नहीं थी। मुझे उस मिट्टी में डॉ. कलाम की झलक उसी तरह से दिखाई दे रही थी, जिस तरह से माँ यशोदा को बाल कृष्ण के मुख के अंदर मिट्टी में सारा ब्रह्मांड दिखाई दे गया था। हाँ, वे अमर हैं।

उन्होंने भारत के पूर्वोत्तर इलाके को अपना ठिकाना बनाया। मेरा सलाम सर! आपने मुझे श्रेष्ठ कर्नल का नाम दिया, लेकिन सम्राट् अशोक के बाद आप सच्चे महान् कलाम हैं। दुनिया आपकी यादों को हमेशा सँजोकर रखेगी।

❑

डॉ. कलाम : एक आदर्श शिक्षक

—सृजन पाल सिंह

आठ घंटे हो चुके हैं, जब हमने आखिरी बार बात की थी—आँखों में दूर-दूर तक कहीं नींद नहीं है और उनकी यादों का सैलाब लगातार उमड़ता चला आ रहा है, कभी-कभी आँसुओं के रूप में भी। 27 जुलाई को हमारे दिन की शुरुआत दोपहर 12 बजे हुई थी, जब हम गुवाहाटी जानेवाली फ्लाइट में सवार हुए थे। उन्होंने अपनी खास शैली का काले रंग का कलाम सूट पहना हुआ था और मैंने उनकी तारीफ करते हुए कहा था, ''बहुत अच्छा रंग है!'' तब मुझे क्या पता था कि यह मैं उन पर आखिरी रंग देखूँगा।

मानसून के मौसम में 2.50 घंटे का हवाई सफर। मुझे इस तरह की हलचल से नफरत है, लेकिन उन्होंने इस पर विजय हासिल कर ली थी। जब भी वे मुझे थरथराते हवाई जहाज में ठंडा पड़ते देखते तो खिड़की का शीशा नीचे करते और कहते, ''अब तुम्हें डर नजर नहीं आएगा!''

हवाई सफर के बाद फिर से 2.50 घंटे का कार का सफर तय करके हम आई.आई.एम. शिलांग पहुँचे। पाँच घंटे की इस यात्रा के दौरान हमने काफी बातचीत की, चर्चाएँ और तर्क-वितर्क किया। यह हमारी पिछले छह वर्षों में एक साथ की गई सबसे लंबी हवाई और सड़क यात्राओं में से एक थी।

हर यात्रा की तरह यह यात्रा भी बेहद खास थी। इस दौरान हुई तीन चर्चाएँ/वाकये खासतौर पर हमारे आखिरी सफर की चिरस्थायी यादों में बस गए हैं।

पहली, डॉ. कलाम पंजाब में हुए आतंकवादी हमले को लेकर बहुत चिंतित थे। निर्दोष लोगों के जान गँवाने से उनके अंदर गहरा दुःख भर गया था। आई.आई.एम. शिलांग में व्याख्यान का विषय था—'क्रिएटिंग ए लिवेबल प्लेनेट

ऑन अर्थ' (धरती पर जीने योग्य ग्रह का निर्माण)। उन्होंने आतंकी घटना को इस विषय से जोड़ते हुए कहा, "लगता है कि मनुष्य की बनाई शक्तियाँ पृथ्वी के जीवन योग्य बने रहने के लिए उतना ही बड़ा खतरा हैं, जितना प्रदूषण।" हमने इस बात पर चर्चा की कि अगर हिंसा, प्रदूषण और मनुष्य की विवेकहीन गतिविधियों का सिलसिला इसी तरह जारी रहा तो हम धरती छोड़ने पर मजबूर हो जाएँगे। उन्होंने कहा, "इस तरह से तो यह नौबत शायद आनेवाले 30 वर्षों में ही आ जाएगी।" उन्होंने कहा, "तुम लोगों को इस बारे में जरूर कुछ करना चाहिए, यही तो आपके भविष्य की दुनिया होगी।"

हमारी दूसरी चर्चा राष्ट्रीय रंग लिये हुए थी। पिछले दो दिनों से डॉ. कलाम इस बात को लेकर चिंतित थे कि संसद् बार-बार ठप हो जाती है। उन्होंने कहा, "मैंने अपने कार्यकाल में दो अलग-अलग सरकारें देखीं। उसके बाद कुछ और भी देखीं। यह हंगामा बार-बार होता ही रहता है। यह ठीक नहीं है। यह सुनिश्चित करने के लिए कि संसद् विकास की राजनीति पर काम करे, मुझे वाकई कोई रास्ता निकालना होगा।" उसके बाद उन्होंने मुझसे आई.आई.एम. शिलांग के छात्रों को व्याख्यान के अंत में देने के लिए सरप्राइज असाइनमेंट क्वेश्चन तैयार करने को कहा। वे चाहते थे कि छात्र 3 ऐसे उन्नतिशील तरीके बताएँ, जिससे संसद् को ज्यादा फलदायक और जोशपूर्ण बनाया जा सके। कुछ देर बाद वे वापस उसी विषय पर लौटे और कहने लगे, "जब मेरे पास ही इस बात का कोई समाधान नहीं है तो मैं छात्रों से सुझाव कैसे माँग सकता हूँ?" अगले एक घंटे तक हम कई सारे विकल्पों पर विचार करते रहे। हम इस चर्चा को अपनी आगामी किताब 'एडवांटेज इंडिया' में शामिल करना चाहते थे।

तीसरा अनुभव उनकी विनम्रता की सुंदरता का अनुभव था। हम 6-7 कारों के काफिले में थे। मैं और डॉ. कलाम दूसरी कार में थे। हमारे आगे एक खुली जिप्सी थी, जिसमें तीन सैनिक थे। दो सैनिक दोनों ओर बैठे हुए थे और एक दुबला-पतला जवान अपनी बंदूक ताने बीच में खड़ा था। एक घंटे की यात्रा के बाद डॉ. कलाम ने कहा, "वह खड़ा क्यों है, वह थक जाएगा। यह तो उसके लिए सजा हो गई! क्या आप उसे बैठ जाने के लिए वायरलेस से संदेश भिजवा सकते हैं?" मुझे उन्हें इस बात के लिए मनाना पड़ा कि बेहतर सुरक्षा के लिए शायद उन्हें खड़े रहने के निर्देश हैं, लेकिन वे बिल्कुल नहीं माने। हमने रेडियो मैसेजिंग का प्रयास किया, पर वह चला ही नहीं। अगले डेढ़ घंटे की यात्रा में उन्होंने तीन बार मुझसे कहा कि देखो, क्या हम उसे हाथ के इशारे से बैठने के लिए कह सकते

हैं। आखिर में जब उन्हें अहसास हुआ कि इस बारे में ज्यादा कुछ नहीं किया जा सकता है तो उन्होंने मुझसे कहा, ''मैं उससे मिलकर उसका धन्यवाद करना चाहता हूँ।'' आई.आई.एम. शिलांग पहुँचने के बाद मैंने उस व्यक्ति के बारे में जानकारी ली और उस जवान को अंदर ले गया। डॉ. कलाम ने उसका शुक्रिया अदा किया। उन्होंने जवान से हाथ मिलाते हुए कहा, ''थैंक्यू दोस्त, क्या आप थक गए हैं, क्या आप कुछ खाना चाहेंगे? मैं माफी चाहता हूँ कि आपको मेरी वजह से इतनी देर तक खड़े रहना पड़ा।'' डॉ. कलाम के इस व्यवहार से काली वर्दी पहने वह जवान भौचक्का रह गया। उसे शब्द नहीं मिल रहे थे, वह सिर्फ इतना ही कह पाया, ''सर, आपके लिए तो छह घंटे भी खड़े रहेंगे।''

इसके बाद हम लेक्चर हॉल की तरफ गए। वे लेक्चर के लिए देरी से नहीं पहुँचना चाहते थे। वे हमेशा कहते थे, ''छात्रों को कभी इंतजार नहीं करवाना चाहिए।'' मैंने फटाफट उनका माइक लगाया, लेक्चर का संक्षिप्त वृत्तांत बताया और कंप्यूटर पर अपनी जगह ले ली। जब मैं उनका माइक लगा रहा था, वे मुसकराए और बोले, ''फनी गाय, सब ठीक चल रहा है?'' कलामजी फनी गाय कहते हैं तो उनके कहने के लहजे और आपके आकलन के मुताबिक उसके कई अर्थ हो सकते थे। इसका मतलब हो सकता था कि आपने अच्छा काम किया है, आपने कुछ गड़बड़ कर दी है, आपको उनकी बात सुननी चाहिए या फिर ऐसे ही मौज में आकर वे ऐसा कहते थे। इस बार उन्होंने मौज में आकर ऐसा कहा था।

उन्होंने कहा, ''फनी गाय, सब ठीक चल रहा है?'' और मैंने मुसकराकर 'हाँ' में उसका जवाब दिया। ये उनके आखिरी शब्द थे, जो उन्होंने मुझसे कहे थे। उनका भाषण शुरू हुए दो ही मिनट हुए थे, मैं उनके पीछे बैठा हुआ था, मैंने उनका वाक्य पूरा होने के बाद एक लंबा विराम महसूस किया। मैंने उनकी तरफ देखा और वे गिर गए।

हमने उन्हें सँभाला। डॉक्टर फटाफट वहाँ दौड़े आए, हम जो कर सकते थे, सब करने की कोशिश की। मैं उनकी तीन-चौथाई खुली हुई आँखों का दृश्य कभी नहीं भूल सकता। मैंने एक हाथ से उनका सिर उठाया और उन्हें होश में लाने का हरसंभव प्रयास किया। उनके हाथों ने मेरी उँगलियों को भींचा हुआ था। उनके चेहरे पर स्थिरता थी और उनकी ज्ञानपूर्ण आँखें बिना हिले-डुले ही विद्वत्ता झलका रही थीं। उन्होंने एक शब्द भी नहीं कहा, न ही उन्होंने किसी दर्द का एहसास होने दिया।

पाँच मिनट के अंदर हम पास के अस्पताल में थे। कुछ ही मिनटों में उन्होंने

संकेत दे दिया कि 'मिसाइलमैन' जा चुके हैं, हमेशा के लिए। मैंने एक आखिरी बार उनके चरण स्पर्श किए। अलविदा अजीज मित्र! महान् संरक्षक! आपको अपने विचारों में देखूँगा और अगले जन्म में मुलाकात होगी।

पीछे मुड़ा तो विचारों की कोठरी खुल गई।

वे मुझसे अकसर पूछा करते थे, ''तुम युवा हो, तय करो कि तुम किस चीज के लिए याद किया जाना चाहते हो?'' मैं उन्हें देने के लिए इस सवाल का प्रभावशाली उत्तर सोचता रहता था, एक दिन मैंने थक-हारकर उनका सवाल उनसे ही पूछ लिया। मैंने उनसे पूछा, ''पहले आप बताइए, आप किस बात के लिए याद किए जाना चाहते हैं? राष्ट्रपति, वैज्ञानिक, लेखक, मिसाइलमैन, इंडिया 2020, टार्गेट थ्री बिलियन··· क्या?'' मुझे लगा, मैंने उन्हें विकल्प देकर सवाल को आसान बना दिया है, लेकिन उनके जवाब ने मुझे चौंका दिया। उनका जवाब था—''शिक्षक।''

उसके दो हफ्ते बाद जब हम उनके मिसाइल के समय के दोस्तों के बारे में चर्चा कर रहे थे तो उन्होंने कुछ कहा था। उन्होंने कहा, ''बच्चों को उनके माता-पिता की सेवा करनी चाहिए। यह दुःखद है कि कभी-कभी ऐसा नहीं होता है।'' वे रुके और आगे कहा, ''दो चीजें बड़ों को भी जरूर करनी चाहिए। मरने के बाद ऐसी कोई वसीयत या संपत्ति न छोड़कर जाएँ, जो परिवार में लड़ाई-झगड़े का कारण बने। दूसरी, वह व्यक्ति, जो बिना बीमार हुए काम करते-करते इस दुनिया से विदा ले, बहुत भाग्यवान् है। विदाई हमेशा छोटी होनी चाहिए, बहुत छोटी।''

आज जब मैं पीछे देखता हूँ तो पाता हूँ कि उन्होंने अपनी अंतिम यात्रा पढ़ाते हुए ही शुरू की, जिसके लिए वे हमेशा याद किए जाना चाहते थे। अपने अंतिम क्षण तक वे काम कर रहे थे, खड़े थे और पढ़ा रहे थे। वे हमें छोड़कर चले गए, एक महान् शिक्षक की तरह अपना प्रभाव छोड़ते हुए।

वे दुनिया को छोड़कर चले गए। उनके खाते में कुछ भी नहीं था सिवाय लोगों का ढेर सारा प्यार और आशीर्वाद के। वे हमेशा कामयाब रहे, यहाँ तक कि अंत में भी।

मैं वे सभी लंच और डिनर बहुत याद करूँगा, जो हमने साथ में किए थे। मैं उन सभी क्षणों को याद करूँगा, जब उन्होंने अपनी विनम्रता से मुझे आश्चर्य में डाल दिया था और अपने कौतूहल से चौंका दिया था। उन्होंने अपने शब्दों और चाल-चलन से जिंदगी का जो पाठ पढ़ाया, उसे मैं हमेशा अपने जेहन में रखूँगा।

फ्लाइट पकड़ने के लिए हमारी रेस मुझे हमेशा याद आएगी, हमारी यात्राएँ, हमारे लंबे तर्क-वितर्क मेरी यादों में हमेशा जीवित रहेंगे। उन्होंने मुझे सपने दिए, मुझे दिखाया कि सपनों का असाध्य होना जरूरी है, बाकी कोई भी चीज आपकी काबिलीयत के साथ एक समझौता है।

व्यक्ति चला जाता है, लेकिन उसका मिशन हमेशा जीवित रहता है, आप हमेशा अमर रहेंगे डॉ. कलाम!

❑

बहुमुखी प्रतिभा के धनी डॉ. कलाम

—डॉ. दीनानाथ तिवारी

कलाम निर्धन परिवार में रामेश्वरम् में पैदा हुए और बड़ी कठिनाइयों के बीच उन्होंने शिक्षा हासिल की। उसके बाद वे रक्षा अनुसंधान और विकास संगठन (डी.आर.डी.ओ.) में शामिल हुए, फिर भारतीय अंतरिक्ष अनुसंधान संगठन (इसरो) में उन्होंने काम किया। दोनों ही जगहों पर उनका कार्यकाल बहुत सफल रहा। उनकी सफलताओं से प्रभावित होकर तत्कालीन प्रधानमंत्री इंदिरा गांधी ने उन्हें मिसाइल कार्यक्रम की बागडोर सौंपी और उनके दौर में भारत ने कई मिसाइल विकसित कीं। वे भारत के परमाणु कार्यक्रम से भी जुड़े रहे और सन् 1998 के पोखरण परमाणु विस्फोट में भी उनकी महत्त्वपूर्ण भूमिका थी।

उनका सारा काम व्यावहारिक विज्ञान के क्षेत्र में है। यह भी महत्त्वपूर्ण है कि अपना सारा काम उन्होंने सरकारी संगठनों के ढाँचे के अंदर रहकर ही किया। वे यह भी विश्वास करते थे कि इस तंत्र में रहकर भी अच्छा काम किया जा सकता है। उनकी सफलता का एक बड़ा कारण यह विश्वास और उत्साह था। यह उनके जीवन के अंत तक बना रहा और इसलिए हमेशा उनके प्रशंसक बढ़ते ही गए।

उन्होंने इंडियन आर्मी के लिए छोटा हेलीकॉप्टर बनाया, लेकिन खुद ही संतुष्ट नहीं हुए। 1980 में पहला स्वदेशी उपग्रह प्रक्षेपण यान एसएलवी-3 रोहिणी सेटेलाइट अंतरिक्ष में सफलतापूर्वक लांच हुआ। रक्षा के क्षेत्र में उन्होंने इंटीग्रेटेड मिसाइल डेवलपमेंट प्रोग्राम की शुरुआत की और त्रिशूल, आकाश, नाग, अग्नि जैसी मिसाइल देश को दी, वहीं रूस के साथ ब्रह्मोस बनाई। 1998 में अब्दुल कलाम की ही देखरेख में पोखरण में दूसरा परमाणु परीक्षण पूर्ण रूप से सफल रहा।

डॉ. कलाम के अनुसार, भारत को विकसित राष्ट्रों की श्रेणी में आने के लिए जिन क्षेत्रों में महारत हासिल करनी है, उनमें कृषि, खाद्य प्रसंस्करण, शिक्षा, स्वास्थ्य, सूचना प्रौद्योगिकी आदि क्षेत्र शामिल हैं। हमें इन क्षेत्रों में लोगों की सक्रिय भागीदारी सुनिश्चित करनी होगी। डॉ. कलाम यह कहने से नहीं चूके कि हम 50 वर्षों से विकासशील ही बने हुए हैं, जबकि हम परमाणु शक्ति के सफल प्रयोग कर चुके हैं और सूचना प्रौद्योगिकी जैसे विषयों में विकसित राष्ट्रों से भी आगे निकल गए हैं।

दिमाग से वैज्ञानिक, दिल से दार्शनिक डॉ. ए.पी.जे. अब्दुल कलाम की आँखों में 21वीं सदी के विकसित भारत का सपना था। 'विजन 2020' का यह सपना अकेले सिर्फ उन्होंने नहीं देखा था, बल्कि भारत की भावी पीढ़ी को भी दिखाया था। मूल्यों और इनसानियत को विज्ञान से जोड़नेवाले कलाम साहब आज भले ही हमारे बीच नहीं हैं, लेकिन उनकी जगाई हुई अलख से ही भारत विकास की राह पर चल पड़ा है। जब-जब विकसित भारत की बात होगी, सबसे पहले कलाम साहब याद आएँगे। वह कभी नन्हे-मुन्नों की चमकती आँखों में, कभी युवाओं के सपनों और कभी बुजुर्गों की उम्मीदों में हमेशा अमर रहेंगे।

अभी विज्ञान संचार का माहौल नहीं है, लोगों के शोध बड़े पैमाने पर आम जनता तक नहीं पहुँच पाते। न ही ऐसी कोई पुख्ता सरकारी व्यवस्था है, जिससे विज्ञान प्रोजेक्ट लैब से बाहर जाकर आगे कुछ कर पाएँ। विज्ञान को मीडिया के माध्यम से लोगों तक पहुँचाना होगा। विज्ञान की शिक्षा राष्ट्रभाषा के द्वारा देनी होगी। अनुसंधान एवं नवाचार पर जोर देना होगा ताकि देश की सुरक्षा, विकास एवं समृद्धता को बढ़ाया जा सके।

"अगर आप सूर्य की तरह चमकना चाहते हैं तो सूर्य की तरह जलना भी होगा।" कथन तो आम है, पर इसका प्रयोग शायद ही 'मिसाइलमैन' से बेहतर किसी और ने किया हो। संघर्ष से लेकर अंतिम समय तक इसी अवधारणा से प्रभावित होकर डॉ. कलाम भारतीय धरा के लिए फिलहाल अब एक धरोहर हो गए हैं। वे पायलट बनना चाहते थे, पर देश को मिसाइल की बुलंदियों तक पहुँचाया। अंतरिक्ष में भारत की छलाँग के पीछे इन्हीं का योगदान अहम रहा है। कर्मयोगी, भविष्यद्रष्टा और भारतरत्न डॉ. कलाम के बारे में इतना कुछ कहने के लिए ही कम शब्दों में समेटना पूरी तरह संभव नहीं है।

वे दो बैग लेकर राष्ट्रपति भवन में दाखिल हुए थे और कार्यकाल पूरा होने के बाद वही दो बैग लेकर वापस चले गए। यह उनकी ईमानदारी को दरशाता है।

वे समाज के उस तबके से आए थे, जिसे गरीब कहा जाता है। ऐसा प्रेरक, सीधा, सरल और सहज व्यक्तित्व आज की इस दुनिया में मिलना असंभव है। विराट् व्यक्तित्व सदैव जिंदा रहेगा, उनके विचार सदैव प्रासंगिक रहेंगे।

उन्हें एक ऐसे दिलेर राष्ट्रपति के रूप में जाना जाता है, जिन्होंने सुखोई लड़ाकू विमान में उड़ान भरी, पनडुब्बी में सफर किया, दुनिया के सबसे ऊँचे युद्ध के मैदान सियाचिन ग्लेशियर पर गए और नियंत्रण रेखा पर जाकर सैनिकों से बातचीत की। जब उनके विमान ने एजल हवाई अड्डे से रात के समय उड़ान भरी, तो रनवे को लालटेन और टॉर्च की रोशनी से प्रकाशित किया गया।

देश के विकास की चिंता

कलाम साहब कहते थे कि देश तभी मजबूत होगा और उसकी प्रतिष्ठा बढ़ेगी, जब विज्ञान को बढ़ावा मिलेगा। इसके लिए कुछ चीजों का त्याग करना होगा और जिम्मेदारियों को सँभालना भी वैज्ञानिकों का कर्तव्य है। आज देश मिसाइल तकनीक और परमाणु कार्यक्रम में आत्मनिर्भर है। इस उपलब्धि का श्रेय कलाम को जाता है, लेकिन खुद कलाम इन उपलब्धियों के लिए देश के कई प्रधानमंत्रियों एवं मुख्यमंत्रियों की दूरदृष्टि को मानते हैं।

हम आनेवाले दिनों में ज्ञान की महाशक्ति यानी 'नॉलेज सुपरपावर' बनने जा रहे हैं, लेकिन हमें आर्थिक शक्ति के रूप में भी उभरना है, तभी हम विकसित राष्ट्रों की श्रेणी में शामिल हो सकते हैं। डॉ. कलाम के अनुसार हमें आर्थिक शक्ति बनने के लिए अपने सकल घरेलू उत्पाद को 9 से 10 प्रतिशत के बीच लाना होगा। यही नहीं, गरीबी रेखा के नीचे के लोगों की संख्या शून्य करनी होगी। ऐसा होगा, तभी हम आर्थिक रूप से प्रबल होंगे, रक्षा मामलों में हम सक्षम होंगे और हमारी आवाज विश्व स्तर पर सुनी जाएगी।

डॉ. कलाम मानते थे कि देश के विकास की गति को धीमा करने में जनसंख्या का बढ़ना सबसे बड़ा कारण है। वे कहते थे कि जनसंख्या वृद्धि का मूल कारण महिलाओं का अशिक्षित होना है। येन-केन प्रकारेण हमें महिलाओं, खासकर बालिकाओं की शिक्षा को बढ़ावा देना चाहिए। इससे न केवल जनसंख्या वृद्धि को नियंत्रित करने में सहूलियत होगी, बल्कि स्वास्थ्य व सामाजिक-आर्थिक संरचना में भी गुणात्मक सुधार आएगा।

उनका हर काम जिंदगी को बेहतर बनाने के लिए था। उनका सोच जीवन को खुशनुमा बनाने के लिए था। भले ही उन्होंने मिसाइलें बनाईं, मगर उनका

सोच, उनका दिल आम आदमी की जिंदगी की बेहतरी के लिए धड़कता था। उन्हें राष्ट्रपति बनने का दंभ कभी नहीं रहा। वे सुधारवाद के पक्षधर थे। राष्ट्रपति पद से कार्यमुक्त होने के बाद भी अब्दुल कलाम शोध, लेखन, शिक्षण में व्यस्त रहे। कलाम के आखिरी शब्द 'धरती को जीने लायक कैसे बनाया जाए' की चिंता से भरे थे और यही कहते हुए वे धरती की बाँहों में जा गिरे। वे भारत को जल्दी-से-जल्दी एक विकसित राष्ट्र के रूप में देखना चाहते थे।

आज हम परमाणु-संपन्न हैं, हमारे पास मिसाइल हैं, मगर हमारे बीच मिसाइलमैन नहीं हैं। वे अपने विचारों—'विंग्स आफ फायर', 'इंडिया 2020' और 'इगनाइटेड माइंड' जैसी किताबों और ढेर सारे भाषणों में दिए गए विचारों से हमारा सदैव मार्गदर्शन करते रहेंगे। नि:संदेह जनता के राष्ट्रपति को जनता अपनी स्मृतियों में सँजोए रखेगी।

बच्चों के प्रति लगाव

बच्चों से रूबरू होना, स्कूल, कॉलेज और यूनिवर्सिटी में जाना व छात्र-छात्राओं से प्रेरणादायक बातें करना डॉ. ए.पी.जे. अब्दुल कलाम को बेहद पसंद था। एक बार उन्होंने कहा था कि पिछले दो दशकों में वे दो करोड़ से ज्यादा बच्चों से मिल चुके हैं। ऐसे ही एक कार्यक्रम के दौरान उन्होंने चौथी से बारहवीं के छात्रों को लीडर बनने के लिए प्रेरित किया। यह उनके जीवन, अनुभव और ज्ञान का निचोड़ था।

चाहे 12वीं के बच्चों की विज्ञान प्रदर्शनी हो या फिर वैज्ञानिकों की विज्ञान कांग्रेस हो, कभी काका कलाम बनकर तो कभी प्रोफेसर के तौर पर उनकी मौजूदगी देखी जा सकती थी। विज्ञान को प्रोत्साहन देना, इसका समाज के साथ ताना-बाना जोड़ देना और जीवन को विज्ञान की दिशा में चलायमान करने का श्रेय इन्हीं को जाता है।

उन्होंने बच्चों को बताया कि कल्पना ज्ञान से भी ज्यादा महत्त्वपूर्ण है। इसलिए कल्पनाशील बनो और सपने जरूर देखने चाहिए, बिना सपनों के इनसान कुछ बड़ा हासिल नहीं कर सकता। उन्होंने कहा कि छोटा सपना एक अपराध की तरह है, इसलिए हमेशा बड़े सपने देखो, हमेशा आगे बढ़ो, चाहे जितनी भी मुश्किलें आएँ, आगे बढ़ो। नवाचार (इन्नोवेशन) ही सफल जीवन की कुंजी है। आप अच्छा करोगे तो देश का अच्छा अपने आप हो जाएगा, इसलिए पहले खुद को ईमानदार और मजबूत बनाएँ। अपने कर्म, अपने सपनों के प्रति दृढ रहें। बच्चों

के प्रति उनका लगाव, युवाओं को प्रोत्साहन, राष्ट्रपति रहते हुए भी साइंस के छात्रों से लगातार मुलाकातें इस बात का सबूत हैं कि भारत को लेकर उनका सोच और फिक्र हमेशा बड़ा रहा, यही वजहें हैं जो कलाम को बड़ा बनाती हैं।

वे लोगों की जिंदगी के बारे में बात करते। देश की समस्याओं के हल के बारे में बातें करते। बच्चों की जिज्ञासा और उत्सुकता को शांत करने की कोशिश करते। भले ही कोई बच्चा बार-बार एक ही सवाल पूछता, मगर वह कभी नाराज नहीं होते। उनकी सलाह थी कि अपनी पहली जीत के बाद आराम से मत बैठो, क्योंकि यदि आप दूसरी बार विफल हुए तो लोग कहेंगे कि आपकी पहली जीत किस्मत से मिली थी। किसी देश को भ्रष्टाचारमुक्त और अच्छे सोचवाले लोगों के रहने की जगह बनना है तो तीन शब्द इसके लिए बेहद अहम हैं। माता, पिता और अध्यापक।

उन्होंने सिखाया कि जब दिल में सच्चाई होती है, तब चरित्र में सुंदरता आती है। चरित्र में सुंदरता से घर में एकता आती है। घर में एकता से देश में व्यवस्था का राज होता है। देश की व्यवस्था से विश्व में शांति आती है। ज्ञान तीन चीजों का जोड़ है। रचनात्मकता, साहस और सच्चाई। पढ़ने से रचनात्मकता आती है। रचनात्मकता से हम विचारवान् बनते हैं। विचार हमें ज्ञानी बनाते हैं। ज्ञान हमें महान् बनाता है।

गाँवों का विकास

डॉ. कलाम चाहते थे कि गाँवों का विकास त्वरित गति से किया जाए। उन्होंने 'पुरा स्कीम' प्रारंभ की, जिसके अंतर्गत सभी गाँवों में पीने का पानी, बिजली, पक्की सड़क, स्कूल, स्वास्थ्य केंद्र, पंचायत घर आदि की सुविधाएँ उपलब्ध कराने का प्रावधान किया जाना था। इस स्कीम के अंतर्गत कई मॉडल ग्राम विकसित किए गए, परंतु बारहवीं पंचवर्षीय योजना में आर्थिक तंगी के कारण इसे छोड़ दिया गया।

ऊर्जा की पूर्ति

देश में ऊर्जा की भीषण कमी देखते हुए उन्होंने अक्षय ऊर्जा के उत्पादन पर विशेष जोर दिया। सौर ऊर्जा, पवन ऊर्जा, पनबिजली तथा बायो ऊर्जा के द्वारा देश के भीतरी क्षेत्रों में भी बिजली पहुँचाई गई।

बायोफ्यूल, जिसमें इथनॉल तथा बायोडीजल शामिल हैं, के उत्पादन एवं उपभोग पर विशेष जोर दिया गया। वायु प्रदूषण में कमी लाने हेतु इथनॉल को

पेट्रोल एवं बायोडीजल को डीजल में मिलाने से जहाँ वायु प्रदूषण में कमी हुई, लोगों के स्वास्थ्य में सुधार हुआ, वहीं किसानों की आर्थिक दशा सुधरी। डॉ. कलाम के प्रयास से ही बायोडीजल की एक राष्ट्रीय नीति बनाई गई तथा जट्रोफा के रोपण पर विशेष जोर दिया गया।

जड़ी-बूटियों का विकास

विश्व स्वास्थ्य संगठन के अनुसार विश्व की 80 प्रतिशत आबादी स्वास्थ्य तथा पोषण के लिए जड़ी-बूटियों का उपयोग करती है। जब संयुक्त राष्ट्र अमेरिका ने नीम, हल्दी आदि का पेटेंट कराया तो जन-जन में तीव्र बेचैनी फैली, तब उसे पेटेंट से मुक्त कराने का सफलतापूर्वक प्रयास किया गया। सभी जड़ी-बूटियों को विदेशी पेटेंट से बचाने हेतु 'टी के डी एल' विकसित कराने में डॉ. कलाम ने पूरी मदद दी।

कलाम के साथ काम करने का सौभाग्य

सच्चाई, साफगोई और शालीनता उनकी पहचान थी। दोहरेपन का जीवन तो उन्होंने कभी जिया ही नहीं। उनका हर काम जिंदगी को बेहतर करने के लिए था। उनका सोच जीवन को खुशनुमा बनाने के लिए था। भले ही उन्होंने मिसाइल बनाई, मगर उनका सोच, उनका दिल आम आदमी की जिंदगी की बेहतरी के लिए धड़कता था।

मुझे लगभग 30 वर्षों तक डॉ. कलाम के संपर्क में काम करने का सौभाग्य मिला। मेरी कई पुस्तकों की प्रस्तावना उन्होंने लिखी तथा सतत विकास पर अधिक पुस्तकें लिखने हेतु प्रोत्साहित किया। मेरे द्वारा हरित-भारत, बायोफ्यूल, बाँस, आदिवासियों का विकास तथा कृषिवानिकी पर तैयार की गई नीतियों एवं राष्ट्रीय मिशन की उन्होंने सराहना की। उत्थान : सतत विकास एवं गरीबी उन्मूलन केंद्र इलाहाबाद के कार्यों का उन्होंने मौके पर निरीक्षण किया तथा विद्यार्थियों एवं किसानों को कर्मठता से काम करने हेतु शपथ दिलाई। उत्थान ने दस मिलियन आदिवासी परिवारों की मदद की तथा गरीबी से छुटकारा दिलाया। इनमें से कई परिवारों से वे मध्य प्रदेश, छत्तीसगढ़, झारखंड एवं उड़ीसा जाकर मिले तथा उनके कौशल विकास तथा आर्थिक विकास की सराहना की। छत्तीसगढ़ में जल संचयन एवं उसके विविध उपयोग से वे अत्यधिक प्रभावित थे तथा चाहते थे कि पूरे देश को बहुफसली उत्पादन हेतु

तैयार किया जाना चाहिए ताकि किसानों को संपन्न बनाया जा सके एवं उन्हें आत्महत्या से बचाया जा सके।

अंत में

डॉ. कलाम एक महान वैज्ञानिक, विचारक, कर्मयोगी, देशभक्त तथा जन-प्रिय राष्ट्रपति थे। विज्ञान एवं प्रौद्योगिकी की मदद से वे देश को गरीबी, बीमारी, बेकारी, भुखमरी एवं प्रदूषण से निजात पाना चाहते थे। विज्ञान की शिक्षा एवं कौशल विकास के द्वारा वे भारत को समृद्ध एवं संगठित राष्ट्र के रूप में देखना चाहते थे। उनका व्यक्तित्व युवाओं के लिए सर्वाधिक प्रेरणादायक था। कलाम ने सिखाया—अच्छे रहकर बड़ा बनना और बड़ा हो जाने पर भी अच्छा बना रहना। उनकी लोकप्रियता उनके सरल, उत्साही और प्रेरक व्यक्तित्व के कारण थी, इसलिए राष्ट्रपति पद से विदा होने के बाद भी उसमें कमी नहीं आई। उनके निधन पर सभी सामाजिक, सांस्कृतिक, राजनीतिक, वैज्ञानिक एवं कर्मचारी संगठनों ने श्रद्धांजलि दी। वे सदैव लोकप्रिय बने रहेंगे।

❑

राष्ट्रपति कलाम बेहद साहसी व्यक्ति

—एस.एम. खान

राष्ट्रपति कलाम हमेशा कहते थे, "अगर आप कुछ नहीं करते, तो आपको कोई कठिनाई नहीं होगी, लेकिन अगर आप कुछ करते हैं, तो कठिनाइयाँ होंगी ही। उन पर विजय पानी होगी। कठिनाइयों से डरिए नहीं।" यह उनका पसंदीदा वाक्य था।

वे लोगों के विचारों पर बहुत ध्यान देते थे, लोग क्या कह रहे हैं, उन्हें कैसे जवाब दिया जाए और वे जो कह रहे हैं, उन पर हम कहाँ तक अमल कर पाते हैं।

वे दुनिया के पहले राष्ट्रपति थे, जिन्होंने पावरपॉइंट प्रेजेंटेशन बनाए और उनके जरिए अंतरराष्ट्रीय समुदाय ने चर्चा की।

जनता के राष्ट्रपति का देहांत 27 जुलाई को हुआ। राष्ट्रपति ए.पी.जे. अब्दुल कलाम के प्रेस सचिव रहे एस.एम. खान उनके दुःखद निधन की पहली मासिक पुण्यतिथि पर याद करते हैं कि किस तरह से भारत का सबसे लोकप्रिय व्यक्ति उनका शिक्षक बना। कुछ लोग अपने राज्य में लोकप्रिय होते हैं, कुछ लोग अपने धार्मिक समुदाय में या अपनी जाति या भाषायी समुदाय में लोकप्रिय होते हैं, लेकिन राष्ट्रपति कलाम ऐसे व्यक्ति थे, जो देश भर में, सभी राज्यों, सभी धर्मों, नस्लों, गाँवों, शहरों, युवाओं और बुजुर्गों में लोकप्रिय थे। उनके बारे में कोई भी नकारात्मक विचार नहीं रखता था। मुझे किसी भी क्षेत्र में ऐसा कोई व्यक्ति नहीं मिला, जो कम-से-कम तीन-चार दशकों में इस कदर लोकप्रिय रहा हो।

वे एक बहुआयामी व्यक्ति, राजनेता, दूर द्रष्टा, वैज्ञानिक, शिक्षक, प्रशासक और सबसे बढ़कर एक अच्छे इनसान थे। वे दिल से मानवतावादी थे। युवाओं, बच्चों और छात्रों के प्रति उनके दिल में बहुत स्नेह था। वे जब कभी मौका मिलता, इनसे मिलने को तत्पर रहते थे और देर तक इनके साथ रहना पसंद करते थे। वे उन्हें प्रश्न करने के लिए प्रोत्साहित करते थे और जरूरत पड़ने पर उनके उत्तर विस्तार से देते थे। वे किसी प्रश्न को टालते नहीं थे। अगर उनसे यह पूछा जाता कि वे लंबे बाल क्यों रखे हैं, तो वे इस प्रश्न का भी धैर्यपूर्वक उत्तर देते थे।

एक बार एक छात्र ने पूछ लिया कि उन्होंने शादी क्यों नहीं की? उनका उत्तर था, ''देखो, मैं अविवाहित ही नहीं हूँ, बल्कि ब्रह्मचारी भी हूँ।'' इसके बाद वे हँस पड़े और बोले, ''मुझे शादी के लिए समय ही नहीं मिला। मैं अपने वैज्ञानिक कार्य में ही इतना व्यस्त रहा।''

वे बहुत मजाकिया स्वभाव के थे। जब एक छात्र ने उनसे भारत की जनसंख्या की समस्या के बारे में पूछा, तो उन्होंने तुरंत जवाब दिया, ''तुम गलत व्यक्ति से यह पूछ रहे हो। मैं बेकसूर हूँ।'' हालाँकि इसके बाद उन्होंने उस प्रश्न का गंभीरता से जवाब भी दिया था।

वे छात्रों, सांसदों, राजनेताओं और प्रौद्योगिकीविदों के साथ समान रूप से सहज रहते थे। वे किसी से भी बातचीत कर लेते थे। बच्चों से बातचीत के दौरान वे संवैधानिक और कानूनी विषयों पर भी सहजता से बात कर लेते थे।

मैंने 5 अगस्त, 2002 को उनके प्रेस सचिव का काम सँभाला था। तब उन्हें राष्ट्रपति बने 10 दिन ही हुए थे। हम लोगों के साथ अपनी पहली मुलाकात में ही उन्होंने भारत को 2020 तक विकसित राष्ट्र बनाने का 'विजन डॉक्यूमेंट' दिया था। वे राष्ट्र निर्माण के प्रति समर्पित थे। वे राष्ट्रपति भवन को जनता का स्थान बनाना चाहते थे, जहाँ भारत के लाखों-करोड़ों वंचितों की सुनवाई हो सके। उनकी इच्छा और आदेश के अनुसार राष्ट्रपति भवन जनता का स्थान बन गया था और डॉ. कलाम जनता के राष्ट्रपति।

वे सुझावों का खुले दिल से स्वागत करते थे। शुरुआत से ही बहुत सारे छात्र-छात्राएँ उनसे मिलने आया करते थे। मुझे लगा कि उन लोगों को कोई यादगार चीज देनी चाहिए और वे तुरंत ही इस पर सहमत हो गए। हमने अंग्रेजी, हिंदी, उर्दू, तमिल, तेलुगु, बँगला, मलयालम और अन्य भारतीय भाषाओं में कार्ड छपवाए, जिनमें उनकी फोटो थी और उनका खुद का बनाया एक नारा भी था,

जिसे मैं नीचे दे रहा हूँ—

सीखने से रचनाशीलता आती है
रचनाशीलता से विचार पैदा होते हैं
विचार से ज्ञान मिलता है
ज्ञान से आप महान् बनते हैं।

जब कभी उनके पास समय होता, तो वे हस्ताक्षर करके यह कार्ड भेंट किया करते थे, लेकिन जब समय नहीं होता, तब हम बिना हस्ताक्षर के ही वे कार्ड भेंट कर दिया करते थे। हमने उनके राष्ट्रपतित्व काल के पाँच सालों में इस तरह के लाखों कार्ड स्मृति चिह्न के रूप में भेंट किए होंगे।

वे चाहते थे कि लोग उनसे मिलते रहें, ताकि उनके विचार उन्हें मिलते रहें। वे लोगों के विचारों पर बहुत ध्यान देते थे—लोग क्या कह रहे हैं, उन्हें कैसे जवाब दिया जाए और वे जो कह रहे हैं, उन पर हम कहाँ तक अमल कर पाते हैं। वे सौर ऊर्जा के बारे में बहुत उत्साही थे और इस बारे में विशेषज्ञों को बुलाकर उनके विचार जाना करते थे।

वे राष्ट्रपति भवन को सौर ऊर्जा का आदर्श बनाना चाहते थे, इसलिए उन्होंने एक प्रयोग शुरू किया था, जिसके तहत हर्बल गार्डन और मुगल गार्डन में सौर ऊर्जा का ही इस्तेमाल किया जाता था। संयोगवश, हर्बल गार्डन भी जड़ी-बूटी विशेषज्ञों और कृषिशास्त्रियों से मिले विचार के बाद उनके कार्यकाल के दौरान ही विकसित किया गया था। वे पवन ऊर्जा और परमाणु ऊर्जा के बारे में भी काफी उत्सुक थे। वे हमेशा कहते थे कि सौर ऊर्जा और पवन ऊर्जा, ऊर्जा के शुद्धतम रूप हैं।

वे हमेशा अध्ययन करते रहते थे और अधिकांश समय काम करते रहते थे, लेकिन वे समारोहों, औपचारिकताओं और प्रोटोकॉल में विश्वास नहीं करते थे। वास्तव में उनके राष्ट्रपतित्व काल के शुरुआती छह महीनों में तो लोगों को यह सब समझ पाने में ही कठिनाई होती थी, लेकिन बाद में उन्हें इसकी आदत पड़ गई। उनके अधिकारी जानते थे कि वे प्रोटोकॉल के चक्कर में नहीं पड़ते।

वास्तव में लोगों से बातचीत में वे जहाँ तक संभव होता, 'महामहिम' शब्द के इस्तेमाल से भी बचने की कोशिश करते थे। वे दुनिया के पहले राष्ट्रपति थे, जिन्होंने पावरपॉइंट प्रेजेंटेशन बनाए और उनके जरिए अंतरराष्ट्रीय समुदाय ने चर्चा की। वे अपने महत्त्वपूर्ण भाषणों में अपने स्वयं के पावरपॉइंट प्रेजेंटेशन का इस्तेमाल करते थे और इसके लिए स्वयं कड़ी मेहनत किया करते थे।

विदेशी गण्यमान्य व्यक्तियों और राष्ट्राध्यक्षों से मुलाकातों के दौरान और विदेश दौरों में वे पावरपॉइंट प्रेजेंटेशन इस्तेमाल करते थे। जब राष्ट्रपति बुश अपने शिष्टमंडल के साथ उनसे मिलने राष्ट्रपति भवन आए थे, तब उन्होंने उनके लिए भी पावरपॉइंट प्रेजेंटेशन बनाया था। उस समय भारत और अमेरिका के बीच परमाणु ऊर्जा को लेकर वार्त्ता चरम पर थी।

राष्ट्रपति कलाम ने भारत की ऊर्जा जरूरतों, परमाणु ऊर्जा से मिलनेवाली सहायता और अमेरिका के साथ होनेवाले समझौते के प्रकार के बारे में आधे घंटे का बहुत अच्छा प्रेजेंटेशन तैयार किया था। मुझे याद है कि प्रेजेंटेशन के अंत में राष्ट्रपति बुश ने कहा था, ''सर, मुझे यह सब समझने के लिए वैज्ञानिक बनना पड़ेगा।'' जैसा कि सब लोग जानते हैं, राष्ट्रपति कलाम प्रौद्योगिकी के जानकार थे। वे अधिक-से-अधिक लोगों से जुड़ना चाहते थे। राष्ट्रपति के रूप में भी उन्होंने अपना इ-मेल एड्रेस जारी किया था। वे लोगों से कहते थे कि वे उनसे प्रश्न पूछ सकते हैं और उन्हें 24 घंटे में जवाब मिल जाया करेगा। (वे रेडिफ डॉट कॉम पर चैट में भी हिस्सा लेते थे, जिसमें वे बच्चों से सीधे बातचीत किया करते थे।) उनके व्याख्यान उनकी वेबसाइट पर उपलब्ध होंगे।

वे मीडिया समेत हर किसी के लिए शिक्षक थे। वे कहा करते थे कि मीडिया की लोकतांत्रिक भारत में बहुत अहम भूमिका है। हालाँकि उन्हें यह बात अच्छी नहीं लगती थी कि मीडिया पर्याप्त रिसर्च नहीं करता। वास्तव में जब कभी वे मीडिया को संबोधित करते थे, तो यह बात वे प्रमुखता से कहते थे कि आप लोग रिसर्च नहीं करते।

वे हमेशा मीडिया के लोगों से कहते थे कि हर मीडिया ऑफिस और हर इलेक्ट्रॉनिक चैनल में एक रिसर्च सेल होना चाहिए, क्योंकि कई बार उनके तथ्य आधे-अधूरे होते हैं, जिनसे उनकी स्टोरी ही आधी-अधूरी रह जाती है। ''आपके तथ्य बेहद स्पष्ट होने चाहिए और आपकी रिसर्च टीम आपको हर जानकारी उपलब्ध कराने के लिए तत्पर रहनी चाहिए,'' वे उनसे कहा करते थे।

उनकी बात करने की शैली शिक्षकों की तरह थी और अपने अधिकारियों से भी वे इसी शैली में बात करते थे। वे हमेशा पूछते थे, ''समझ गए न ? क्लीयर है न ?''

वे लोगों और यहाँ तक कि अधिकारियों के साथ भी बहुत सहज रहते थे और उनका बहुत खयाल रखते थे। वे उन पर किसी तरह का अनावश्यक दबाव नहीं डालते थे। वे सक्षम और अच्छे नतीजे की अपेक्षा करते थे, लेकिन इसके

लिए वे किसी पर अनावश्यक बोझ नहीं डाला करते थे। वे शुद्ध शाकाहारी थे और राष्ट्रपति रहने के दौरान भी उनकी एकमात्र जरूरत यही थी कि उन्हें सादा भोजन चाहिए। रसोइया जो भी बना देता, वे आराम से खा लेते थे।

उन्हें रात का भोजन बहुत देर से, करीब आधी रात को करने की आदत थी। वे कहा करते थे, ''मेरी चिंता न करो। डाइनिंग टेबल पर खाना रख दो। मैं खुद परोस लूँगा।''

प्रोटोकॉल के अनुसार रसोइया उन्हें खाना खिलाए बिना नहीं जा सकता था, लेकिन वे रात 10 बजे उसकी ड्यूटी खत्म होने पर उसे घर भेज देते थे।

जब कभी राष्ट्रपति भवन में कोई दावत या समारोह होता, तो वे सुनिश्चित करते थे कि हर किसी के स्वाद का खयाल रखा जाए। वे हमेशा पूछ लिया करते थे कि मांसाहारी अतिथियों के लिए मांसाहारी व्यंजन तैयार हैं।

जब हम लोग दौरे पर जाते, तो वे हम लोगों से खाना खाने के लिए कह देते थे और बोल देते थे कि वे बाद में अपने कमरे में खाएँगे। वे कभी नहीं कहते थे कि कोई उनके खाने का इंतजार करे। उनके दौरे बहुत ज्यादा व्यस्त रहते थे; एक दिन में उनके कम-से-कम 10-12 कार्यक्रम होते थे। अगर वे राजभवन में रुकते, तो वे वहीं खाना खाते थे। कई बार तो उन्होंने समारोह स्थल पर ही खाना खाया। कई बार वे हेलीकॉप्टर या हवाई जहाज में ही खाना खा लेते थे।

अगर उन्हें कहीं पहुँचने में देर हो जाती तो वे समय बचाने के लिए लंच या डिनर ही रद्द कर देते थे। उनका शेड्यूल इतना टाइट रहता था कि उनके पास कोई और विकल्प नहीं रहता था। वे अपने कार्यक्रमों के बीच कभी आराम नहीं करते थे। उनके कर्मचारी यह सोच-सोचकर हँसा करते थे कि अगर देर हो गई तो लंच तो गया।

मुझे याद है, एक बार हम लोग एक दौरे पर थे। उस बीच हम लोगों के पास करने को ज्यादा कुछ नहीं था, इसलिए सब लोग बैठकर बातें कर रहे थे। तभी वे आए और पूछने लगे कि हम लोग क्या कर रहे हैं?

''सर, हम लोग कुछ नहीं कर रहे हैं।'' मैंने कहा।

''कोई काम नहीं है?'' उन्होंने पूछा।

''जी नहीं।'' मैंने बताया, ''कोई काम ही नहीं है।''

''ओके, तो खाना शुरू कर दो। यह भी एक काम ही है। फालतू मत बैठो।'' (यह कहकर वे हँसने लगे।)

वे बहुत विनम्र थे और लोगों को भूलते नहीं थे। अपने कॅरियर के दौरान वे

तिरुअनंतपुरम में काफी लंबे समय तक रहे। वे तुंबा में रॉकेट इंजीनियर के रूप में नियुक्त थे और तिरुअनंतपुरम में एक होटल में रहते थे। अपने जीवन में वे कभी घर में नहीं रुके। वे या तो होटल में रुकते थे या अपने विभाग के किसी गेस्टहाउस में।

वे एक खास मोची से ही अपने जूतों पर पॉलिश करवाते थे। जब हम लोग केरल में थे, तब राष्ट्रपति कलाम ने एक मोची को राजभवन बुलवाया था और उसके साथ समय बिताया था। वास्तव में उन्होंने अपना घर कभी बसाया ही नहीं। उन्होंने मकान कभी अलॉट ही नहीं करवाया और न ही घर के लिए फर्नीचर या कोई अन्य सामान खरीदा। उन्हें जो मिलता था, उसी से काम चला लेते थे।

उनके जन्मदिन भी बहुत सादगी से मनाए जाते थे। उस दिन वे दिल्ली में कभी नहीं रुकते थे, क्योंकि वे जानते थे कि अगर वहाँ रहे तो बहुत सारे लोग उनसे मिलने आएँगे, जिससे वे बचना चाहते थे।

अपने जन्मदिन पर वे अरुणाचल प्रदेश, नागालैंड, पश्चिम बंगाल या कहीं-न-कहीं दौरे पर निकल जाया करते थे। वे एक के बाद एक कार्यक्रमों में शामिल होते रहते थे, और जहाँ कहीं लोगों को उनके जन्मदिन का पता लग जाता, तो वे केक मँगवा लेते थे, फिर उन्हें काटना ही पड़ता था। वे फूलों के अलावा और कोई उपहार स्वीकार नहीं करते थे।

राष्ट्रपति कलाम बहुत साफगोई पसंद व्यक्ति थे। अगर उन्हें कोई बात पसंद नहीं आती थी, तो वे स्पष्ट कह देते थे। उन्हें गुस्सा कभी नहीं आता था, लेकिन अगर कहीं उन्हें कुछ सही नहीं लगता था तो वे साफ कह देते थे। वे बहुत स्पष्टवादी थे और अपनी बात बहुत विनम्रता और शांति से समझा देते थे।

मेरी उनसे अंतिम मुलाकात 22 जुलाई को हुई थी। वे विचारों और ऊर्जा से भरे लग रहे थे। उन्होंने मुझसे मेरे नए काम के बारे में पूछा और जानना चाहा कि मैं क्या बदलाव करने जा रहा हूँ और क्या अलग करने जा रहा हूँ। "कुछ नया कैसे करने जा रहे हो?" वे हरदम यही सवाल करते थे। वे हमेशा लोगों के सामने चुनौतियाँ रख देते थे।

मैंने उनसे बहुत कुछ सीखा। जब कभी हम दौरे पर जाते, वे हमेशा टहलते रहते, कुछ-न-कुछ करते रहते, हमेशा खतरे मोल लेते रहते। वे बहुत हिम्मती व्यक्ति थे। अगर उन्हें किसी खास जगह पहुँचना होता, तो भारतीय वायुसेना की सलाह के विपरीत वे कुहरे में भी यात्रा कर लेते थे। यह इस बात का एक छोटा सा उदाहरण है कि वे चुनौती के समय किस तरह से साहसिक निर्णय लेते थे।

वे हमेशा कहते थे, ''अगर आप कुछ नहीं करते, तो आपको कोई कठिनाई नहीं होगी, लेकिन अगर आप कुछ करते हैं, तो कठिनाइयाँ होंगी ही। उन पर विजय पानी होगी। कठिनाइयों से डरिए नहीं।'' यह उनका पसंदीदा वाक्य था।

उनकी जिस आदत ने मुझे सबसे ज्यादा प्रभावित किया, वह यह था कि वे हमेशा काम करते रहते थे, करते ही रहते थे।

वे कहा करते थे, ''नींद के छह-सात घंटों को छोड़कर एक मिनट भी फालतू मत बैठो।''

यह उनके जीवन का आदर्श वाक्य था।

❑

अमर ज्योति कलाम

—एच. शेरिडॉन

एक ऐसे महापुरुष को याद करना और सशक्त छह दशकों तक फैले उनके जीवन एवं अनेक विधाओं के कार्य को हमेशा याद किया जा सकता है। इस महापुरुष का यह सत्य जितना सार्थक है, उतना ही दुखद और दर्दनाक। इन शब्दों को सुनना और देखना था, 'कलाम नहीं रहे'।

स्तब्ध और डरा देनेवाले इन तीन शब्दों के बावजूद मैं अपने स्वयं के तरीकों से अपनी ओर से सर्वश्रेष्ठ करने के लिए मजबूर हूँ, जो कि न केवल मेरे गुरु के बारे में, बल्कि उन बीते दशकों के लिए भी है, जिनमें भारत के पास 'डॉ. कलाम' नामक एक स्वप्न था।

डॉ. कलाम से मेरी 24 वर्षों की जान-पहचान में उनकी महानता, नेक और करुणामय व्यक्तित्व सामने आया। राष्ट्रपति बनने से पूर्व उनके निजी सचिव के रूप में मेरा उनके साथ हर तरह का अनुभव रहा, जिसमें दुनिया भर में व्याख्यान देने के लिए यात्रा करना, किसी टीम में शामिल रहना, सुबह की सैर, विचार-विमर्श एवं निजी बातचीत शामिल हैं और ये सब मिलकर मेरे जीवन की एक समूची तसवीर बनाते हैं। ये सब साधारण तसवीरों के टुकड़े हैं, लेकिन अगर उन्हें एक साथ रखा जाए तो मित्रता का एक सुंदर चित्र बनता है। हममें से दोनों ही एक-दूसरे को किसी अन्य की तुलना में अलग तरह से जानते थे। अब उनके गुजर जाने के बाद मुझे पता है कि अब मैं पहले जैसा नहीं रह पाऊँगा, क्योंकि मैं किसी अन्य के साथ उन स्मृतियों को फिर से अनुभव नहीं कर सकता। आनंद की अनुभूति करने, चुटकुले सुनाने, साथ भोजन करने और उत्सुकता जगानेवाली अनंत चीजों पर बात करने के लिहाज से मेरे लिए 24 साल बहुत छोटी अवधि है।

वे जब भी बोलते, उनकी आवाज हर बार मुलायम होती जाती, गति धीमी होती जाती। वे शायद अधिक संवेदनशील और अधिक चेतन होते जाते थे। मेरे लिए वे संवेदनशील, सहृदय और बुद्धिमान व्यक्ति थे, जो अनिश्चय से भरे, पूरी तरह से सामान्य जीवन जीते थे। थका देनेवाले कार्यक्रमों और व्यस्त यात्रा तथा बदलते समय और जलवायु के बीच बँधी-बँधाई दिनचर्या के बीच प्रसन्नचित्त रहते थे। जब सख्ती बरतनी होती तो वे 'कठिन' के बजाय 'अलग' शब्द का प्रयोग पसंद करते थे। जब वे अपने व्याख्यान तैयार कर लेते, तब अकसर हम लोग आमने-सामने बैठकर खुली चर्चा या बहस करने लगते थे। तब मुझे यह समझ आना शुरू हुआ कि मैं उन्हीं के कारण सीख पा रहा हूँ। 'हाँ' या 'न' के साथ ढेर सारे तथ्य, प्रमाण, तर्क और उदाहरण दिया करते थे। मेरा मतलब है कि उनके साथ बातचीत में कोई भी झूठे तर्क रखकर गुमराह नहीं कर सकता था। उनकी सरल मुसकान और भावपूर्ण आँखों के पीछे ज्ञान और बुद्धि की विशाल गहराई थी। जब छात्र-छात्राएँ उनसे विचारों को स्पष्ट करने का अनुरोध करते तो वे कभी भी अपनी महान् देववाणी सदृढ आवाज का प्रदर्शन नहीं करते थे, बल्कि यथासंभव उत्तरों और अभिव्यक्तियों से उनकी सहायता करते थे। व्याख्यानों के दौरान मुझे वे ऐसे वक्ता लगते थे, जिनकी उपस्थिति सबसे प्रमुख होती थी, क्योंकि वे अपने को प्रत्यक्ष, गंभीर और ईमानदारी के साथ व्यक्त करते थे, जो कम समझवालों के लिए बहुत सरल होता था और बहुत गंभीर भी। यह जानने में मुझे कुछ समय लगा कि डॉ. कलाम अपनी अलग दुनिया के सपनों के बीच और अपने अलग-अलग लोगों की इच्छाओं के बीच कभी विभाजित नहीं होते थे। डॉ. कलाम के लिए हर मोड़ एक नई शुरुआत का संकेत होता था।

मैं उन्हें 'नेक इनसान' कहता था। उन्हें संगीत सुनना और बजाना पसंद था। वे कला और साहित्य के प्रेमी भी थे। वे जीवन में उस समय जिस जगह थे, उसमें उनका वह सब अनुभव झलकता भी था। उनकी दूसरी पुस्तक 'इंडिया 2020 : ए विजन फॉर द न्यू मिलेनियम' में उनका साथ देना एक निजी उपलब्धि थी और उनके प्रयास में भागीदार बनना मेरे लिए सौभाग्य की बात थी। मैं समझता हूँ कि इसके जरिए उन्होंने एक दायित्व निभाया था। आखिरकार उनका मिशन भावी पीढ़ियों को प्रोत्साहित करना था। जो वे बोलते थे, उसे मैं टाइप करता था, साथ में विचारों और सुझावों पर भी चर्चा करते थे। सफर की छोटी शुरुआत, सहनशीलता और शारीरिक कठिनाइयों का मुकाबला करने की भावना को मैं बहुत पसंद करता था। जीवन में अनेक कठिनाइयाँ होती हैं, लेकिन बाद में सबकुछ अच्छा हो जाता

था। कठिन निर्णय लेने, उत्साह कभी न छोड़ने और सीमा तक मुझे ले जाने से मैं बेहद प्रभावित होता था। उनके साथ काम करने के दौरान मुझे उनकी दिनचर्या की योजना बनाने का जिम्मा सौंपा जाता था, जिसमें बैठकें, यात्राएँ और व्याख्यान शामिल होते थे। वे मुझे विश्वास दिलाते थे कि उनके कार्यों में मेरा भी अद्‌भुत योगदान रहता है। इस प्रकार वे ऐसे खिलाड़ी थे, जो अपनी पूरी टीम का उतना ही सम्मान करते थे, जितना वे भारतीयों का और ईश्वर में अपने विश्वास का करते थे।

इस उथल-पुथलवाले जगत् में उन्होंने सेवा और करुणा की अपनी विरासत को आगे बढ़ाने के लिए अनेक युवाओं को तैयार किया। डॉ. कलाम के चुनिंदा मित्रों में से होने के कारण मुझे अनेक तरह की भूमिकाएँ उन्होंने दीं, इसलिए मैं भी डॉ. कलाम के आदर्शों को बनाए रखने की जिम्मेदारी के प्रति सचेत हूँ और जो जीवन उन्होंने जिया, उसे ही जीने का प्रयास करूँगा। उनके सम्मान का इससे बेहतर और कोई तरीका मुझे नहीं सूझता।

आप तो जानते ही हैं कि कोई व्यक्ति तब तक अमर रहता है, जब तक उसके नाम और कार्यों को स्नेह, संतुष्टि, सुख और आभार के साथ याद किया जाए! ❑

मिसाइलमैन
डॉ. ए.पी.जे. अब्दुल कलाम : स्मृतियाँ

—डॉ. जी. सतीश रेड्डी

डॉ. ए.पी.जे. अब्दुल कलाम का सरल जीवन, प्रेरणापूर्ण बातें और अदम्य नेतृत्व उन सभी की यादों में छाए रहेंगे, जिन्होंने उनके साथ कार्य किया। मेरा मस्तिष्क डॉ. कलाम के साथ किए गए कार्यों की ऐसी असंख्य स्मृतियों से ओत-प्रोत हैं। ऐसे व्यक्ति, जिन्होंने देश के एकीकृत प्रक्षेपास्त्र कार्यक्रम को सूत्रबद्ध किया और भारत को प्रक्षेपास्त्र शक्ति के रूप में उभारा।

डॉ. कलाम ने हालाँकि 'जनता के राष्ट्रपति' बनकर सभी का दिल जीता, प्रक्षेपास्त्र समष्टि के उनके पुराने सहयोगी और हम उन्हें अपने गुरु तथा परामर्शदाता के रूप में सदैव याद करेंगे।

इस महान स्वप्नदर्शी की देख-रेख में कई स्थापनाएँ एवं सुविधाएँ संकल्पित हुईं। अनुसंधान केंद्र इमारत (आर.सी.आई.) डॉ. कलाम की पसंदीदा सूझ है। डॉ. कलाम ने आर.सी.आई. की क्रांतिक प्रक्षेपास्त्र प्रौद्योगिकियों के उत्पादक के रूप में कल्पना की और उसे मार्गनिर्देशित किया। इसकी अनिवार्य रूप से आवश्यकता थी और जिनसे भारत वंचित था। इसके प्रारंभ से लेकर, आर.सी.आई. को महत्त्वपूर्ण प्रौद्योगिकियों में अनुसंधान एवं विकास के लिए पोषित किया गया है, जिसके परिणामस्वरूप भारत में न केवल प्रक्षेपास्त्र, बल्कि कई अन्य आधुनिक आयुध प्रणालियाँ एवं बुनियादी सुविधाओं का विकास हुआ। डॉ. कलाम की प्रेरणाप्रद यादें प्रक्षेपास्त्र समष्टि के लोगों के दिलों में ही नहीं, बल्कि आर.सी.आई. की हवा एवं मिट्टी में भी अमिट रूप से छाई हैं।

मुझे याद है, जब मैं निदेशक, अनुसंधान केंद्र इमारत (आर.सी.आई.) का पदभार ग्रहण कर रहा था, मैं खुशनसीब था कि डॉ. कलाम आर.सी.आई. में थे, जिन्होंने यह बताया कि आर.सी.आई. की स्थापना करते समय उनका यह स्वप्न था कि वे आर.सी.आई. को विश्व के भावी उन्नत अनुसंधान केंद्रों की श्रेणी में समृद्ध होते देखें तथा अधिदेशाधीन प्रौद्योगिकी क्षेत्रों में आत्मनिर्भरता प्राप्त करने तथा अपने आप में प्रथम उत्पादों को विकसित करने का कार्य मुझे सौंपा।

मेरे लिए यह अत्यंत गर्व एवं सौभाग्यपूर्ण क्षण था, जब मुझे आर.सी.आई. एवं प्रक्षेपास्त्र समष्टि समुदाय की ओर से 10 अगस्त, 2015 को अनुसंधान केंद्र इमारत (आर.सी.आई.) के आवासीय परिसर में फैकल्टी हाउस के निकट डॉ. कलाम की एक प्रतिमा का अनावरण करने का अवसर प्राप्त हुआ। एक ऐसे स्थल पर स्थापित प्रतिमा, जहाँ डॉ. कलाम अपने साहसपूर्ण दिनों के दौरान निदेशक के रूप में निवास करते थे, पीढ़ियों तक युवाओं को विशाल स्वप्न देखने, विशाल लक्ष्य रखने और फोकस, मेहनत और समर्पण द्वारा सपनों को साकार करने के लिए प्रेरित करेगी। मैं तमाम श्रेष्ठ प्रक्षेपास्त्र वैज्ञानिकों का शुक्रगुजार हूँ, जिन्होंने इस अवसर पर अपनी उपस्थिति दर्ज की और 'मिसाइलमैन' को श्रद्धांजलि दी तथा डॉ. कलाम के साथ बिताए क्षणों की प्रिय यादें सभी से साझा कीं।

मुझे विश्वास है कि डॉ. कलाम की स्मृति एवं प्रेरणाप्रद शब्द वैज्ञानिक समुदाय को बुलंदियों की आकांक्षा रखने के लिए आगामी वर्षों में नई कसौटियों को स्थापित करने के लिए सदैव प्रेरित करेंगे। उनके स्वप्न अनंत थे। उनके सपनों को साकार करके तथा देश के लिए उनके द्वारा निर्धारित दूरदर्शिता को पूरा करके हम उन्हें सच्ची श्रद्धांजलि अर्पित कर सकते हैं।

❑

डॉ. कलाम के साथ बिताए इक्कीस साल

–आर.के. प्रसाद

मैं अपने अनुभवों और भारत के पूर्व राष्ट्रपति डॉ. ए.पी.जे. अब्दुल कलाम के साथ काम करने के अपने इक्कीस साल के संबंध के बारे में कुछ शब्द लिखकर काफी आनंदित महसूस कर रहा हूँ। हालाँकि मैं अभी भी उनके आकस्मिक निधन के सदमे से उबरने की कोशिश कर रहा हूँ। फिर भी मैं कुछ ऐसे लम्हों को याद करना चाहूँगा, जिन्हें मैं जिंदगी भर सहेजकर रखूँगा।

मैं कलाम से उनके सहायक के रूप में उस वक्त जुड़ा था, जब वे रक्षा मंत्री के वैज्ञानिक सलाहकार थे। हालाँकि मैं उन्हें 80 के दशक के अंतिम दौर से जानता था, जब वे हैदराबाद में एक डी.आर.डी.ओ. लैब के निदेशक थे। आधिकारिक तौर पर मार्च 1993 में उनके कार्यालय में काम करने के लिए मुझे नियुक्त किया गया था। कुछ दिनों तक वरिष्ठता के कारण मुझे उनसे सीधे काम लेने का अवसर नहीं मिला। वे बेहद सख्त टास्क मास्टर थे। वे सुबह साढ़े दस बजे ऑफिस आ जाते थे और रात साढ़े नौ बजे तक वहीं रहते थे। कभी-कभी उन्हें साढ़े दस भी बज जाया करते थे। मैं और मेरे सहकर्मी बारी-बारी से देर तक ऑफिस में रुकने के लिए ड्यूटी लगाते थे। कभी-कभी बेहद व्यस्त कामकाजी दिनचर्या होने के साथ-साथ बहुत सारी बैठकों और अधिकारियों से मुलाकात का सिलसिला भी जारी रहता था।

वे संगठन के हर सदस्य की बात व्यक्तिगत रूप से सुनते थे। कोई भी अधिकारी उनसे सीधा संपर्क कर अपनी परेशानी उन्हें बता सकता था। किसी भी अन्य वैज्ञानिक सलाहकार ने अपने कर्मचारियों को यह स्वतंत्रता नहीं दी थी। वे लोग

तो हमेशा अपने जूनियर कर्मचारियों से दूरी बनाकर रखते थे, लेकिन कलाम अलग व्यक्ति थे। अपने कर्मचारियों के प्रति बेहद दयालु और संवेदनशील थे। जब भी मैं देर रात तक ड्यूटी पर रहता था तो वे भी मेरे ऑफिस बंद करने तक वहीं रुकते थे और व्यक्तिगत रूप से यह सुनिश्चित करते थे कि बिजली के सभी उपकरणों के स्विच बंद कर दिए गए हैं। जब तक मैं ऑफिस बंद करके चाबियाँ सुरक्षाकर्मी को नहीं सौंप देता था, वे गेट पर कार में मेरा इंतजार करते थे। चाहे रात के नौ बजे हों, दस या ग्यारह बजे हों। पहले मुझे मेरे घर पर छोड़ा जाता था, उसके बाद वे अपने गेस्ट हाउस जाते थे (अपने पूरे कार्यकाल के दौरान वे डी.आर.डी.ओ. के एक कमरे के गेस्ट हाउस में ही रहते रहे।)। कोई भी सी.ई.ओ. या उनके स्तर का सचिव ऐसा कभी नहीं करेगा, वे सुरक्षा कर्मचारी को निर्देशित करते थे और पाँच किलोमीटर विपरीत दिशा में जाकर पहले मुझे छोड़ते थे और फिर वापस जाते थे। यह सिलसिला सन् 2000 में उनके रक्षा मंत्रालय छोड़ने तक लगातार चलता रहा।

वर्ष 2002 में उनके भारत के राष्ट्रपति पद पर निर्वाचित होने के बाद मुझे निजी सचिव के रूप में उनके कार्यालय में शामिल होने के लिए कहा गया। राष्ट्रपति की तरह मेरे लिए भी यह माहौल और कार्यशैली एकदम नई थी। राष्ट्रपति के कार्यालय में काम के बोझ पर काबू पाने में मुझे तीन-चार महीने का वक्त लगा। मैं दिन भर का काम खत्म करने के लिए रात दस बजे तक ऑफिस में रुका करता था। ज्यादातर मदद या किसी दूसरी जानकारी के लिए जनता की तरफ से भेजे गए पत्र या फिर विभिन्न आयोजनों का हिस्सा बनने के लिए राष्ट्रपति के लिए आए निमंत्रण जैसे सभी कामों को खत्म करने में काफी वक्त लग जाता था। अगर देर रात तक काम करना होता था तो वे सुनिश्चित करते थे कि रात को दस या ग्यारह बजे हम साथ में ही खाना खाएँ।

एक अन्य घटनाक्रम, जो अब भी मेरी यादों में ताजा है—एक बार मुझे आई. सी.यू. में भर्ती अपने पिता को देखने के लिए अचानक कोयंबटूर जाना पड़ा। मैं सुबह जाने से पहले राष्ट्रपति को इस बारे में जानकारी नहीं दे पाया। मैंने एयरपोर्ट पहुँचकर उन्हें फोन किया और अपनी छुट्टी की जानकारी दी। उन्होंने मुझसे कहा, 'अच्छा' और पूछा कि मेरे पिता कौन से अस्पताल में भर्ती हैं। मुझे बताए बिना ही उन्होंने के.जी. अस्पताल के चेयरमैन को फोन किया और मेरी तथा मेरे पिता की अच्छे से देखभाल करने का आग्रह किया। अस्पताल के चेयरमैन एक रोगी की देखभाल करने के लिए आए राष्ट्रपति के फोन से दंग थे। यह मेरे लिए भी एक आश्चर्य था, जब मेरे वहाँ पहुँचने पर चेयरमैन को मैंने अपना इंतजार करते

पाया। उन्होंने मुझे मेरे पिता के स्वास्थ्य के बारे में जानकारी दी और राष्ट्रपति तक यह बात पहुँचाने के लिए कहा। अस्पताल के लोगों ने मेरे परिवार का हर प्रकार से ध्यान रखा। यह घटना उनके साथ काम कर रहे लोगों के प्रति उनकी उदारता और चिंता का जीता-जागता उदाहरण है।

वर्ष 2007 में राष्ट्रपति कार्यकाल के समाप्त होने से पहले उन्होंने मुझसे पूछा कि मैं उनके लिए काम करना चाहता हूँ या विभाग वापस जाना चाहता हूँ। मैंने कहा, ''आपके साथ काम करने के बाद मैं किसी दूसरे विभाग में काम नहीं कर सकता सर! कृपया मुझे अपने साथ रहने की अनुमति दीजिए।'' उसके बाद उन्होंने तत्कालीन सरकार से विशेष मंजूरी ली और मुझे अंतिम दिन तक अपने साथ काम करने की इजाजत दी। उनके राष्ट्रपति पद का कार्यकाल पूरा करने के बाद मैंने आठ साल तक हफ्ते में छह दिन उनके लिए काम किया। मुझे उनके साथ देश-विदेश की यात्रा करने के कई अवसर मिले। कभी-कभी हमारा इतना व्यस्त कार्यक्रम होता था कि मैं भी थक जाता था, पर छात्रों और हजारों की भीड़ से मिलते समय डॉ. कलाम की ऊर्जा और उत्साह को देखकर मैं भी अपनी थकान भूल जाता था और दुर्भाग्यवश मैंने ही शिलांग के लिए उनकी अंतिम यात्रा का कार्यक्रम तैयार किया था। उनके आग्रह पर इसे एक दिन का कार्यक्रम बनाने के लिए इसमें दो बार संशोधन किए गए। सोमवार, 27 जुलाई, 2015 को ग्यारह बजकर पैंतालीस मिनट पर मैं उनकी कार के पास गया और उनसे बोला, ''सी यू सर।'' उन्होंने आखिरी बार मुझसे कहा, ''ओ.के., गुड लक,'' और फिर वे कभी नहीं लौटे।

प्रत्येक भारतीय उनके निधन पर व्यक्तिगत हानि महसूस कर रहा था। कन्याकुमारी से लेकर कश्मीर तक लोगों का उनके प्रति अभूतपूर्व स्नेह और प्यार देखने को मिला। आश्चर्य की बात यह थी कि जवान और बूढ़े, पुरुष और महिलाएँ, ऊँचा या नीचा; हर कोई इसे अपने व्यक्तिगत नुकसान की तरह महसूस कर रहा था। जैसे उनके परिवार के ही किसी सदस्य का निधन हो गया हो। मेरे लिए यह एक व्यक्तिगत नुकसान था, जिससे उबरने में मैं आज एक महीने बाद भी खुद को असमर्थ महसूस कर रहा हूँ। हालाँकि यह सोचकर कि यह तो जीवन का एक हिस्सा है और एक-न-एक दिन तो यह होना ही था, मैं इससे बाहर आने की कोशिश कर रहा हूँ, फिर भी मैं ऐसा करने में असमर्थ हूँ।

❑

न भूतो न भविष्यति : देवोपम डॉ. कलाम

—डॉ. शिवगोपाल मिश्र

स्वतंत्र भारत के जिन तीन राष्ट्रपतियों को सदैव स्मरण किया जाएगा, वे हैं—डॉ. राजेंद्र प्रसाद, डॉ. सर्वपल्ली राधाकृष्णन तथा डॉ. ए.पी. जे. अब्दुल कलाम। तीनों राष्ट्रपति अपने-अपने क्षेत्र के मूर्धन्य व्यक्ति थे। एक राजनीति के, दूसरे दर्शन के तथा तीसरे अंतरिक्ष विज्ञान के। डॉ. कलाम की सर्वाधिक ख्याति 'मिसाइलमैन' के रूप में थी, किंतु मैं तो उनके देवोपम गुणों की चर्चा करने जा रहा हूँ, जिनसे मैं मुग्ध होता रहा।

जब डॉ. कलाम राष्ट्रपति बने तो सारे देश ही नहीं, विश्वभर की आँखें उन्हीं की ओर लग गईं कि किस तरह रामेश्वरम् का एक गरीब विद्यार्थी पितृभक्ति, गुरुभक्ति तथा देशभक्ति के बल पर देश के राष्ट्रपति पद पर सुशोभित हुआ और राष्ट्रपति पद का निर्वहन करते हुए जनता तथा छात्रों के बीच उनकी जो छवि उभरी, वह तो उनकी संत प्रकृति की, उनके ऋषि तुल्य आचरण की थी।

मैंने डॉ. कलाम की कई पुस्तकें पढ़ रखी थीं। चित्र भी देख रखे थे, किंतु मन में तीव्र अभिलाषा थी कि काश! उनके दर्शन हो पाते और उनसे बातें करने का कोई अवसर मिल पाता। संयोगवश वह अवसर मिल गया।

इलाहाबाद के साहित्य संगम प्रकाशन के प्रबंधक श्री आलोक चतुर्वेदी ने विज्ञान परिषद् प्रयाग के सहयोग से हिंदी में विज्ञान विषयक कई पुस्तकें प्रकाशित कीं। लेखकों में मैं, डॉ. एम.पी. यादव तथा श्री देवव्रत द्विवेदी थे। मेरी पुस्तक का नाम था 'विज्ञान की रोचक बातें'। श्री आलोक चतुर्वेदी चाहते थे कि उनके द्वारा

प्रकाशित ये पुस्तकें डॉ. कालम को भेंट की जाएँ। उन्होंने राष्ट्रपति कार्यालय से पत्र-व्यवहार करके इन पुस्तकों के अर्पण की तिथि 27 अक्टूबर, 2004 निश्चित कर ली। फलतः हम तीनों लेखक उनके साथ दिल्ली गए। उस समय विज्ञान परिषद् की सभापति डॉ. मंजू शर्मा थीं तथा शब्दावली आयोग की तत्कालीन अध्यक्षा डॉ. पुष्पलता तनेजा, जो दिल्ली में ही रहती हैं, फलतः उन्हें भी इस अवसर पर आमंत्रित कर लिया गया।

दोपहर 12 बजे हम सभी व्यक्तियों को डॉ. कलाम के कक्ष में ले जाया गया। हमने देखा कि डॉ. कलाम हम लोगों से मिलने के लिए तैयार हैं। उनके मुख पर मृदु मुसकान तैर रही थी। हम लोगों ने नमस्कार किया। डॉ. मंजू शर्मा से वे पहले से परिचित थे। शेष सभी व्यक्तियों ने अपना-अपना परिचय दिया। जब मैंने स्वयं को विज्ञान परिषद् का प्रधानमंत्री बताया तो वे मुसकराए। वे यहाँ से प्रेषित पुस्तकें अपनी मेज से उठा लाए और सर्वप्रथम हमारे द्वारा प्रदत्त पुस्तकों को सभी के हाथ में थमाकर फोटो खिंचाई और तब हम सभी को सोफों पर बैठाकर स्वयं सामने एक कुरसी पर बैठकर बातें शुरू कीं। पहले वे पुस्तकों की उपयोगिता के विषय में बोले, फिर विज्ञान परिषद् के विषय में बोले और फिर विज्ञान परिषद् के विषय में विस्तार से जानना चाहा। श्रीमती मंजू शर्मा ने विज्ञान परिषद् का पूरा इतिहास बताया और हिंदी माध्यम से विज्ञान के प्रचार-प्रसार हेतु किए जा रहे कार्यों का उल्लेख किया। डॉ. कलाम ने पहले तो हिंदी में बातें करने का प्रयास किया, किंतु तुरंत ही बोले, ''मेरी हिंदी अच्छी नहीं है। मैं अंग्रेजी में बोलूँगा।''

जब हमने बताया कि 2012 में विज्ञान परिषद् प्रयाग का शताब्दी समारोह होना है और उसका उद्घाटन हम आपके कर-कमलों से चाहेंगे तो क्षण भर सोचने के बाद बोले, ''मैं अवश्य आऊँगा।'' हम सभी प्रफुल्लित हो उठे।

चलते-चलते उन्होंने मुझसे प्रश्न किया, ''डॉ. मिश्रा! क्या आप इलाहाबाद के उस लेखक को जानते हैं, जिसने हिंदी में 1000 पुस्तकें लिखी हैं। मैं अपनी स्मृति को कुरेदने लगा और मन ही मन सोचा कि डॉ. कलाम को भ्रम हुआ है, किंतु अंत तक वे कहते रहे, ''मुझे बताइएगा।''

हम सभी प्रसन्नचित्त लौटे। इसके बाद डॉ. कलाम कई बार इलाहाबाद आए—टैगोर पब्लिक स्कूल में, नेशनल एकेडमी ऑफ साइंसेज के समारोह में तथा आई.आई.टी. झलवा (इलाहाबाद)। इनमें से टैगोर पब्लिक स्कूल के एक समारोह में मैं भी सम्मिलित हुआ। तभी मैंने देखा कि डॉ. कलाम बच्चों (छात्रों) से मिलने, उनसे प्रश्न करने और उनको संबोधित करने में कितनी रुचि लेते हैं।

यदि पं. जवाहरलाल नेहरू बच्चों के चाचा थे तो डॉ. कलाम बच्चों के काका बन चुके थे।

अब हमारी प्रतीक्षा का अंत होने वाला था। मार्च 2012 निकट आ रहा था। विज्ञान परिषद् का शताब्दी आयोजन होना था। डॉ. कलाम को बुलाने का कार्यभार विज्ञान परिषद् के सभापति डॉ. डी.एन. तिवारी ने अपने ऊपर लिया। अब डॉ. कलाम राष्ट्रपति पद पर नहीं थे, अत: उनसे मिलना आसान था। 13 मार्च की तिथि उन्होंने स्वीकार कर ली, फलत: सारी तैयारियाँ शुरू हो गईं। नगर की अनेक साहित्यिक संस्थाओं ने डॉ. कलाम को पुष्पमाला अर्पित करना चाहा, कई विज्ञान लेखक-लेखिकाओं ने अपनी-अपनी पुस्तकें उन्हें भेंट करनी चाही। भाषा संगम के महासचिव डॉ. गोविंदराजन ने तमिल भाषा में एक सम्मान पत्र भेंट करना चाहा। बहरहाल, सारा कार्यक्रम सुनिश्चित हो गया। इस अवसर पर विशिष्ट व्यक्ति के रूप में राष्ट्रपति के वैज्ञानिक सलाहकार डॉ. आर. चिदंबरम ने पधारने की स्वीकृति दे दी थी। विज्ञान परिषद् के सभागार में केवल 350 दर्शक-श्रोता ही बैठ सकते थे, इसलिए नगर के विश्वविद्यालय के प्रमुख व्यक्तियों एवं कुछ छात्रों को स्थान दिया गया, क्योंकि वे डॉ. कलाम की पहली रुचि हैं। हमने शताब्दी वर्ष पर कुछ विज्ञान लेखकों को डॉ. कलाम द्वारा सम्मानित किए जाने की योजना रखी थी। ये लेखक दिल्ली, जोधपुर, लखनऊ आदि नगरों से थे। इन्हें सभागार की अग्रिम पंक्ति में स्थान दिया गया था। अमेरिका से मेरा पुत्र डॉ. आशुतोष आया था। उसे डॉ. कलाम का अभिनंदन करने का भार सौंपा गया था। मंच पर डॉ. कलाम, डॉ. चिदंबरम, डॉ. मंजू शर्मा, डॉ. डी.एन. तिवारी तथा मैं था।

डॉ. कलाम सर्किट हाउस में रुके थे। डॉ. डी.एन. तिवारी उन्हें लेने गए। जैसे ही डॉ. कलाम कार से उतरे, उनके स्वागत हेतु विज्ञान परिषद् के सभी पदाधिकारी पंक्तिबद्ध खड़े थे। डॉ. कलाम ने सभी से हाथ मिलाया। सभागार के मंच पर वैदिक मंत्रों के उच्चारण तथा दीप प्रज्वलन के साथ कार्यक्रम शुरू हुआ। फिर डॉ. कलाम को तमिल भाषा में लिखा प्रशस्ति पत्र डॉ. गोविंदराजन ने भेंट किया। फिर परिषद् द्वारा तैयार मानपत्र पढ़ा गया, डॉ. आशुतोष मिश्र ने अंग्रेजी में उसका अनुवाद किया। हमारे सभापति ने स्वागत भाषण पढ़ा, मैंने परिषद् की ओर से स्वागत किया। इसके बाद डॉ. कलाम ने 'शताब्दी स्मारिका' का लोकार्पण किया, परिषद् की वेबसाइट लांच की तथा 19 पुस्तकों का विमोचन किया।

सभागार खचाखच भरा था। डॉ. कलाम के भाषण की सबको प्रतीक्षा थी। डॉ. कलाम ने पहले हिंदी में कुछ वाक्य बोले, फिर अंग्रेजी में अपना भाषण

लैपटाप के सहारे प्रारंभ किया। वे लगभग आधे घंटे तक बोले होंगे। अब उनका निर्धारित समय समाप्त हो रहा था, इसलिए वे सभागार से बाहर चले आए और लेखकों को सम्मानित करने का कार्य डॉ. चिदंबरम ने पूरा किया। मंच पर मुझे डॉ. कलाम से बहुत कम बातें करने का अवसर मिला, किंतु मैं लगातार रोमांचित होता रहा कि आज मेरी मनोकामना पूरी हुई। मैंने उन्हें देखा, उनसे बात की, उनका साहचर्य मिला। ऐसे अवसर दुर्लभ होते हैं—कहा भी गया है कि संत मिलन दुर्लभ है। मैं अनुभव कर रहा था कि डॉ. कलाम सचमुच संत हैं, वे ऋषि हैं, वे एक सांस्कृतिक पुरुष हैं। उनके मुख से जो विनयशीलता टपकती रही, उनकी मृदु हँसी एवं उनका साँवला-सुसज्जित शरीर शायद ही भुलाए भूले।

डॉ. कलाम ने विज्ञान परिषद् में जो भाषण दिया, उसका सारांश देकर अपनी बात समाप्त करूँगा।

''मैं विज्ञान परिषद् प्रयाग के शताब्दी समारोह में भाग लेकर यहाँ पर उपस्थित वैज्ञानिकों, लेखकों, अनुवादकों, छात्रों एवं अभिभावकों को संबोधित करते हुए परम आह्लादित हूँ। मुझे यह जानकर प्रसन्नता हुई कि इस केंद्र की स्थापना चार राष्ट्रभक्तों ने 1913 में विज्ञान तथा प्रौद्योगिकी को जनसामान्य तक उनकी ही भाषा में पहुँचाने के उद्देश्य से की थी…।

''आपके बीच मैं 'विज्ञान सामाजिक गतिकि को रूपांतरित करता है' विषय पर बोलना चाहूँगा—मैं अक्टूबर 2010 में मध्यप्रदेश के होशंगाबाद जिले के सोहागपुर ग्रामीण ब्लॉक के 10 छात्रों से अपनी भेंट का उल्लेख करना चाहूँगा। छात्रों द्वारा पारंपरिक आदिवासी शब्दों को बचाने के प्रयास सुनकर प्रसन्न हुआ और जब उन्होंने पूछा कि घुमन्तू जाति के छात्रों के लिए शिक्षा किस तरह सुलभ की जाए तो मैंने चलित पाठशालाओं की आवश्यकता पर बल दिया।''

उन्होंने बैंगलोर के भारतीय विज्ञान संस्थान के प्रोफेसर डॉ. एन. बालकृष्णन द्वारा बहुभाषिक अनुवाद के प्रयास की सराहना की और यह अभिलाषा व्यक्त की कि विज्ञान परिषद् प्रयाग भी भाषा अनुवाद के क्षेत्र में ऐसा ही प्रयास करे।

डॉ. कलाम ने इलाहाबाद के जवाहर प्लेनेटेरियम का उल्लेख किया और बताया कि प्रथम हवाई उड़ान इलाहाबाद से ही भरी गई थी। फिर प्रश्न किया, ''क्या इलाहाबाद में स्थानीय भाषा तथा वैश्विक ज्ञान का संगम नहीं हो सकता?'' उन्होंने विज्ञान परिषद् के कर्मठ सदस्यों को बधाई दी कि वे विज्ञान और प्रौद्योगिकी का संचार कर रहे हैं। उन्होंने सुझाव दिया कि विज्ञान परिषद् प्रयाग प्रतिभायुक्त

व्यक्तियों को प्रकाश में लाए। उन्होंने यह मंत्र दिया कि 14-17 वर्ष की आयु के छात्रों के मनों में विज्ञान के सौंदर्य, विज्ञान की चुनौतियों और विज्ञान के वरदानों की भावना भरी जाए। उन्होंने तीन अनूठे मित्रों की चर्चा की, जो व्यक्ति को महान बना सकते हैं—पुस्तकें, महापुरुष तथा महान् शिक्षक। उन्होंने विज्ञान संचारकों को कर्तव्यनिष्ठ बनने की शपथ भी दिलाई। उन्होंने राष्ट्रीय ध्वज को हृदय में तरंगित करते रहने और राष्ट्र यशवर्धन की भी शपथ दिलाई।

❑

डॉ. कलाम साहब : जिन्हें हम भुला नहीं पाएँगे

—प्रो. के.के. भूटानी

हमारे देश में कई ऐसी हस्तियाँ पैदा हुई हैं, जिन्हें संसार आज भी याद करता है, जैसे—महात्मा बुद्ध, स्वामी विवेकानन्द, महात्मा गांधी, पंडित जवाहरलाल नेहरू, रवींद्रनाथ टैगोर, सी.वी. रमन आदि। इसी कड़ी में एक नया नाम जुड़ गया है—डॉ. ए.पी.जे. अब्दुल कलाम। पहले नाम तो इतिहास के पन्नों में स्वर्ण अक्षरों में उल्लिखित हैं, किंतु कलाम साहब ने तो आज के युग के इतिहास को लिखा है।

कलाम साहब को 'मिसाइलमैन' कहा जाए, या 'पीपल्स प्रेसीडेंट' या उत्कृष्ट वैज्ञानिक या देशप्रेमी, मानवता के एक जीते-जागते ऋषि—यह तय करना कठिन है। ईश्वर को सर्वगुण-संपन्न कहा जाता है, इसी प्रकार कलाम साहब में भी इतने अधिक गुणों का समावेश था कि उन्हें आज के युग के एक महान् पुरुष तो कहा ही जा सकता है। जन्म से मृत्यु तक की गाथाएँ, अपने देश में ही नहीं वरन् विश्व में भी एक महान् हस्ती कहे जा सकते हैं। कलाम साहब एक अद्वितीय इनसान थे, जिन्हें हम सदियों तक भुला नहीं पाएँगे।

कलाम साहब एक उच्च कोटि के वैज्ञानिक थे। उन्होंने देश को वह दिया, जो उनसे पहले कोई नहीं दे पाया। उनका ज्ञान असीम था और बच्चों से लेकर इंजीनियरों व डॉक्टरों को भी उन्होंने नई वैज्ञानिक दिशा दी। अपनी पंद्रह पुस्तकों के माध्यम से उन्होंने वैज्ञानिक ज्ञान की एक लहर पूरे देश में फैलाई। भारत एक महान् देश बनकर संसार में उभरे, इसके लिए उन्होंने अपने लेखन कार्य व पूरे देश में भ्रमण कर इस विचार को बच्चों व युवकों के बीच प्रसारित करने का पूरा प्रयास

किया। यही नहीं, जीवन के अंतिम क्षण में भी रामेश्वरम् से शिलांग तक लाखों की संख्या में युवा वर्ग को प्रोत्साहित किया व अपने इस मिशन को सफल बनाते हुए इस संसार से कूच कर गए।

'हे मानव तू कार्यशील बन' श्रीमद्भगवद्गीता के इस महावाक्य (या सार) को वे अपने जीवन में पूर्ण रूप से चरितार्थ करते थे। वास्तव में उन्होंने जीवन-पर्यंत एक अच्छा इनसान, श्रेष्ठ वैज्ञानिक व लेखक और उच्च कोटि का श्रेष्ठ कार्यकर्ता होने का उदाहरण पेश किया। उनके वक्तव्य बड़े प्रेरणादायक होते थे, जिनमें से कुछ इस प्रकार हैं—

"Thinking should become your capital asset, no matter whatever ups and downs you come across in your life."

"Be more dedicated to making solid achievements than in running after swift but synthetic happiness."

"If you want to shine like a sun, first burn like a sun."

"Failure will never overtake me if my definition to succeed is strong enough."

वे किसी धर्म, भाषा से जुड़े नहीं थे। उन्होंने अपने पिता को अपना गुरु और अक्षरधाम के सबसे बड़े स्वामीजी, जो सारंगपुर में आजकल हैं, उनको अपना महागुरु मानते थे। सदा माना कि संकुचित विचार देश को बाँटते हैं व इनका कोई महत्त्व नहीं है। उनका मानना था कि हर मनुष्य को प्रभु ने अपार शक्ति दी है, जिसे वह विकसित कर संसार को समृद्ध व सौहार्दपूर्ण बना सकता है। मनुष्य को जीवनपर्यंत ज्ञान अर्जित करना चाहिए ताकि विश्व में सभी खुशहाल, सुखी व प्रेमपूर्वक रह सकें।

कलाम साहब को पहली बार मैंने हैदराबाद में इंजीनियरों के एक भव्य समारोह में मुख्य अतिथि के रूप में देखा था। यह लगभग 25 वर्ष पहले की बात है। इस आयोजन में कलाम साहब ने इंजीनियरों को इस बात की हिदायत दी कि हम सबको मिलकर भारत को बदलना चाहिए। विज्ञान और प्रौद्योगिकी के नए प्रयोगों द्वारा भारत विश्व में एक अग्रणी देश बन सकता है। देश में नई सोच की आवश्यकता है, जिसके द्वारा हम अपने देश की गरीबी, बदहाली व कमजोरी को कोसों दूर भगा सकते हैं। यह एक नए भारत की परिकल्पना होगी। मैं अब्दुल कलाम के विचारों को सुनकर बहुत प्रभावित हुआ व मेरे मन में उनके प्रति एक उच्च भावना का प्रादुर्भाव हुआ। इस घटना के दो वर्ष बाद मुझे पुनः हैदराबाद जाने का सुअवसर प्राप्त हुआ। मैं कलाम साहब के विचारों से इतना प्रभावित था कि मेरे मन में इस वैज्ञानिक के बारे में और अधिक जानने की तीव्र इच्छा हुई।

हैदराबाद में मैंने अपने एक पुराने मित्र ब्रिगेडियर आर.के. बग्गा से यह इच्छा व्यक्त की। सौभाग्य की बात थी कि मेरे मित्र मिस्टर बग्गा स्वयं कलाम सर को पहले से ही जानते थे व उनके साथ डिफेंस लैब में काम भी कर चुके थे। वह मुझे स्वयं डी.आर.डी.ओ. की उस लैब में ले गए, जहाँ कलाम सर ने मिसाइल पर काम किया था। लैब में यह जानकर बड़ी खुशी हुई कि कलाम साहब दिन-रात काम करते रहते थे। वे रात में भी घर नहीं जाते थे, वे जब थक जाते थे तो कुरसी पर या जमीन पर लेटकर थकान मिटा लेते थे। यह प्रक्रिया हफ्तों व महीनों चला करती थी। डी.आर. डी.ओ. ने कुछ महीनों के बाद कलाम साहब की लैब के पास ही एक छोटा सा 'स्यूट' बना दिया, जहाँ वह आराम कर लेते व 24×7 (चौबीस घंटे सातों दिन) रिसर्च में लगे रहते। इन बातों ने मुझे कलाम साहब का भक्त बना दिया।

अब्दुल कलामजी की सन् 2007 में जब Presidentship समाप्त हो गई तो उन्होंने देश के लिए कुछ और कर दिखाने का कार्यक्रम बनाया। 'विजन 2020' को कार्यान्वित करने में तन-मन से जुट गए और भारत के विभिन्न नगरों का भ्रमण किया। इसी मिशन में उनके कई Trip इलाहाबाद में भी लगे। यहाँ IIIT, Engg. Colleges, विज्ञान परिषद् व कई विद्यालयों में उनका आगमन हुआ और अपने वक्तव्यों द्वारा उन्होंने बच्चों, युवाओं सभी को मोह लिया। प्रसिद्ध तो पहले ही थे, परंतु जीवन के अंतिम चार वर्षों में उन्होंने देश की अभूतपूर्व सेवा की। वे जब-जब इलाहाबाद आए, सौभाग्य की बात है कि उनके साथ मुझे काफी समय बिताने का अवसर प्राप्त हुआ और उनसे मेरा संपर्क काफी घनिष्ठ हो गया। उनके कई व्याख्यान सुने व लगा कि वे एक रोल-मॉडल हैं, जिनका अनुसरण करके अपने जीवन को अधिक उपयोगी बनाया जा सकता है।

मुझे आशा है कि देश के अनेक नागरिक उनके द्वारा दिखाए रास्ते को अपनाकर देश को वैज्ञानिक व आर्थिक दृष्टि से संपन्न बना सकते हैं। यह देश Developing से Developed देश बन सकता है। उनका कहना था, "सोते हुए सपने मत देखो, ऐसे सपने देखो, जो आपको सोने ही न दें।" उनको अपनाकर हम अपने देश की निःस्वार्थ सेवा करें व इसी मार्ग पर चलकर उनको एक सच्ची श्रद्धांजलि देने का प्रयास करें।

जब तक देश के इंजीनियर व टेक्नोलॉजिस्ट कलाम सर के दिखाए रास्ते पर अग्रसर नहीं होंगे, देश में बदलाव नहीं आएगा। आइए, हम यह दृढ़ संकल्प लें कि हम सब मिलकर भारत को विश्व का एक अग्रणी देश बनाएँगे।

❑

डॉ. ए.पी.जे. अब्दुल कलाम

—संतोष चौबे

जब वर्ष 2002 में डॉ. ए.पी.जे. अब्दुल कलाम भारत के राष्ट्रपति बने तो विज्ञान के क्षेत्र में काम करनेवाले हम सब मित्रों को बहुत प्रसन्नता हुई थी। वे डॉ. राधाकृष्णन जैसे दार्शनिक बुद्धिजीवी की परंपरा से आते थे, जिसने देश में ज्ञान-विज्ञान की परंपरा को आगे बढ़ाने का बड़ा काम किया। उनके जीवन और आदर्शों के बारे में काफी कुछ लिखा गया है। देश के मिसाइल और अंतरिक्ष कार्यक्रमों को नई ऊँचाई तक ले जाने, देश में सुरक्षा एवं शक्ति के पक्ष में एक नया पर्यावरण रचने, ग्रामीण विकास का एक नया मॉडल तैयार करने तथा बच्चों और शिक्षा के साथ उनके अभूतपूर्व जुड़ाव ने उन्हें देश का हीरो बना दिया। उनके निधन से देश भर में शोक की जो व्यापक लहर फैली और आमजन से लेकर शीर्ष नेताओं द्वारा जिस तरह उन्हें श्रद्धा सुमन अर्पित किए गए, यह उनकी अपार लोकप्रियता का ही परिणाम था।

वैसे तो हम लोग उनके विचारों के पहले से ही कायल थे, पर मेरी पहली मुलाकात उनसे दिल्ली के विज्ञान भवन में वर्ष 2005 में हुई, जहाँ वे हमारी संस्था आईसेक्ट को 'इंडियन इन्नोवेशन' अवार्ड देने के लिए पधारे थे। आईसेक्ट का ग्रामीण विकास के लिए सूचना तकनीक का मॉडल उनके पुरा मॉडल (प्रॉवीजन ऑफ अर्बन सर्विसेज इन रूरल एरियाज) के बहुत निकट बैठता था। उन्होंने विस्तार से इसके बारे में जानने की कोशिश की, तत्काल ग्रामीण क्षेत्रों में बिजली और कनेक्टिविटी की समस्या पर नवाचारों के बारे में बताया था, जिन्हें सुनकर वे बहुत खुश हुए थे। मंच से उन्होंने इसका जिक्र भी किया। उनका मानना था कि ब्रॉडबैंड सुविधा प्रत्येक गाँव तक पहुँचानी चाहिए और ज्ञान-विज्ञान की खिड़की हर बच्चे के लिए खुलनी चाहिए। उन्होंने इस बात पर विशेष रूप से खुशी

जाहिर की थी कि आईसेक्ट मध्यप्रदेश एवं छत्तीसगढ़ के ग्रामीण तथा आदिवासी क्षेत्रों में काम कर रहा है। उनके साथ उनके मित्र और प्रख्यात वैज्ञानिक प्रोफेसर एम.जी.के. मेनन भी थे, जो हमारी ज्यूरी के सदस्य थे।

दूसरी बार उनसे मेरी मुलाकात तब हुई, जब आई.टी. क्षेत्र की प्रख्यात संस्था नैसकॉम ने आईसेक्ट को 'नैसकॉम इन्नोवेशन' अवॉर्ड के लिए चुना। मुंबई के हयात होटल में अत्यंत भव्य और गरिमामय समारोह में वे देशभर के आई.टी. दिग्गजों के बीच उपस्थित थे। मंच पर उनके साथ टी.सी.एस. के डॉ. रामादुराई और नैसकॉम के अध्यक्ष डॉ. किरण कार्णिक भी थे। उनका वहाँ दिया गया भाषण मुझे सदा याद रहेगा। उन्होंने आई.टी. के क्षेत्र में एशियन देशों के बीच सहयोग की बात की थी कि इसी के माध्यम से वे विश्व में एक ताकतवर यूनिट के रूप में उभर सकते थे। वे चाहते थे कि मलेशिया, थाईलैंड से लेकर भारत होते हुए मध्यपूर्व तक एक ऐसे फाइबर ऑप्टिक्स केबल नेटवर्क का विस्तार हो, जिससे संचार सरल और सुगम हो सके। उन्होंने नैसकॉम से 10 बिलियन डॉलर की भारतीय आई.टी. इंडस्ट्री को दस वर्षों के भीतर 100 बिलियन डॉलर तक ले जाने का आह्वान किया था और भारत में उसके विस्तार की संभावनाओं को भी रेखांकित किया था। आज जब हम भारत में एशियन देशों के बीच सहयोग की पहल देखते हैं या सूचना तकनीक का विस्तार पाते हैं तो उसमें कहीं-न-कहीं डॉ. कलाम का विजन साफ तौर पर नजर आता है।

यह भारत का सौभाग्य रहा कि उसे डॉ. कलाम जैसे स्वप्नद्रष्टा राष्ट्रपति मिले, जिन्होंने 'इंडिया 2020' में राष्ट्रनिर्माण का नया स्वप्न देखा। 'विंग्स ऑफ फायर' में आलोकित मन और दिमाग का संदेश दिया और देश की कई पीढ़ियों को एक साथ नए स्वप्न देखने, नया काम करने और नवप्रवर्तन के लिए प्रेरित किया।

❑

डॉ. ए.पी.जे. अब्दुल कलाम से जुड़े कुछ अविस्मरणीय प्रसंग

—सुभाष चंद्र लखेड़ा

यूँ तो डॉ. ए.पी.जे. अब्दुल कलाम इस प्रसंग की चर्चा अपनी पुस्तकों, लेखों और सार्वजनिक मंचों पर कई बार कर चुके थे, लेकिन इस घटना की चर्चा जब भी की जाए, मन हर्ष और उल्लास से ओत-प्रोत हो जाता है। स्वयं डॉ. कलाम का यह मानना था कि इस घटना ने उनके जीवन दर्शन को कहीं बहुत गहराई से प्रभावित किया था। सन् 1973 में डॉ. कलाम को भारत के 'प्रथम उपग्रह प्रमोचन कार्यक्रम' परियोजना का निदेशक नियुक्त किया गया था। इस परियोजना का उद्‌देश्य सन् 1980 तक भारत के 'रोहिणी' नाम से तैयार किए जा रहे उपग्रह को उसकी कक्षा में पहुँचाना था। इस उपग्रह को प्रमोचित करने के लिए तैयार किए गए रॉकेट एलएलवी-3 की प्रथम परीक्षण उड़ान 10 अगस्त, 1979 को हुई। रॉकेट लक्ष्य की ओर बढ़ा तो जरूर, किंतु निर्धारित कक्षा में पहुँचने के बजाय बंगाल की खाड़ी में गिरकर नष्ट हो गया।

इस अवसर पर जो प्रेस कॉन्फ्रेंस आयोजित की गई थी, उसमें दुनिया भर से पत्रकार आए हुए थे। कार्यक्रम की विफलता की जिम्मेदारी अपने ऊपर लेते हुए प्रो. सतीश धवन ने परियोजना से जुड़े सभी वैज्ञानिकों और दूसरे कार्मिकों द्वारा किए परिश्रम की सराहना की। उन्होंने उपस्थित पत्रकारों को यह जानकारी भी दी कि खामियों को दूर कर अगले वर्ष तक इस रॉकेट का प्रमोचन सफलतापूर्वक किया जा सकेगा। डॉ. कलाम प्रो. धवन के इस गुण का उल्लेख इसलिए बार-बार करते थे, क्योंकि परियोजना निदेशक के नाते कार्यक्रम के असफल होने की जो जिम्मेदारी उनके ऊपर आती थी, उसे प्रो. धवन ने अपने ऊपर ले लिया था।

बहरहाल, एसएलवी–3 की दूसरी उड़ान 18 जुलाई, 1980 को हुई। इस बार उड़ान सफल रही और भारत अंतरिक्ष क्लब का छठा सदस्य बन गया। इस बार प्रो. धवन ने प्रेस कॉन्फ्रेंस को संबोधित करने का कार्य डॉ. कलाम को सौंपा। उनका कहना था कि यह तुम्हारी टीम की सफलता है। तुम लोग इस सफलता के हकदार हो। कहने की जरूरत नहीं, 'असफलता मेरी, सफलता तुम्हारी' वाली प्रो. धवन की इस सोच को डॉ. कलाम ने अपने जीवन में उतार लिया था। वे जब तक जीवित रहे, इस सोच का इस्तेमाल कर अपने कनिष्ठ लोगों को प्रोत्साहित करते रहे।

अपने कनिष्ठ साथियों के साथ डॉ. कलाम ने तत्पश्चात् जीवनपर्यंत कैसा व्यवहार किया, इस तथ्य को यहाँ दी जा रही एक घटना के द्वारा आसानी से समझा जा सकता है। इन दिनों उस महत्त्वपूर्ण परियोजना पर सत्तर वैज्ञानिक कार्य कर रहे थे। वे सभी काम के दबाव और परियोजना प्रमुख यानी अपने बॉस के कार्य के प्रति अत्यधिक समर्पण की भावना से यूँ तो यदाकदा खिन्न हो उठते थे, किंतु वे सभी अपने इस बॉस के प्रति निष्ठा रखते थे और उस परियोजना का हिस्सा बने रहना चाहते थे।

बहरहाल, एक दिन एक वैज्ञानिक अपने बॉस के पास जाकर बोला, "सर, मैंने अपने बच्चों से वादा किया है कि आज उन्हें यहाँ कुछ दूर पर लगी प्रदर्शनी दिखाने ले जाऊँगा, मुझे आज शाम साढ़े पाँच बजे जाने की अनुमति देकर अनुगृहीत करें।"

बॉस ने जवाब दिया, "ठीक है, आज तुम जल्दी जा सकते हो।"

वह वैज्ञानिक अपनी प्रयोगशाला में वापस आकर किसी कार्य में जुट गया। उस कार्य को संपन्न करने के बाद उसे याद आया कि आज तो उसे जल्दी जाना था। हाथ पर बँधी घड़ी में समय देखा तो शाम के साढ़े आठ बज चुके थे। बुझे मन से जब वह बॉस के कमरे की तरफ गया तो वे वहाँ नहीं थे। उसने अपना कमरा बंद किया और अपने घर के लिए रवाना हो गया।

जब वह घर पहुँचा तो उसने देखा कि उसकी पत्नी बैठक में सोफे पर किसी पुस्तक को पढ़ने में तल्लीन थी। उसकी पत्नी ने पूछा, "क्या आप कॉफी पीना चाहेंगे या मैं सीधे खाना लगा दूँ?" उसने थोड़े दबे और बुझे हुए स्वर में कहा, "अगर तुम चाहो तो हम दोनों फिलहाल कॉफी पी लेंगे, किंतु बच्चे कहाँ हैं?"

उनकी पत्नी बोली, "तुम्हारे बॉस यहाँ सवा पाँच बजे आए थे और वे बच्चों को प्रदर्शनी दिखाने के लिए अपने साथ ले गए हैं।"

दरअसल, हुआ यूँ कि जब बॉस ने इस वैज्ञानिक को पाँच बजे के आस-पास तल्लीनता से कार्य करते देखा तो उन्हें लगा कि अब वह इस कार्य को पूरा किए बिना नहीं छोड़ेगा। उन्हें याद था कि इस वैज्ञानिक के बच्चों को तो आज प्रदर्शनी देखनी है। वे तुरंत उस वैज्ञानिक के घर गए और बच्चों को प्रदर्शनी दिखाने ले गए।

बहरहाल, ऐसा हमेशा तो संभव नहीं हो सकता है, किंतु कभी यदि ऐसा हो जाए तो ऐसे बॉस के प्रति हमेशा के लिए कृतज्ञता का भाव बना रहता है। यही कारण था जिसकी वजह से 'थुम्बा इक्वाटोरिअल रॉकेट लॉन्चिंग स्टेशन' में कार्यरत सभी वैज्ञानिक अपने इस बॉस का अत्यधिक सम्मान करते थे। उन दिनों इन वैज्ञानिकों के बॉस कोई और नहीं, डॉ. ए.पी.जे. अब्दुल कलाम थे।

डॉ. कलाम बड़ी बात को भी सामने मौजूद इनसान को आसानी से समझा देते थे। यह घटना सन् 1992 की है। इस वर्ष डॉ. कलाम रक्षा मंत्री के वैज्ञानिक सलाहकार नियुक्त हुए थे। दरअसल, इस पद पर रहते हुए वे डी.आर.डी.ओ. की सभी प्रयोगशालाओं के प्रमुख थे। एक दिन हमें सूचना मिली कि कल हमारे संस्थान 'डिफेंस इंस्टीट्यूट ऑफ फिजिओलॉजी एंड एलाइड साइंसेज (डिपास) ' में डॉ. कलाम का दौरा है। तब हमारी यह प्रयोगशाला दिल्ली कैंट में थी। फलस्वरूप, हम सब लोग उनकी विजिट की तैयारी में जुट गए। चूँकि यह उनका पहला दौरा था, सभी अधिकारी और कर्मचारी सुबह से ही सफाई में लगे हुए थे। सफाईकर्मी भी फुरती से इधर-उधर से कूड़ा-कचरा साफ कर उसके ढेर बनाने लग गए। दोपहर तक कूड़े के ढेर जगह-जगह बनाए जा चुके थे और अब दोपहर बाद उन्हें वहाँ से हटाकर ऐसी जगह इकट्ठा करना था, जहाँ से उन्हें फिर एक ट्रक में भरवाकर बाहर भेजा जा सके। कल कलाम साहब के आने तक सभी कुछ साफ-सुथरा होना चाहिए, ऐसा हम सभी का उद्देश्य था। अभी लंच होने में होने में कुछ वक्त शेष था कि प्रयोगशाला में हड़कंप मच गया।

दरअसल, कलाम साहब कल के बजाय आज ही अपने दौरे पर आ गए थे। खैर, अब क्या हो सकता था! उनके इस अचानक आगमन से सब सहमे हुए थे। उनकी अगवानी करनेवाले एक वरिष्ठ वैज्ञानिक ने जब उनसे कहा, "सर, हमें तो यह बताया गया था कि आप कल आने वाले हैं।" तो वे मुसकराते हुए बोले, "मैं सोचता हूँ कि यह मेरी प्रयोगशाला है और मैं यहाँ कभी भी आ सकता हूँ।"

आज डॉ. कलाम सशरीर हमारे बीच मौजूद नहीं हैं, किंतु उनसे जुड़े निजी प्रसंगों को मेरे जैसा साधारण इनसान भला कैसे भूल सकता है! यह मेरा सौभाग्य

रहा कि एक रक्षा वैज्ञानिक होने की वजह से मुझे उनसे मिलने के मौके मिलते रहे। मुझे एक विशेष मौका तब मिला, जब सन् 1997 में दिल्ली विश्वविद्यालय में आयोजित 84वीं भारतीय विज्ञान कांग्रेस के दौरान मैंने उन्हें अपनी पुस्तक 'खेल, खिलाड़ी और विज्ञान' भेंट की। पुस्तक पर चर्चा करने से पहले उन्होंने डी.आर. डी.ओ. के फोटोग्राफर को उस क्षण को कैमरे में कैद करने के लिए कहा। वे जानते थे कि मेरे लिए उनके साथ लिया जानेवाला वह फोटोग्राफ संग्रहणीय होगा। वे उस समय रक्षा मंत्री के वैज्ञानिक सलाहकार थे। तत्पश्चात् उन्होंने मुझसे अंग्रेजी में पूछा, "मुझे एक वाक्य में बताओ कि हम खेलों में सफल कैसे हो सकते हैं ?" मुझे समझ नहीं आया कि एक वाक्य में क्या कहूँ ? मुझे खामोश देख, वे हँसते हुए बोले, "हमारे खिलाड़ियों को आक्रामक होना होगा।"

दरअसल, वे स्वभाव से सदैव एक शिक्षक की भूमिका निभाते रहे। उनके साथ विगत कुछ वर्षों से जुड़े उनके एक करीबी सहयोगी सृजन पाल सिंह के अनुसार कलाम साहब की दिली इच्छा थी कि लोग उन्हें एक शिक्षक के रूप में याद करें। सृजन पाल सिंह के अनुसार, अपनी शिलांग यात्रा के दौरान कलाम साहब पंजाब में हुए आतंकी हमलों से काफी परेशान थे। जान-माल के नुकसान से वे काफी व्यथित थे। चूँकि शिलांग में उनके व्याख्यान का टॉपिक 'धरती को रहने लायक कैसे बनाया जाए ?' था तो उन्होंने पंजाब के हमलों को इससे जोड़ते हुए कहा, "ऐसा लगता है कि मानव के दुष्कृत्य प्रदूषण की तरह धरती को खत्म करने में सहायक होंगे।" यह पूछने पर कि अगर ऐसी हरकतें होती रहीं तो मानव को धरती से खत्म होने में कितना समय लग जाएगा, इस पर उन्होंने कहा, "ज्यादा से ज्यादा 30 साल और आप युवा लोगों को कुछ करना चाहिए इस संबंध में। यह आपका भविष्य है।"

शिलांग की उनकी इस अंतिम यात्रा में एक ऐसी घटना भी घटी, जिससे कलाम साहब के मानवतावादी पक्ष को गहराई से समझा जा सकता है। गुवाहाटी से शिलांग जाते समय रास्ते में कलाम साहब के काफिले में 6-7 गाड़ियाँ थीं। सृजन पाल सिंह कलाम साहब के साथ थे। उनकी गाड़ी के ठीक आगेवाली खुली जिप्सी पर तीन जवान थे। जिप्सी पर दो जवान बैठे हुए थे और उनका तीसरा साथी जवान खड़ा हुआ था। कलाम साहब ने सिंह से पूछा, "वह जवान खड़ा क्यों है ? ऐसे तो वह थक जाएगा। यह सजा की तरह है। उसे बैठने के लिए कह दो।"

कलाम साहब के कहने पर सृजन पाल सिंह ने 'वॉकी-टॉकी' से उस जवान

को संदेश देने की कोशिश की, लेकिन वह उपकरण ढंग से काम नहीं कर रहा था। अगले डेढ़ घंटे के सफर में कलाम साहब ने सिंह को दो-तीन बार याद दिलाया कि जवान से बैठने के लिए कहो। शिलांग पहुँचने पर डॉ. कलाम ने उनसे कहा कि वे जवान से मिलकर उसका शुक्रिया अदा करना चाहते हैं।

आई.आई.एम. शिलांग पहुँचने के बाद डॉ. कलाम ने जवान से हाथ मिलाया और उससे पूछा कि क्या तुम थक गए हो, कुछ खाना चाहोगे? कलाम साहब ने कहा कि मेरे कारण तुम्हें खड़ा रहना पड़ा, मैं इसके लिए माफी चाहता हूँ। कलाम साहब की बात सुनकर वह युवा जवान आश्चर्यचकित हो गया। उस जवान ने जवाब में विनम्रतापूर्वक जो बात कही, वह यह बताने के लिए पर्याप्त है कि डॉ. कलाम देश के सभी लोगों के दिलों में रच-बस चुके थे। उस जवान ने कहा था, ''सर, आपके लिए मैं तीन घंटे क्या, छह घंटे भी खड़ा रह सकता हूँ।''

❑

कलियुग में भी कृष्ण-सुदामा जैसी मित्रता

—श्रीमती अमिता अग्रवाल

मेरे पिताजी लक्ष्मण प्रसाद एक साधारण आविष्कारक एवं इन्नोवेटर (नव-प्रवर्तक) के रूप में कलाम साहब के संपर्क में आए और उनकी पहली मुलाकात डॉ. कलाम से दिल्ली से पूना जाते हुए हवाई जहाज में 2 जनवरी, 2000 को हुई। 15-20 मिनट की मुलाकात से मेरे पिताजी, जो पहले से ही उनसे प्रभावित थे, और अधिक प्रभावित हुए, साथ ही डॉ. कलाम भी उनसे प्रभावित हुए बिना न रह सके और यहीं से दोनों की दोस्ती का बीजारोपण हुआ और उसके उपरांत उनको कलाम साहब से अनेक बार व्यक्तिगत रूप से मिलने का अवसर मिला। हर मुलाकात के बाद वे परिवार के सभी सदस्यों से डॉ. कलाम के मानवीय गुणों, जैसे—सादगी, सद्‌भावना, संवेदनशीलता, विनम्रता, आत्मीयता, मैत्रीपूर्ण व्यवहार, नए-नए कामों के लिए उत्साहित करना, अच्छे कामों की प्रशंसा करना और प्रोत्साहन देना, भारतीय मूल्यों में आस्था, ईश्वर में अटूट विश्वास आदि के बारे में बताते थे। उस समय मुझे सहसा विश्वास नहीं होता था कि एक अंतरराष्ट्रीय ख्याति के वैज्ञानिक में ऐसे सभी गुण कैसे हो सकते हैं!

सन् 2002 में राष्ट्रपति चुने जाने के उपरांत कलाम साहब ने जनवरी 2003 में मेरे पिताश्री की आविष्कारों से संबंधित दो पुस्तकों का विमोचन करने के लिए हम सभी को राष्ट्रपति भवन में आमंत्रित किया। इस अवसर पर पहली बार मुझे तत्कालीन राष्ट्रपति डॉ. कलाम साहब से व्यक्तिगत रूप से मिलने का सौभाग्य प्राप्त हुआ। इस अवसर पर हमारे साथ लगभग 15 व्यक्ति थे, जिनमें मेरी मम्मी, नानी, पतिदेव, बड़े मामाजी, मेरी पुत्री अनामिका, प्रख्यात भारतीय वैज्ञानिक

डॉ. आर.ए. माशेलकर और पिताजी के कुछ मित्र आदि उपस्थित थे। डॉ. कलाम ने बहुत ही सहृदयता से हमारा स्वागत किया। वे बड़ी आत्मीयता के साथ प्रत्येक व्यक्ति से मिले और सबसे बातचीत भी की। मेरी नानी, जिनकी उम्र उस समय लगभग 88 वर्ष थी, उन्हें डॉ. कलाम को शॉल ओढ़ाकर उनके अभिनन्दन के साथ-साथ बड़े दुलार से उनके सिर एवं पीठ पर हाथ फेरकर आशीर्वाद दिया। कलाम साहब उस समय भाव-विभोर हो गए। जब मैंने उनकी आँखों में आँसू छलकते देखे, तब मुझे ऐसा अहसास हुआ कि शायद उनको अपनी माँ की याद आ गई हो।

मेरे पिता ने कलाम साहब को बताया कि यहाँ पर मेरे परिवार की चार पीढ़ियाँ उपस्थित हैं। सुनकर वे चौंके और प्रसन्न भी हुए और विशेष रूप से मेरी पुत्री अनामिका से प्रश्न किया, "तुमने अपने परिवार की चार पीढ़ियों से क्या सीखा?" उसने उन्हें बताया कि उसने अपने परिवार की परंपराओं का ज्ञान ही हासिल नहीं किया, बल्कि वह उनका पालन भी कर रही है। उनकी मुसकराहट बता रही थी कि वे अनामिका के उत्तर से संतुष्ट थे। मुझे ऐसा भी लगा कि वे भारतीय परंपराओं एवं मूल्यों का कितना आदर एवं सम्मान करते हैं। ऐसे गुण बिरले वैज्ञानिकों में ही दिखाई देते हैं।

एक बात और लिखने योग्य है कि जब हमारे परिवार के सदस्यों का राष्ट्रपतिजी के साथ फोटो लिया जा रहा था तो उन्होंने फोटोग्राफर को रोककर मेरी नानी से अंग्रेजी में कहा, "अम्मा, यू टेक योर स्टिक विद यू।" जब उन्होंने बेंत अपने हाथ में ले लिया, उसके बाद ही ग्रुप फोटो खींचा गया। इससे यह जाहिर हुआ कि कलाम साहब बुजुर्गों के प्रति कितने संवेदनशील थे और छोटी-से-छोटी चीजों का ध्यान रखते थे। यह एक बहुत बड़ी बात है। उनके इस प्रकार के आचार-विचार एवं सद्व्यवहार से कोई कलाम साहब को कैसे भूल सकता है? वास्तव में वे मानवीय गुणों की खान थे।

राष्ट्रपति पद ग्रहण करने के उपरांत भी मेरे पिता श्री लक्ष्मण प्रसाद का डॉ. कलाम से ख़तो-किताबत के साथ-साथ उनसे मिलना-जुलना चलता रहा और उन दोनों की दोस्ती में कभी भी कमी नहीं आई। डॉ. कलाम को अलीगढ़ बुलाने के लिए पिताजी ने कई संदेश भेजे, परंतु सफल नहीं हुए। मंगलवार, दिनांक 17 जून, 2008 को डॉ. कलाम साहब को यकायक बिना किसी पूर्व सूचना के दरवाजे पर अचानक देखकर पिताजी भाव-विह्वल हो उठे तथा खुशी से झूम उठे। हृदय से उनका गर्मजोशी के साथ स्वागत किया। इस प्रकार दिल्ली से पूना का हवाई सफर मेरे पिताजी के लिए एक ऐतिहासिक यात्रा बन गया।

जब डॉ. कलाम कड़ी सुरक्षा के साथ हमारे आवास पर पहुँचे तो जिस तरह गेट पर मेरे पिता ने डॉ. कलाम का हृदय से स्वागत किया, वह क्षण देखने लायक था। अपने दरवाजे पर ऐसे महान् व्यक्ति को पाकर मेरे पिता की आँखों से खुशी के आँसू छलक उठे, क्योंकि उनके घर पर आने का कोई पहले से संदेश नहीं था। कुछ देर पहले ही उनके आने की जानकारी प्राप्त हुई थी, इसके कारण हम कोई इंतजाम भी न कर सके और जो कुछ भी घर पर था; वही प्रस्तुत किया। नारियल की चटनी एवं साँभर बनाने का समय न मिला, फिर भी डॉ. कलाम ने मेरे द्वारा बनाई गई इडली को करी पाउडर के साथ बहुत ही चाव से खाया ***जैसे—राम ने शबरी के बेरों*** को खाया था और कॉफी भी उन्होंने बड़े प्रेम से पी और मुझसे पूछा कि इतने कम समय में यह सब प्रबंध करना कैसे संभव हो सका। इस दौरान उन्होंने मेरे पिता के साथ तमाम यादों को सँजोया और पूर्व में खींचे गए फोटोग्राफों को बहुत ही दिलचस्पी के साथ देखा। डॉ. कलाम ने हमारे मकान से लेकर गार्डन तक की तारीफ की और अलीगढ़ के आगमन को अच्छा बताया।

25–30 मिनट की मुलाकात के दौरान डॉ. कलाम से तीन प्रमुख विषयों पर चर्चा भी हुई। मेरे पिता ने बताया कि वे अपना शेष जीवन शिक्षा के प्रचार एवं प्रसार में बिताना चाहते हैं। नगर के गण्यमान्य व्यक्तियों के सहयोग एवं सार्वजनिक चंदे से उन्होने *'सी.बी. गुप्ता विद्यापीठ'* की स्थापना की है और विद्यापीठ के भवन-निर्माण का कार्य प्रगति पर है। डॉ. कलाम का पहला प्रश्न था कि क्या यह विद्यापीठ ग्रामीण क्षेत्र में स्थापित किया गया है? पिताश्री का उत्तर 'हाँ' में था। इस पर डॉ. कलाम ने कहा कि ग्रामीण क्षेत्रों में अच्छी शिक्षा की बहुत ही आवश्यकता है और सलाह भी दी कि अच्छे शिक्षकों का चयन करना अति आवश्यक है, जो बच्चों को अच्छी शिक्षा के साथ-साथ अच्छे संस्कार देकर देश के अच्छे नागरिक बना सकें।

पिताजी ने बताया कि वे विगत कुछ सालों से देश में नवप्रवर्तन आंदोलन को गति प्रदान करने की कोशिश कर रहे हैं और पिछले 8 सालों से प्रतिवर्ष कुछ स्कूलों एवं कॉलेजों में 'राष्ट्रीय नवप्रवर्तन दिवस' मनाया जा रहा है तथा पिछले 2 सालों से अंतरराष्ट्रीय स्तर पर गति प्रदान करने के लिए लखनऊ शहर की एक प्रमुख शिक्षा-संस्थान सी.एम.एस. ने पिताजी की प्रेरणा से सन् 2006 से प्रत्येक वर्ष अंतरराष्ट्रीय नवप्रवर्तन दिवस मनाने की शुरुआत की है और अनेक देशों के युवक एव युवतियाँ भिन्न-भिन्न प्रकार के कार्यक्रमों में भाग लेने के लिए आगे आ रहे हैं। इस प्रकार के कार्यक्रमों की जानकारी पाकर डॉ. कलाम ने अपनी प्रसन्नता का इजहार किया।

पिताजी ने आगे डॉ. कलाम को बताया कि रूस में इन्नोवेशन विषय को स्कूलों के पाठ्यक्रमों में शामिल कर लिया गया है। इस विषय में बताया कि हम अपनी अनेक छोटी-बड़ी समस्याओं को इन्नोवेशन के माध्यम से हल कर सकते हैं, इसलिए बच्चों में बचपन से ही वैज्ञानिक जागरूकता उत्पन्न करने की आवश्यकता है।

डॉ. कलाम के घर से विदा होने के बाद एक पत्रकार ने मेरे पिताजी से डॉ. कलाम के आगमन के विषय में उनके विचार जानने चाहे तो उन्होंने बताया कि वे बहुत खुश हैं और उनके पास शब्द नहीं है कि किस प्रकार अपनी खुशी का इजहार कर सकें। उन्होंने बताया कि मिसाइलमैन से लेकर राष्ट्रपति के रूप में डॉ. कलाम के साथ उनकी तमाम भेंटें हुई हैं, परंतु मंगलवार को हुई आधा घंटे की मुलाकात से उनका जीवन धन्य हो गया और डॉ. कलाम जैसे मनीषी के चरणों से घर भी पवित्र हो गया।

एक और पत्रकार ने मेरे पिताजी से जानना चाहा कि वे डॉ. कलाम को किस प्रकार से देखते हैं। कुछ सोचने के बाद उन्होंने बताया कि वे कलाम साहब को एक साधु, संन्यासी एवं फकीर के रूप में देखते हैं। जैसे साधु, संन्यासी एवं फकीरों के पास अपना कुछ भी नहीं होता, उसी प्रकार कलाम साहब के पास भी अपना कुछ भी नहीं है और उन्होंने अपनी आत्मकथा *'अग्नि की उड़ान'* में बहुत ही स्पष्ट रूप से लिखा है कि "मेरे पास न धन है, न संपत्ति, न मैंने कुछ ऐसा इकट्ठा किया है, न कुछ ऐसा बनाया है, जो ऐतिहासिक हो, शानदार हो, आलीशान हो। पास में भी कुछ नहीं रखा है, कोई परिवार नहीं, बेटा-बेटी नहीं।"

एक पत्रकार ने मुझसे भी प्रश्न किया कि मैं डॉ. कलाम और अपने पिता लक्ष्मण प्रसाद को किस रूप में देखती हूँ? मैंने जवाब में कहा कि डॉ. कलाम एक महान् वैज्ञानिक, चिंतक एवं पथ-प्रदर्शक हैं जबकि मेरे पिता एक साधारण इन्नोवेटर की श्रेणी में आते हैं। डॉ. कलाम विकसित भारत के महान् स्वप्नद्रष्टा हैं जबकि मेरे पिता भारत को एक आविष्कारी/नवाचारी देश देखना चाहते हैं। डॉ. कलाम का विकलांगों के प्रति विशेष लगाव है और उनकी समस्याओं को सदैव ही हल करने के लिए तत्पर रहते हैं और मेरे पिता भी पिछले 50 सालों से विकलांगों के पुनर्वास में महत्त्वपूर्ण योगदान दे रहे हैं। इस समस्या के प्रति दोनों ही संवेदनशील हैं। कलाम साहब की सफलता एवं उपलब्धियों की सूची इतनी लंबी है कि वह सूची आसमान को चूम रही है। उनका कार्यक्षेत्र बहुत ही विस्तृत है और उनके कार्य-कलापों का प्रकाश सूर्य के प्रकाश के समान चारों दिशाओं में

फैल रहा है, परंतु मेरे पिता के कार्यों का प्रकाश एक दीपक के प्रकाश के समान ही है। हमउम्र होने के साथ-साथ दोनों के विचारों में काफी समानता है। अंत में निष्कर्ष के रूप में मैं कह सकती हूँ कि कलियुग में भी दोनों में कृष्ण-सुदामा जैसी मैत्री का श्रेय प्रमुख रूप से कलाम साहब को ही जाता है। वास्तव में, यह उनका बड़प्पन है। ऐसी महान् आत्मा को कैसे भूला जा सकता है!

❑

बाल वैज्ञानिकों के अंकल कलाम

–इरफान ह्यूमन

उन्होंने कहा था कि कल्पनाशीलता से सर्जनात्मकता का प्रारंभ होता है, इसलिए बच्चों का कल्पनाशील होना बहुत जरूरी है। सोचने से ज्ञान का विकास होता है और ज्ञान के विकास से व्यक्तित्व सुधरता है। उन्होंने बच्चों का आह्वान किया कि वे अपने जीवन में महान् लक्ष्य रखें और कठिन परिश्रम के साथ हमेशा ज्ञान अर्जित करने के प्रयत्न में लगे रहें। अपने जीवन में आ रही विभिन्न समस्याओं से न घबराकर उनका सफलतापूर्वक मुकाबला कर उन्हें परास्त करें।

बात भुवनेश्वर (उड़ीसा) में आयोजित भारतीय विज्ञान कांग्रेस के 99वें अधिवेशन की है, जब अधिवेशन के दूसरे दिन् यानी 4 जनवरी, 2012 को अखिल भारतीय स्तर पर बाल विज्ञान कांग्रेस कार्यक्रम का उद्घाटन पूर्व राष्ट्रपति भारतरत्न डॉ. ए.पी.जे. अब्दुल कलाम ने किया था। ज्ञात रहे बाल विज्ञान कांग्रेस बच्चों और शिक्षकों को राष्ट्र के भविष्य को दिखलाने के लिए उत्साहवर्धन करने का लक्ष्य प्रदान करता है जिससे कि सृजनात्मकता और वैज्ञानिक मिजाज का विकास होता है। यह कार्यक्रम वास्तव में परस्पर सीखने-सिखाने की एक प्रक्रिया है, जिसमें 10 से 17 आयु वर्ग के बच्चे कम-से-कम 3 और अधिक-से-अधिक 5 बच्चों का समूह बनाकर वैज्ञानिक विधि से कार्य करना सीखते हैं। अपने मार्गदर्शक शिक्षक के सहयोग से विषय से संबंधित आँकड़े एकत्र कर अपनी प्रोजेक्ट रिपोर्ट के साथ प्रतिभाग करते हैं। उस समय बाल विज्ञान कांग्रेस में भूमि संसाधन समृद्धि हेतु उपयोग करें, भविष्य हेतु बचाएँ केंद्रीय विषय एवं भूमि को जानें, भूमि का कार्य, भूमि की गुणवत्ता, भूमि पर मानवीय क्रियाकलाप, भूमि

संसाधन का टिकाऊ उपयोग और भूमि उपयोग पर सामुदायिक ज्ञान जैसे उप-विषयों पर बच्चों ने अपने वैज्ञानिक प्रोजेक्ट प्रस्तुत किए थे। बाल विज्ञान कांग्रेस बच्चों को बड़े-बड़े वैज्ञानिकों से मिलने और उनसे सीखने का बेहतरीन मौका उपलब्ध कराती है। डॉ. कलाम का यह एक चहेता कार्यक्रम था और वे अपनी व्यस्तताओं के बावजूद राष्ट्रीय आयोजन के लिए समय निकालते थे। एक बार तो अपना स्वास्थ्य खराब होने के बावजूद वे उत्तर प्रदेश की राज्य स्तरीय बाल विज्ञान कांग्रेस में शिरकत करने पहुँचे थे।

कल्पनाशील बनो

भारतीय विज्ञान कांग्रेस के 99वें अधिवेशन में उन्होंने कहा था कि कल्पनाशीलता से सृजनता का प्रारंभ होता है, इसलिए बच्चों का कल्पनाशील होना बहुत जरूरी है। सोचने से ज्ञान का विकास होता है और ज्ञान के विकास से व्यक्तित्व सुधरता है। उन्होंने बच्चों का आह्वान किया कि वे अपने जीवन में महान् लक्ष्य रखें और कठिन परिश्रम के साथ हमेशा ज्ञान अर्जित करने के प्रयत्न में लगे रहें। अपने जीवन में आ रही विभिन्न समस्याओं से न घबराकर उनका सफलतापूर्वक मुकाबला कर उन्हें परास्त करें। उन्होंने कहा कि बच्चों को महान् पुस्तकों का अध्ययन करना चाहिए, महान् व्यक्तियों से प्रेरणा लेना चाहिए और महान् शिक्षकों से सीख लेना चाहिए, ये सभी मन को पोषक तत्त्व प्रदान करते हैं।

मन को पंख लगा दो

अपने भाषण में बातचीत करने के अंदाज में उन्होंने बच्चों को मन में ही अपने शरीर में पंख लगाकर उड़ने का प्रयास करने के लिए कहा। डॉ. कलाम ने कहा था कि बल्ब, हवाई जहाज, टेलीफोन, सागुद्री यात्रा, रेडियम आदि के बारे में सोचते ही एक प्रमुख वैज्ञानिक का नाम मन में उभर आता है। ये सभी एक-दूसरे से अलग और सृजनशील तरीके से सोचते थे। जीव विज्ञान पर चर्चा करते हुए मानव शरीर, मस्तिष्क और मन के बारे में डॉ. कलाम ने कहा था कि इस धरती पर मनुष्य द्वारा निर्मित किसी मशीन से व्यक्ति की सोचने की शक्ति कहीं अधिक शक्तिशाली है। चिंतन शक्ति की सीमा पार करनेवाले व्यक्ति विशेष की सोच ही विश्व में ऐतिहासिक परिवर्तन लाती है।

तैयार रहो

सांस्कृतिक विकास पर बल देते हुए उन्होंने कहा था कि आज श्रेष्ठता की

संस्कृति (कल्चर ऑफ एस्सेलेंस) विकसित किए जाने की आवश्यकता है, लेकिन यह दुर्घटनावश न होकर लगातार होना चाहिए। डॉ. कलाम ने बच्चों से कहा कि दुनिया वर्तमान में जल, ऊर्जा, आवास और पर्यावरण जैसे मुद्दों पर समस्याओं से घिरी हुई है। इन चुनौतियों का सामना करने के साथ-साथ इनसे मानवजाति को निजात दिलाने के लिए भी बच्चों को तैयार रहना चाहिए। उन्होंने कहा कि अगर सौर ऊर्जा का संग्रह किया जा सके तो इससे विश्व से ऊर्जा संकट दूर हो पाएगा।

कलाम की क्लास

डॉ. कलाम के संबोधन के समय अधिवेशन का यह सत्र उस समय स्कूल की एक कक्षा में तब्दील हो गया, जब डॉ. कलाम ने बच्चों से परमाणु से लेकर ब्रह्मांड तक अनेक सवाल पूछ डाले, साथ-ही-साथ किसी दक्ष शिक्षक की तरह सही उत्तर पर 'गुड' और 'वेरीगुड' कहा। सवालों के स्वयं जवाब भी दिए और उन्हें वहीं याद रखने की मंशा से दोहरवाया भी। इसके साथ कई बार वैज्ञानिक सोच अपनाने, मानवता और पर्यावरण को बचाने की शपथ और एक कविता की पंक्तियों को वहाँ बच्चों से दोहरवाया। उस समय भारतीय विज्ञान कांग्रेस अधिवेशन में मौजूद बच्चों के साथ युवा और बुजुर्ग वैज्ञानिक भी इन पंक्तियों को दोहराते नजर आए। उन्होंने कहा कि सवाल पूछने की मनोवृत्ति ही विज्ञान का मूल तत्त्व है, कल्पना ही सृष्टि की शुरुआत है और विज्ञान हमें उत्तम दृष्टिशक्ति प्रदान करता है। जो चाहते हो, वह सोचो और अंत में इसके लिए मजबूत आत्मविश्वास के साथ कार्य करो।

अपने संबोधन के पश्चात् डॉ. कलाम ने वहाँ उपस्थित बच्चों का चयन किया और उनके मनचाहे प्रश्नों के उत्तर दिए। प्रश्न पूछनेवाले लोगों का उत्साह देखकर उन्होंने वादा किया कि कोई भी व्यक्ति उनसे इ-मेल (apj@abdulkalam.com) के माध्यम से प्रश्न पूछ सकता है। वह सवाल का 24 घंटे के अंदर जवाब देंगे। वास्तव में बाल विज्ञान कांग्रेस में बाल वैज्ञानिकों को डॉ. कलाम की कमी हमेशा अखरती रहेगी।

❑

डॉ. कलाम का सान्निध्य : मेरा सौभाग्य

—आर.पी. गौतम

राष्ट्रपति के पद पर आसीन होने से पहले डॉ. ए.पी.जे. अब्दुल कलाम रक्षा मंत्री के वैज्ञानिक सलाहकार थे और साथ ही रक्षा अनुसंधान एवं विकास संगठन के महानिदेशक भी। इसी अवधि में मुझे लगभग 16 महीने उनके मार्गदर्शन में एक मनोवैज्ञानिक के रूप में काम करने का मौका मिला। पहली भेंट में ही उन्होंने मुझे इतना प्रभावित किया कि मेरी सोच में स्थायी परिवर्तन आया, मेरा दृष्टिकोण बदला और मन में जीवन के प्रति कुछ नए मानवीय मूल्यों का विकास हुआ। इस भेंट में उनसे मिला एक अहम संदेश था कि दैनिक जीवन में कोई चीज पाने के लिए हमें पैसा खर्च करना पड़ता है, जबकि दूसरी ओर प्रकृति से कितने ही अमूल्य साधन हमें निःशुल्क उपलब्ध होते हैं। उदाहरण के लिए—सूर्य का प्रकाश, चंद्रमा की शीतलता, ऑक्सीजन, प्रकृति का सौंदर्य, जल आपूर्ति आदि अनेक वस्तुएं हमें स्वतः इस प्रकार और इतनी मात्रा में उपलब्ध होती हैं कि उनकी बहुमूल्यता की ओर हमारा ध्यान ही नहीं जाता।

इन्हीं शब्दों का परिणाम है कि मैंने सेवानिवृत्त होने के बाद वर्ष 2002 में अलीगढ़ के ग्रामीण क्षेत्र में आर्थिक रूप से निम्नस्तर के परिवारों के बच्चों की शिक्षा के लिए राज टैलेंट स्कूल की स्थापना की और जो आज सस्ती एवं अच्छी शिक्षा के लिए उस क्षेत्र में उदाहरण बनकर 14 किलोमीटर के क्षेत्र में स्थित 67 गाँवों के बच्चों को शिक्षा दे रहा है। यही नहीं, स्कूल के नाम से जुड़ा शब्द टैलेंट भी उनकी ही देन है। हुआ यह कि सेनाओं में अफसरों की चयन प्रक्रिया

को लेकर गोष्ठी चल रही थी। उस गोष्ठी में मार्गदर्शक के रूप में डॉ. कलाम उपस्थित थे। उन्होंने पूछा कि किस स्तर के लड़के-लड़कियों को हम अधिकारी वर्ग के लिए चुनते हैं। तत्कालीन नियमावली के अनुसार औसत दर्जे के प्रत्याशी को चुनना एक मानक था और मैंने यही उत्तर दिया। उन्होंने तत्काल सवाल दागा कि क्या हम अपने शक्तिशाली शत्रु देशों से औसत दर्जे के अधिकारियों के माध्यम से विजय पा सकेंगे? उन्होंने तुरंत ही दूसरा प्रश्न किया—क्या औसत जैसे शब्द के स्थान पर हम किसी दूसरे प्रेरणात्मक शब्द का प्रयोग नहीं कर सकते? मेरे मुँह से तीन शब्द निकले—Productive, Effective तथा Talented। उन्होंने तीसरे शब्द की ओर अपनी सहमति का संकेत दिया। इस तरह मैंने स्कूल के नाम में इस शब्द का उपयोग किया।

उनके व्यक्तित्व का दूसरा देदीप्यमान अंग था उनकी लगन तथा परिश्रम। महानिदेशक के रूप में 50 से अधिक प्रयोगशालाओं के मार्गदर्शन का उत्तरदायित्व उन पर था और वे इस उत्तरदायित्व को इतनी लगन से निभाते थे कि मानो उनका ध्यान केवल एक प्रयोगशाला पर ही है। इन प्रयोगशालाओं की आवश्यकताओं, इनमें वैज्ञानिकों द्वारा लिखे लेखों आदि का मूल्यांकन स्वयं ही करते थे और उन पर टिप्पणी स्वयं ही लिखते थे। यही नहीं, उनके द्वारा लिखे सुझावों पर क्या काम हुआ, इसकी रिपोर्ट भी माँगते थे। हम सबको 24 घंटे उपलब्ध हैं, लेकिन वे 24 घंटों में बिना किसी सहायक के इतना काम कर लेते थे कि मैं विस्मित रह जाता था।

उनकी दूरदर्शिता और देशभक्ति बेमिसाल थी। वे नेहरू की तरह विज्ञान को सामाजिक एवं राष्ट्रीय उपयोगिता के दृष्टिकोण से देखते थे। वर्ष 1998 में उन्होंने अपने ही स्तर से एक राष्ट्रीय गोष्ठी का आयोजन किया, जिसमें रक्षा एवं विज्ञान के राष्ट्रस्तरीय विद्वानों को आमंत्रित किया गया। उस गोष्ठी के संचालन का उत्तरदायित्व मुझ पर था। गोष्ठी के समापन व्याख्यान में उन्होंने एक दूरदर्शितापूर्ण बात कही, जो जीवनपर्यंत यूनिफॉर्म पहननेवालों की सोच से भी परे रही होगी। उन्होंने कहा कि भविष्य में यदि कोई महायुद्ध होना है तो वह पानी के लिए होगा, पानी पर होगा और संभवतया पानी से बने शस्त्रों से होगा।

उनके व्यक्तित्व का सबसे प्रभावशाली और अद्वितीय गुण था कि मूल रूप से वैज्ञानिक होते हुए भी मन से वे मानवीय भावनाओं से ओत-प्रोत थे। उनमें एक चुंबकीय आकर्षण था। वे विनम्रता के साकार प्रतीक थे। खोखली बातों को सुनने का उनमें अथक धैर्य तथा सहनशीलता थी। उनके अधीनस्थ रहकर 16 महीने

के कार्यकाल में मैंने उन्हें कभी झल्लाते हुए या भौंहें चढ़ाकर बात करते हुए नहीं देखा। किसी भी व्यक्ति को चिढ़ानेवाले पलों में मैंने उनमें अथाह संयम पाया।

सहानुभूति तथा सहायता की भावना उनमें कूट-कूटकर भरी थी। एक बार मुझे उनके साथ कोयंबटूर विश्वविद्यालय जाना पड़ा, जहाँ शिक्षकों के शोध प्रस्तावों को स्वीकृति देनी थी। कुछ युवा शिक्षकों के प्रस्तावों में कुछ कमियाँ थीं, लेकिन उन्हें स्वीकार कर लिया गया, केवल उन युवाओं को प्रेरित करने के लिए। प्रतिभा के तो वे धनी थे ही, लेकिन उत्सुकता एवं जिज्ञासा भी उनमें भरपूर थी। वे स्वयं भौतिकी में विशेषज्ञ थे; लेकिन अन्य विषयों में भी वे अच्छी जानकारी रखते थे। उक्त विश्वविद्यालय में विभिन्न विषयों में शोध प्रस्ताव रखे गए और उन पर उनके द्वारा पूछे गए प्रश्नों और दिए गए सुझावों से उन विषयों के वैज्ञानिक भी सहमत थे। हम चार लोगों के रहने की व्यवस्था विश्वविद्यालय के अतिथि-गृह में ही की गई थी और उनके रहने की व्यवस्था सरकारी आवास में की गई थी, लेकिन उन्होंने उसे स्वीकार नहीं किया और विश्वविद्यालय के परिसर में ही रहे।

अहं, औपचारिकता तथा दिखावा जैसी चीजें उनसे बहुत दूर थीं। जिससे भी वे मिलते थे, उसे अपने से छोटा कभी नहीं समझते थे, चाहे वह व्यक्ति युवा हो, चाहे उनका अधीनस्थ। वे वास्तव में 'विद्या ददाति विनयम्' के पर्याय थे। उनसे मिलने के बाद व्यक्ति अपने में नई ऊर्जा का अनुभव करता था। ज्ञान के क्षेत्र में उन्हें कोई संकोच नहीं था। एक बार मैं उनके कार्यालय में एक शोध-पत्र प्रस्तुत कर रहा था, जिसमें मैंने मनुस्मृति के एक श्लोक का उदाहरण दिया। बीच में उन्होंने मुझसे पूछ लिया कि क्या मैंने मनुस्मृति पढ़ी है ? मैंने उत्तर दिया, ''नहीं।'' मैं झूठ बोलकर 'हाँ' में उत्तर दे सकता था, लेकिन उनके व्यक्तित्व के सामने मैं झूठ बोलने का साहस न कर सका और उनके सामने अपनी अनभिज्ञता स्वीकार करने में ही गौरव का अनुभव किया।

वहाँ हमारा दो दिवस का कार्यक्रम था। दोनों ही दिन सुबह मिलने पर अभिवादन के पश्चात् उनका प्रश्न होता था कि हमें कोई असुविधा तो नहीं हुई। विश्वविद्यालय द्वारा नियुक्त संपर्क अधिकारी को बुलाकर यह स्पष्ट निर्देश दिया कि भोज्य पदार्थों का निर्णय हमसे पूछकर किया जाए। यहीं पर एक शोध-पत्र पर टिप्पणी करते समय मैं यह बोल गया कि डॉ. कलाम के अधीनस्थ होने में मेरा गौरव है तो उन्होंने तुरन्त एक तेज आवाज में कहा, "You are my colleague, not my subordinate" (तुम मेरे सहयोगी हो, मेरे अधीनस्थ नहीं)'' । ऐसा था उनका व्यवहार अपने साथ काम करनेवालों के प्रति।

उन्हीं 16 महीनों की अवधि में मैं मनोवैज्ञानिक अनुसंधान रक्षा संस्थान (Defence Institute of Psychological Research) में कंप्यूटर तथा अनुवर्ती अध्ययन प्रकोष्ठ का अध्यक्ष था। एक बार वे मेरे प्रकोष्ठ का निरीक्षण करने आए। रक्षा विभाग की नियमावली के अनुसार मैंने इस प्रकोष्ठ के क्रियाकलापों तथा भावी प्रस्तावों से संबंधित एक विवरण पत्रिका उनको भेंट की। यह केवल औपचारिकता मात्र थी। तीन दिन के पश्चात् वह विवरण पत्रिका मुझे वापस मिली और उसके अंतिम पृष्ठ पर उन्होंने स्वयं तीन प्रश्न लिखे थे और एक सप्ताह बाद मिलने का दिन एवं समय भी लिखा था। मैं उन प्रश्नों के उत्तर तैयार करके उनके लिखे समय पर साउथ ब्लॉक स्थित उनके कार्यालय पहुँचा। मैंने देखा कि उनकी मेज पर कोई फाइल नहीं थी। वे उस समय केवल मेरी प्रतीक्षा ही कर रहे थे। ऐसा था उनके समय का समायोजन और अधीनस्थों के प्रति गंभीरता।

अपनी प्रशंसा सुनने में उन्हें संकोच होता था। एक बार एक समारोह में मैं उनका परिचय दे रहा था तो उन्होंने मुझे बीच में ही रोक दिया और कार्यक्रम शुरू करने का निर्देश दिया। यही नहीं, मंच पर यदि उनके लिए अन्य अधिकारियों की कुरसी से अलग कुरसी की व्यवस्था की गई, तो उन्होंने उसे हटवा दिया। ऐसे थे हमारे कलाम, जो अब दुनिया में नहीं हैं, लेकिन मेरे जैसे लाखों लोगों के दिलों में हैं। उनको मेरा शत-शत नमन।

❑

पारखी नजर के धनी थे डॉ. कलाम

–सुधीर मिश्रा

डॉ. ए.पी.जे. अब्दुल कलाम ने 1980 के दशक में 'इंटीग्रेटेड गाइडेड मिसाइल डेवलपमेंट प्रोग्राम' शुरू किया था। बड़ी संख्या में नए वैज्ञानिकों की जरूरत थी। मैं भी कॉलेज से मेकैनिकल इंजीनियरिंग में डिग्री हासिल कर, 16 अगस्त, 1984 को डी.आर.डी.ओ. की हैदराबाद स्थित प्रयोगशाला, डी.आर.डी.एल. से वैज्ञानिक के रूप में जुड़ा। दो दिन बाद मुझे डॉ. कलाम के सामने पेश किया गया। उन्होंने पहला सवाल किया, "क्या तुम मेरे लिए मिसाइल बनाओगे?" मैं सकपकाया। साफ कह दिया, "मैं अभी-अभी कॉलेज से आया हूँ। मुझे मिसाइल के बारे में कुछ नहीं पता।" उन्होंने फिर कहा, "तुम मिसाइल बनाओगे?" मैंने जबाव दिया, "यदि आप मार्ग दिखाएँगे तो जरूर बनाऊँगा।" डॉ. कलाम ने कहा, "यदि तुम सीखना चाहते हो तो मैं जरूर तुम्हें गाइड करूँगा और तुम जरूर मिसाइल बनाओगे।" वे इस तरह प्रेरित करते थे।

हैदराबाद की ही एक अन्य घटना है। मैं तब तरल प्रोपल्शन इंजन पर काम कर रहा था। एक दिन डॉ. कलाम आए और पूछा, "यह इंजन कब तक तैयार हो जाएगा?" मैंने जबाव दिया, "सर, दो-तीन साल लग जाएँगे।" उन्होंने गौर से देखा और 'फनी गाय' कहकर आगे बढ़ गए। अगले दिन एक वरिष्ठ अधिकारी ने मुझसे पूछा, "तुमने डॉ. कलाम से क्या कह दिया! वे तुमसे नाराज हैं।" मैंने बताया कि वे मुझसे नाराज नहीं हो सकते, क्योंकि वे मुसकराते हुए मुझे 'फनी गाय' कहकर गए थे। उन अधिकारी ने मुझे बताया कि डॉ. कलाम के 'फनी गाय' कहने के अलग-अलग मतलब होते हैं। वह गुस्से में हों तब 'फनी गाय' और खुश होते हैं तब भी यही कहते हैं। वह गुस्से में भी ऐसा कुछ नहीं कहते, जिससे सामने वाले को दुःख हो।

पर्यावरण की स्वच्छता के लिए डॉ. कलाम ने एक ग्रीन टीम बनाई तो उसमें मुझे भी शामिल किया। मैंने उनसे पूछा कि आपने मुझे इस टीम में क्यों शामिल किया? उन्होंने कहा कि मैं तुम्हें अकसर घर के बाहर पौधों की देखभाल करते देखा करता था, इसका मतलब है कि तुम पर्यावरण के महत्त्व को समझते हो। यह थी तो सामान्य-सी बात, लेकिन इससे पता चलता है कि डॉ. कलाम चलते-फिरते हुए भी कैसी पैनी नजर रखते थे। वे परख लेते थे कि व्यक्ति में क्या-क्या गुण हैं और उसका उपयोग कहाँ किया जा सकता है।

❑

शिक्षा एवं सृजनशीलता के प्रति डॉ. कलाम का अनुकरणीय चिंतन

—श्रीमती उमा प्रसाद

सौभाग्यवश, मुझे भारत के पूर्व राष्ट्रपति डॉ. ए.पी.जे. अब्दुल कलाम से मिलने का प्रथम बार सुअवसर प्राप्त हुआ, जब उन्होंने मेरे पतिदेव लक्ष्मण प्रसाद की नवाचार विषय पर लिखित एक विस्तृत पुस्तक 'मेकिंग इंडिया इन्नोवेटिव' का विमोचन 2 जनवरी, 2001 को विज्ञान भवन, नई दिल्ली में किया। इसके उपरांत मुझे अपने पतिदेव के साथ उनके राष्ट्रपति बनने से पूर्व, राष्ट्रपति के रूप में और राष्ट्रपति पद छोड़ने के उपरांत भी अनेक बार मिलने का सुअवसर प्राप्त हुआ। मुझे नहीं मालूम कि डॉ. कलाम मेरे पतिदेव से क्यों और कैसे प्रभावित हुए, जिससे मिलने-जुलने का सिलसिला लगातार चलता रहा और एक दिन उन्होंने अचानक बगैर किसी पूर्व कार्यक्रम एवं सूचना के हमारे निवास स्थान पर पधारकर समाज में हम सबका मान और सम्मान बढ़ाया, जिसके लिए हमारे पास शब्द नहीं हैं कि हम उनके प्रति किस प्रकार कृतज्ञता ज्ञापित करें। पहली ही भेंट में मैं उनकी सादगी, सद्भावना, शालीनता एवं सौम्यता आदि गुणों से प्रभावित हुए बिना न रह सकी।

वास्तव में, डॉ. कलाम का व्यक्तित्व सम्मोहक एवं बहुपक्षीय था। उनका महत्त्व रामेश्वरम् के अनजान ग्रामीण लड़के से राष्ट्रपति भवन तक की यात्रा तक सीमित नहीं था। वे बचपन से ही मानवीयता तथा आध्यात्मिकता से प्रेरित रहे। उन्होंने अपने जीवन में सपनों को साकार करने का प्रयत्न किया और सफलता ने उनका दामन नहीं छोड़ा। 'मिसाइल पुरुष' नाम से प्रख्यात् डॉ. कलाम सन्

2020 तक भारत को विकसित राष्ट्र का दर्जा दिलाना चाहते थे। वे हमेशा आकाश की ऊँचाइयों तक पहुँचने के इच्छुक थे। शिक्षा के माध्यम से उन्होंने बच्चों के मस्तिष्क को सदैव प्रज्वलित करने का प्रयास करते हुए अंतिम साँस तक अपने लक्ष्य (शिक्षा के मिशन) को जारी रखा।

उनकी पुस्तकों के अध्ययन से पता चलता है कि वास्तव में वे गुणों के भंडार थे। अदम्य साहस के साथ-साथ शालीनता एवं सद्भावना के गुण उनमें कूट-कूटकर भरे थे। वे सरस्वती पूजा के साथ-साथ विज्ञान के प्रति पूर्ण रूप से समर्पित थे। शिक्षा एवं सृजनशीलता के विषय में उनका एक विशिष्ट चिंतन था। मैं पाठकों के साथ इस छोटे से लेख के माध्यम से उनके चिंतन को साझा करना चाहती हूँ और आशा करती हूँ कि यदि हम उनके बताए गए रास्ते पर आगे बढ़ें तो अवश्य ही देश एवं समाज को विशेष लाभ होगा।

डॉ. कलाम का स्पष्ट मत था कि शिक्षा ज्ञान और बुद्धि के रास्ते से गुजरनेवाली एक अनंत यात्रा है। शिक्षा प्रणाली में इस बात पर बल देना चाहिए कि छात्र स्व-प्रेरणा से सीखने योग्य हो जाएँ। वे ऐसी शिक्षा प्रणाली देश में विकसित करना चाहते थे, जिसमें बच्चों के चेहरे पर मुसकान बनी रहे। विद्यालयों में दी जानेवाली शिक्षा जीवन मूल्यों पर आधारित और सोद्देश्य होनी चाहिए तथा माता-पिता और शिक्षकों के सामने घर और विद्यालय दोनों का साझा मिशन होना चाहिए। हम जैसा समाज बनाना चाहते हैं, हमें वैसी ही शिक्षा देनी चाहिए। अभी तक देश ने शिक्षा के माध्यम से जो ज्ञान और जानकारी अर्जित की है, उसको 21वीं सदी में प्रबंधन और मानवीय मूल्यों से जोड़ने की आवश्यकता है। वास्तविक शिक्षा मानवीय गरिमा और व्यक्ति के स्वाभिमान में वृद्धि करती है। उनका स्पष्ट मत था कि शिक्षा-प्रणाली के ऊपर एक बहुत बड़ी जिम्मेदारी है कि वह बच्चों को नेतृत्व प्रदान करनेवाला नागरिक बनाए। 'मदद की चाहत रखनेवाले' की जगह 'मदद के लिए तत्पर व्यक्ति' बनाए तथा शिक्षा का महत्त्वपूर्ण पहलू होना चाहिए कि वह छात्र/छात्राओं में 'हम ऐसा कर सकते हैं' का भाव भर दे।

डॉ. कलाम के जीवन से पता चलता है कि उनको सदैव ही श्रेष्ठ शिक्षक मिले और वे अपनी सफलता का श्रेय प्रमुख रूप से अपने शिक्षकों को ही देते थे। उनका मानना था कि दुनिया में समाज के लिए शिक्षक से अधिक महत्त्वपूर्ण दायित्व किसी अन्य का नहीं है। शिक्षक देश की रीढ़ होते हैं। वे ऐसे स्तंभ होते हैं, जिनके बल पर सभी प्रकार की आकांक्षाएँ साकार होती हैं। शिक्षक की भूमिका उस सीढ़ी जैसी है, जिसके ऊपर लोग जीवन की ऊँचाइयों को छूते हैं, लेकिन

सीढ़ी वहीं-की-वहीं खड़ी रहती है। शिक्षक का जीवन कई दीपों को प्रज्वलित करता है। इसलिए एक अच्छा शिक्षक यथातथ्य योजना बनाकर स्वयं को व अपने छात्र को ज्ञान-प्राप्ति के लिए तैयार करता है। डॉ. कलाम सदैव अपने वार्त्तालापों में जोर देकर कहते थे, ''शिक्षकों का महान् उद्देश्य युवा मस्तिष्कों को तेजस्वी बनाना होना चाहिए तथा देश के सर्वाधिक मेधावी व्यक्तियों को शिक्षक बनना चाहिए, जिससे कि वे अपने संपूर्ण जीवन में अधिक-से-अधिक छात्रों को तेजस्वी बनाकर समाज एवं देश-सेवा में अपनी महती भूमिका निभा सकें।''

शिक्षा के अलावा डॉ. कलाम छात्र व छात्राओं में सृजनशीलता और नवीनता विकसित करने के प्रबल पक्षधर थे। वे कहते थे कि एक तेजस्वी मस्तिष्क इस धरती पर, धरती के नीचे या ऊपर आसमान में सबसे सशक्त संसाधन है। उनका मानना था कि मानव मस्तिष्क की सृजनात्मक और कल्पनाशील क्षमता हमेशा किसी कम्प्यूटर से आगे ही रहेगी। नई खोजों की प्रक्रिया के जरिए ज्ञान धन-संपदा में रूपांतरित होता है और किसी भी देश के राजनीतिक और आर्थिक तंत्र में जान फूँकने में उसकी खोजी प्रवृत्ति संजीवनी बूटी का काम करती है।

डॉ. कलाम विद्यालयों में नवाचारी (इन्नोवेटिव) गतिविधियों के प्रबल समर्थक थे। वे चाहते थे कि विद्यार्थी नई सोच, नवीन दृष्टिकोण आदि द्वारा देश की अनेक सामाजिक एवं आर्थिक समस्याओं का समाधान खोजें। शिक्षा के क्षेत्र से जुड़े देश के सभी शिक्षक एवं कर्णधार इस विषय में गहराई से सोचें और कार्यान्वित करने पर विचार करें। यही हमारी डॉ. कलाम के विचारों के प्रति सच्ची श्रद्धांजलि होगी।

❑

एक देवता के साथ बिताए पाँच वर्ष

–समर मंडल

राष्ट्रपति भवन में डॉ. कलाम के साथ फोटो विभाग में पाँच साल काम करते हुए अनेक स्मरण मुझे याद आ रहे हैं। डॉ. कलाम अपने सभी सहयोगियों के साथ जमकर काम करते थे। मैंने डॉ. कलाम के साथ वर्ष 2002 से वर्ष 2007 तक लगातार काम किया। इन पाँच वर्षों में डॉ. कलाम ने मुझे हमेशा 'मंडलजी' कहकर ही संबोधित किया, जो मेरे लिए हमेशा बहुत रोमांचकारी रहा। राष्ट्रपति के मुँह से अपने लिए सम्मानसूचक शब्द सुनकर किसे अच्छा नहीं लगेगा! वर्ष 2007 में अपने राष्ट्रपति पद के अंतिम दिन डॉ. कलाम के साथ मैं मद्रास स्थित अन्नामलाई यूनिवर्सिटी के कार्यक्रम में भाग लेने के लिए गया था। कार्यक्रम के उपरांत उनके रुकने की व्यवस्था सरकारी सर्किट हाउस में की गई थी। देर रात को अचानक शॉर्ट सर्किट होने से हर तरफ अँधेरा और धुआँ-ही-धुआँ हो गया तथा हर तरफ अफरा-तफरी मच गई। इसे देखकर हमने कलाम साहब से आग्रह किया कि आप राजभवन चलकर विश्राम कर लें। डॉ. कलाम ने कहा, क्योंकि अब मैं राष्ट्रपति नहीं हूँ, इसलिए मेरा राजभवन में रुकना उचित नहीं होगा। यह सुनकर हम सभी उनकी सादगी के और भी कायल हो गए। उनके राष्ट्रपति पद छोड़ने का यह अंतिम दिन था और मैं अपने पिताजी की मृत्यु के बाद उनका अंतिम संस्कार कर वापस लौटा ही था।

नई राष्ट्रपति डॉ. प्रतिभा पाटिल की अगवानी के समय डॉ. कलाम ने जैसे ही मुझे देखा तो वे राष्ट्रपति डॉ. प्रतिभा पाटिल के अभिवादन को छोड़ मेरा हाल-चाल पूछने के लिए लपके और उन्होंने विस्तार से पूछा कि पिताजी की

मृत्यु कैसे हुई और घर में सभी का हाल-चाल पूछा। इसके साथ ही डॉ. प्रतिभा पाटिल ने भी मेरा हाल-चाल पूछा। डॉ. कलाम देर रात तक काम करते थे और अपने अगले दिन के लेक्चर या समारोह आदि की तैयारी करते थे। उनका मुझे व्यक्तिगत निर्देश था कि मंडलजी, आप अपना फोन अपने पास रखकर सोया करें, ताकि मैं आपको कभी भी आवश्यकता पड़ने पर बुला सकूँ। ऐसे ही सर्दी की एक रात में दो बजे उन्होंने मुझे खुद फोन कर बुलाया और मेरे पहुँचते ही उन्होंने मुझे अपनी सीट से उठकर दरवाजे पर मेरा अभिवादन कर मुझे खाने के लिए मूँगफली पेश की और कहा, ''ये मूँगफली आपकी नींद भगाकर पूरी रात काम करने की ऊर्जा प्रदान करेंगी।'' उस रात हर रात की तरह हमने बिना रुके और बिना बोर हुए काम किया।

डॉ. कलाम बहुत ही संवेदनशील थे। एक बार मुंबई यात्रा में तत्कालीन मुख्यमंत्री श्री सुशील कुमार शिंदेजी के सामने ही महाराष्ट्र पुलिस ने मेरे साथ कुछ बदसलूकी की। बावजूद इसके कि मैंने राष्ट्रपति भवन की अधिकृत जैकेट पहन रखी थी। मेरे साथ हाथापायी होते देख डॉ. कलाम उद्वेलित हो गए और उन्होंने चीखकर मुख्यमंत्री को दखल देने के लिए कहा। बाद में स्वयं मुख्यमंत्री ने सुरक्षा व्यवस्था में हुई चूक के लिए खेद प्रकट किया और मेरा कुशलक्षेम भी पूछा।

विकलांग लोगों को लेकर डॉ. कलाम बहुत संवेदनशील थे। राष्ट्रपति भवन में कुछ दृष्टिहीन छात्रों के एक कार्यक्रम के दौरान किसी ने आवाज लगाकर कहा कि अंधे छात्रों को आगे लाएँ, तो डॉ. कलाम प्रोटोकॉल तोड़ते हुए बोले कि ये लोग अंधे नहीं, केवल शारीरिक रूप से अक्षम हैं, इसलिए इनको अंधा न कहें।

डॉ. कलाम प्रकृति-प्रेमी थे और हमेशा कहते थे कि मंडलजी, आप जब कभी उदास या मानसिक रूप से परेशान हों तो मुगल गार्डन में जाकर फोटोग्राफी करें, आपको अच्छा लगेगा और आप तुरंत खुशमिजाज हो जाएँगे। एक दिन उन्होंने अचानक सुबह 6 बजे मुझे याद किया और कहा कि इस मोर को देखो, यह कितना सुंदर नाचता है! यह हर सुबह का मेरा साथी है। क्या तुम इसके अच्छे चित्र ले सकते हो? जब तक मैं घूमकर मुगल गार्डन पहुँचा, वह मोर उड़ चुका था। मैंने आकर डॉ. कलाम को बताया कि वह तो उड़ गया है, तो डॉ. कलाम बिना चिंतित हुए बोले कि तुम कल सुबह भोर 5.30 बजे आकर ही यह काम कर लेना। अगले दिन मैंने सुबह 5 बजे मुगल गार्डन

पहुँचकर उसी मोर के खूब सारे चित्र लिये और चार दिन बाद उन सभी चित्रों का एक सुंदर एल्बम बनाकर जब डॉ. कलाम को भेंट किया, तो उन्होंने मुझे गले लगा लिया। उनके ऐसे छोटे-छोटे संस्मरण आज भी मेरी आँखें नम कर देते हैं। मैंने अनेक राष्ट्रपतियों के साथ काम किया, लेकिन डॉ. कलाम के साथ बिताए मेरे पाँच स्वर्णिम वर्ष मेरे जीवन के मील का पत्थर साबित हुए और मैं डॉ. कलाम के प्रति हमेशा ऋणी रहूँगा कि एक अच्छे इनसान के रूप में विकसित करने में उन्होंने मेरी मदद की।

❑

कलाम : किसी के लिए आशीर्वाद, किसी के लिए जीवनदान

–कौशल

2 नवंबर, 2010 को काका कलाम हमारे विद्यालय के संस्थापक विज्ञानरत्न श्री लक्ष्मण प्रसाद सर के आग्रह पर 'सी.बी. गुप्ता सरस्वती विद्यापीठ, सिंघारपुर' में पधारे थे तो मैंने उनका स्वागत एक लघुनाटक 'ग्रामीण परिवेश' के द्वारा किया था। उस नाटक में मैंने एक ग्रामीण की भूमिका निभाई थी। उस वक्त मेरी उम्र करीब 11 वर्ष थी और मैं कक्षा-6 में अध्ययनरत था। तब मैंने काका कलाम से हाथ मिलाया था और काका कलाम ने खुश होकर मुझे गले से लगा लिया और उन्होंने मुझसे पूछा कि तुम्हें बड़े होकर (पढ़-लिखकर) क्या करना है तो मैंने उन्हें अपना लक्ष्य बताया कि मुझे बड़े होकर आपकी तरह एक विख्यात वैज्ञानिक बनना है, तो उन्होंने मुझसे कहा कि सफलता तुम्हारे कदम चूमे और मेरी शुभकामनाएँ तुम्हारे साथ हैं।''

उसी दिन से विद्यालय में सभी लोग मुझे 'मिनी कलाम' के नाम से बुलाने लगे और आस-पास के क्षेत्र व मेरे गाँव में मुझे 'छोटे कलाम' से जानते हैं।

मेरे परिवार की आर्थिक स्थिति अच्छी नहीं थी। मेरे पिताजी मुझे स्कूल से निकालना चाहते थे, क्योंकि मेरी स्कूल की फीस जमा नहीं हो पाती थी और मेरी पढ़ाई पर भी इसका असर पड़ रहा था। तब मैंने किसी को न बताते हुए अपने विद्यालय के संस्थापक सर को प्रार्थना-पत्र लिखा और अपनी सारी परेशानी बताई तो उन्होंने मुझे अपनी पढ़ाई सुचारु रखने का आश्वासन दिया। मेरी आर्थिक सहायता करने को वह सहर्ष तत्पर हो गए और आज तक मेरी सहायता कर रहे हैं। मैं अपने को बहुत सौभाग्यशाली समझता हूँ कि मुझे ऐसे महान् व्यक्तित्व का

मार्गदर्शन मिला है। मैं आशा करता हूँ ऐसा ही आशीर्वाद मेरे ऊपर सदैव बना रहेगा।

2 अगस्त, 2013 को करीब रात 9 बजे मेरे हृदय में तेज दर्द उठा। पिताजी रात में ही मुझे रूसा मेडिकल सेंटर ले गए, लेकिन वहाँ के डॉक्टरों ने मेरी गंभीर हालत को देखते हुए मुझे जवाहरलाल नेहरू मेडिकल कॉलेज के लिए रेफर कर दिया। वहाँ पर मेरी जाँच हुई तो पता चला कि मेरे हृदय में एक छेद है। वहाँ पर इस बीमारी के विशेषज्ञ न होने के कारण डॉक्टरों ने मुझे नोएडा के लिए रेफर कर दिया।

दूसरे दिन पिताजी मुझे नोएडा के मेट्रो हॉस्पिटल एंड हार्ट इंस्टीट्यूट नामक अस्पताल ले गए और वहाँ भर्ती कर दिया। वहाँ मेरे इलाज की प्रक्रिया शुरू कर दी गई। मेरा लेजर ऑपरेशन किया गया, परंतु वह असफल रहा। आखिरकार सर्जिकल ऑपरेशन होना तय हुआ।

मेरी शारीरिक स्थिति अच्छी नहीं थी और मैं बहुत कमजोर था। मेरे ऑपरेशन के लिए डॉक्टरों ने पिताजी को छह यूनिट ब्लड का इंतजाम करने को कहा। पिताजी बहुत परेशान थे, क्योंकि मेरा ब्लड ग्रुप परिवार के किसी सदस्य से मैच नहीं कर रहा था। तभी मेरे पिताजी हॉस्पिटल के चेयरमैन डॉ. पुरुषोत्तम लाल से मिलने उनके केबिन में पहुँचे, वहाँ उन्होंने एक फोटो देखा, जिसमें डॉ. कलाम डॉ. पुरुषोत्तम लालजी को सम्मानित कर रहे थे। इसे देखकर ऐसा लगा जैसे कि मेरे पिताजी को आशा की किरण दिखाई दे गई हो और उसी समय पिताजी अलीगढ़ मेरे स्कूल के संस्थापक विज्ञानरत्न लक्ष्मण प्रसादजी के पास आए और उन्हें सारी बात बताई तो सर ने वहाँ के चेयरमैन से फोन पर वार्ता की और उन्हें मेरे बारे में बताया तो चेयरमैन साहब ने संस्थापक सर को पूर्ण आश्वासन दिया और कहा कि मेरे पिताजी उनसे आकर मिलें।

संस्थापक सर ने मेरा फोटो, जो कलाम काका के साथ था, उस फोटो को हॉस्पिटल ले जाने को कहा। पिताजी उस फोटो को वहाँ ले गए। उस फोटो को देखकर वहाँ के डॉक्टर बहुत अधिक प्रभावित हुए और उन्होंने मेरे फोटो को अपने ऑफिस में लगा रखा है। आस-पास के लोग भी इससे अत्यंत प्रभावित हुए और करीब 50 लोग ब्लड देने को राजी हो गए। डॉक्टरों ने मेरा इलाज अपने छोटे भाई की तरह किया और वहाँ भी मैं 'मिनी कलाम' के नाम से जाना जाने लगा।

आज भी जब मैं चेकअप के लिए वहाँ जाता हूँ तो वहाँ के डॉक्टर, नर्स आदि मुझे 'मिनी कलाम' कहकर पुकारते हैं। वे सभी मुझे आइसक्रीम, चॉकलेट आदि खिलाते हैं और बहुत प्यार करते हैं।

संस्थापक सर के नेतृत्व में 'काका कलाम' मुझे नया जीवन दे गए। मैं संस्थापक सर का भी आभारी हूँ, जो मुझे सदैव प्रेरित करते रहे और उनका बहुमूल्य मार्गदर्शन मुझे प्राप्त हुआ। जब 'कलाम काका' का निधन हुआ तो पूरे विश्व में मायूसी छा गई। कौन कहता है कि कलाम काका आज जीवित नहीं हैं? वे शारीरिक रूप से हमारे बीच मौजूद नहीं हैं, परंतु उनके विचार आज भी हमारे बीच मौजूद हैं। काका कलाम के सद्‌विचार, उनकी प्रेरणा अमर हैं।

जब तक सूरज-चाँद रहेगा...
कलाम काका का नाम रहेगा, नाम रहेगा, नाम रहेगा।

❑

इंडिया 2020 के स्वप्नद्रष्टा

–प्रेमचंद्र श्रीवास्तव

कुछ वर्षों पूर्व डॉ. ए.पी.जे. कलाम के खींचे गए एक छायाचित्र में उन्हें एक ओर कार्ल सागां की पुस्तक 'द डेमन हॉन्टेड वर्ल्ड' और दूसरी ओर श्री अरविंद की 'द लाइफ डिवाइन' के मध्य अत्यंत शांत, किंतु भविष्य की ओर भेदक दृष्टि से निहारते हुए एक सौम्य तपस्वी की सी मुद्रा में देखा। पृष्ठभूमि में हैं बुद्ध, नटराज और सरस्वती के मूर्ति शिल्प तथा एक वीणा। ऐसा प्रतीत हुआ कि डॉ. कलाम के पूरे व्यक्तित्व को ही यह चित्र रेखांकित कर रहा है। एक पुस्तक अंतरिक्ष के रहस्यों को सुलझानेवाले विज्ञानी की और दूसरी अध्यात्म के ब्रह्मानंद में डूबे दार्शनिक की, दोनों की ही कृतियाँ डॉ. कलाम के व्यक्तित्व को सँवारती और प्रेरित करती हैं। सरस्वती से विद्या-बुद्धि, शिव से लोकमंगल की इच्छा और परमशक्ति तथा बुद्ध से अपरिग्रह और मध्यमार्ग का संतुलन पाकर डॉ. ए.पी.जे. अब्दुल कलाम ने अपने भारत देश को 2020 तक विश्व का महानतम विकसित देश बनाने का एक अद्‍भुत स्वप्न देख डाला। ऐसा स्वप्न, जो उनके जैसा सादा जीवन जीनेवाला और कल्पना की उड़ानों में आकाश और अंतरिक्ष तक उड़ने वाला कर्मठ और प्रतिभावान उच्च कोटि का विज्ञानी ही देख सकता है। जिनके पास कल्पना है, योजनाएँ हैं, मेधा है, कर्मठ परिश्रम है और अबाध्य लगन है, ऐसे व्यक्ति के लिए स्वप्नों को मूर्त रूप देने में असंभव क्या है ?

भारतीय रॉकेट युग के प्रारंभिक चरण की प्रेरणा और प्रोत्साहन डॉ. कलाम की दृष्टि में प्रधानमंत्री पं. जवाहरलाल नेहरू तथा डॉ. विक्रम साराभाई जैसे विश्वविख्यात विज्ञानी रहे हैं। तत्कालीन सरकारी नीतियों को इस तरह के कार्यों के लिए सहानुभूतिपूर्ण बनाकर ही देश के विकास की दिशा में एक लंबी छलाँग

संभव हो सकी थी। अंतरिक्ष विज्ञान में व्यापक शोध परियोजनाएँ बनाईं और कार्यान्वित की जाने लगीं। राकेट ईंधन, प्रक्षेपण संयंत्र, एअरोनॉटिक्स, एअरोस्पेस सामग्री, नियंत्रण केंद्रों का विकास आदि इस दिशा से संबंधित अनेक कार्यक्रमों ने गति पकड़ ली। यह सच है कि दूसरे विकसित देशों की ओर से ऐसे कार्यक्रम भारत में विकसित किए जाने का दबा-छिपा विरोध भी हो रहा था और साथ ही देश के राजनीतिक क्षेत्रों से भी रास्ते में आनेवाली बाधाओं और असफलताओं के कारण आलोचना झेलनी पड़ती थी, पर इन सबकी परवाह न कर डॉ. साराभाई की सहमति और सहयोग डॉ. कलाम को सदैव आगे बढ़ाते रहे। अन्य देश इस कार्यक्रम से संबंधित किसी भी प्रकार की सामग्री एवं तकनीकी सहायता देने में पूरा असहयोग कर रहे थे। इस कार्य को पूर्णत: भारतीय वैज्ञानिकों द्वारा संपन्न किया जाता था। वास्तविक भारतीय अंतरिक्ष सफलता का प्रारंभ रोहिणी रॉकेटों के परीक्षणों से हुआ। 1967 के 20 नवंबर को प्रथम रोहिणी-75 रॉकेट छोड़ा गया। ये रॉकेट वायुमंडल के ऊपरी क्षेत्रों सहित पृथ्वी के आस-पास के वातावरण का अध्ययन करके सूचनाएँ भेजते थे। ये रॉकेट किसी ऊँचाई तक कुछ भार ले जाने में तो समर्थ थे, पर उसे किसी कक्षा में स्थापित नहीं कर सकते थे। रोहिणी-75 के 1967 में छोड़े जाने के कुछ समय बाद 1968 में भारतीय रॉकेट सोसाइटी का गठन हुआ। अब तक भारत के स्वदेशी उपग्रह छोड़ने की योजना बन चुकी थी। इसके लिए चेन्नई से 100 किमी. दूर पूर्वी तट पर श्रीहरिकोटा नामक द्वीप को प्रक्षेपण स्थल के रूप में चुना गया। इससे पूर्व 1962 और 1965 के युद्धों के अनुभव से भारत को रक्षा प्रणाली में आत्मनिर्भर होने की कड़वी सीख मिल चुकी थी। इस संबंध में रॉटो परियोजना (रॉकेट असिस्टेड टेक ऑफ सिस्टम) पर तेजी से कार्य हो रहा था। 1972 में बरेली के एयर फोर्स स्टेशन पर इस प्रणाली का सफलतापूर्वक परीक्षण हुआ। इस परीक्षण में रूसी सुखोई विमान की भी सहायता ली गई। इस बीच रक्षा मंत्रालय ने मिसाइल कार्यक्रम को अनुमति दे दी थी। जब रक्षा अनुसंधान विभाग ने जमीन से हवा में मार करनेवाली स्वदेशी मिसाइल को विकसित करने की 'डेविल' नामक परियोजना प्रारंभ की, तब कलाम भी उसके अंग थे। यद्यपि आगे चलकर इस परियोजना में उनका सहयोग कार्य व्यस्तताओं के कारण कम होता गया। 1975 से 1978 के मध्य भारत ने अंतरिक्ष विज्ञान के विकास की दिशा में तीव्रता से कदम बढ़ाए। जैसा कि पहले ही कहा गया कि एस.एल.वी. परियोजना का प्रमुख बनाया जाना डॉ. अब्दुल कलाम की एक बड़ी उपलब्धि थी।

रोहिणी रॉकेट प्रमुखतः अध्ययन रॉकेट होने के कारण एस.एल.वी. की महत्त्वपूर्ण भूमिका थी। अनेक वर्षों के कड़े परिश्रम और प्रयासों के बाद जब 10 अगस्त, 1979 को एस.एल.वी.-3 को श्रीहरिकोटा से प्रक्षेपित किया गया तो प्रारंभिक चरण के सफलतापूर्वक संपन्न हो जाने के बाद भी सारा रॉकेट द्वितीय चरण में मात्र 317 सेकंड की उड़ान भरकर श्रीहरिकोटा से कुछ सौ किमी. दूर समुद्र में समा गया। यह असफलता बहुत कष्टदायक थी, किंतु असफलता की पीड़ा को परे हटाकर और गलतियों से सीख लेकर डॉ. कलाम आगे बढ़ गए। अंततः अपने लक्ष्य में सफल हो एस.एल.वी.-3 ने 18 जुलाई, 1980 को पहली असफलता के लगभग एक वर्ष पश्चात् श्रीहरिकोटा से सफल उड़ान भरी। तत्कालीन प्रधानमंत्री श्रीमती इंदिरा गांधी ने स्वयं उन्हें बुलाकर उनसे भेंट की। इसके बाद शीघ्र ही उसी वर्ष रोहिणी उपग्रह पृथ्वी का चक्कर लगाने लगा। उपग्रह प्रक्षेपण की क्षमता ने देश की शक्ति को पुष्ट कर उसे विशिष्ट देशों की श्रेणी में ला खड़ा किया था। 31 मई, 1981 को एस.एल.वी.-3 ने पुनः सफल उड़ान भरी।

वैज्ञानिक समुदाय इन सफलताओं से उत्साहित था। इस क्षेत्र में डॉ. विक्रम साराभाई के उत्तराधिकारी डॉ. राजा रामन्ना ने डॉ. कलाम को रक्षा अनुसंधान की दिशा में आमंत्रित कर गाइडेड मिसाइल निर्माण करने का कार्यभार सौंपा। डॉ. कलाम इसरो से रक्षा अनुसंधान विभाग में डॉ. सतीश धवन की सहायता से स्थानांतरित हो गए। अब वे रक्षा अनुसंधान और विकास संस्थान (DRDO) में एकीकृत निर्दिष्ट प्रक्षेपास्त्र विकास परियोजना (GMDP) में नियोजित किए गए। यह पाँच अस्त्र प्रणालियों को विकसित करने की परियोजना थी। इसमें धरती से धरती पर मार करनेवाला 'पृथ्वी' नामक प्रक्षेपास्त्र, धरती से हवा में मार करने वाला 'आकाश' नामक प्रक्षेपास्त्र, टैंकभेदी 'नाग' नामक प्रक्षेपास्त्र, पुनः प्रवेश प्रयोगी 'अग्नि' नामक प्रक्षेपास्त्र और टेक्निकल कोर व्हीलर 'त्रिशूल' की योजना सम्मिलित थी। औपचारिक स्तर पर 27 जुलाई, 1983 को इन योजनाओं पर कार्य प्रारंभ किया गया।

इस कार्यक्रम के अंतर्गत हर प्रक्षेपास्त्र की योजना के लिए एक अलग व्यक्ति को कार्यभार सौंपा गया। केवल यही नहीं, जहाँ 'पृथ्वी' के लिए कर्नल सुंदरम, 'त्रिशूल' के लिए कमांडर मोहन, 'अग्नि' के लिए आर.एन. अग्रवाल, 'आकाश' के लिए श्री प्रहलाद और 'नाग' के लिए एम. आर. अय्यर की नियुक्ति की गई, वहीं देश के विभिन्न शिक्षण संस्थानों के युवा अभियंताओं की प्रतिभा का उपयोग भी इस कार्यक्रम में किया गया। 'पृथ्वी' के निर्माण में जादवपुर विश्वविद्यालय

के डॉ. घोषाल और सहयोगी, 'आकाश' के लिए बंगलौर के इंडियन इंस्टीट्यूट ऑफ साइंस के सॉफ्टवेयर निर्माता, 'अग्नि' के लिए आई.आई.टी. मद्रास के युवा अभियंता और 'नाग' के लिए हैदराबाद स्थित उस्मानिया विश्वविद्यालय के विज्ञानियों ने दिन-रात जुटकर अपना पूर्ण सहयोग दिया। इन सभी कार्यदलों के कार्यों का सतत निरीक्षण करते रहना डॉ. अब्दुल कलाम का दायित्व भी था और चुनौती भी। 'आकाश' नामक प्रक्षेपास्त्र में प्रयुक्त होनेवाले फेराइट फेज शिफ्टर का निर्माण करके आई.आई.टी. दिल्ली की प्रो. भारती भट्ट ने तो इस तकनीक पर अब तक के विदेशी एकाधिकार को ही समाप्त कर दिया। सारे देश की लगभग 30 प्रयोगशालाएँ और 12 शैक्षिक संस्थाएँ इस कार्य में सहयोग देकर भारत को आत्मनिर्भरता और आत्मगौरव से परिपूर्ण करने को कटिबद्ध थीं। इसी बीच पुराने 'डेविल' नामक प्रक्षेपास्त्र के परिवर्तित रूप को 26 जून, 1984 को छोड़ा गया। इस कदम की सफलता प्रक्षेपास्त्रों की परियोजना के लिए बहुत उत्साहवर्द्धक थी। इस परियोजना के प्रथम अस्त्र—'त्रिशूल'—का प्रथम परीक्षण भी एक वर्ष कुछ माह बाद 16 सितंबर, 1985 को किया गया। इस बीच इस योजना को श्रीमती इंदिरा गांधी की असामयिक मृत्यु के रूप में गहरा आघात लगा, किंतु डॉ. कलाम के नेतृत्व में योजना आगे चलती रही। 1985 में 'लक्ष्य' नामक पायलटरहित विमान की उड़ान का भी सफल परीक्षण हुआ। 'पृथ्वी' के रूप में इस क्रम के अगले परीक्षण ने देश को तो गौरवान्वित किया, किंतु विदेशों में हलचल मचा दी। 25 फरवरी, 1988 को 'पृथ्वी' को सफलतापूर्वक छोड़ा गया। इसकी विशेषता थी—1000 किलो तक के बमों को वहन करने की क्षमता और साथ ही 150 किमी. तक मार कर सकने का अद्‍भुत सामर्थ्य। यह जमीन-से-जमीन पर मार के लिए तो उपयोगी था ही, इसे जमीन से हवा में मार तथा पानी के जहाज से मार के उपयुक्त भी पाया गया। जैसा कि पहले ही कहा गया है कि इस सफलता से विकसित देशों का दबाव बढ़ने लगा। इस कार्यक्रम को स्थगित करने के लिए कई प्रकार के असहयोग द्वारा हमको विमुख करने के प्रयास किए गए, किंतु भारत को तो इससे भी आगे बढ़कर अब 'अग्नि' का परीक्षण करना था।

'अग्नि' के प्रक्षेपण के लिए 20 अप्रैल, 1989 की तिथि नियत की गई, किंतु उड़ान का समय निकट आने पर कुछ-कुछ अड़चनें आने लगीं। नियंत्रण करनेवाले कम्प्यूटर ने गड़बड़ियों के संकेत देना प्रारंभ कर दिया। कलाम और उनका दल निराश तो हुआ, पर हतोत्साहित नहीं। 1 मई की निश्चित की गई दूसरी तिथि भी व्यर्थ चली गई। इस बार समुद्री मौसम ने रंग बदल लिये। सारा देश और

स्वयं रक्षामंत्री इस देर से बहुत व्यग्र थे। यह डॉ. कलाम के भी धैर्य और संयम के परीक्षण की घड़ी थी, पर सफलता तो पहले ही उनकी जीवनसंगिनी बन चुकी थी। 22 मई, 1989 को 'अग्नि' नामक कलाम द्वारा अभिकल्पित प्रक्षेपास्त्र ने सफलतापूर्वक उड़ान भरी। देश की सुरक्षा शृंखला की यह एक और शक्तिशाली कड़ी थी। देश ने अपनी कृतज्ञता ज्ञापित करते हुए 1990 के गणतंत्र दिवस पर डॉ. कलाम को 'पद्मविभूषण' के सर्वोच्च पद्म सम्मान से अलंकृत किया। सम्मानों से अविचलित डॉ. कलाम अपनी दूसरी योजनाओं के कार्य में दुगुनी उमंग से जुट गए। 1990 में टैंकभेदी 'नाग' प्रक्षेपास्त्र का सफल परीक्षण करके 'मिसाइलमैन' डॉ. कलाम ने अपने उपनाम को सार्थक किया। 1991 के खाड़ी युद्ध के पश्चात् यह भी अनुभव किया गया कि हमारे ये देशी 'पृथ्वी' और 'आकाश' नामक प्रक्षेपास्त्र विदेशी 'पेट्रियट' और 'स्कड' प्रक्षेपास्त्रों की तुलना में बेहतर हैं। 'अग्नि' के संशोधित रूप का परीक्षण पुनः फरवरी 1994 में किया गया। इसकी मार की अधिकतम सीमा 2500 किमी. तक थी। एक अन्य विशेषता इसके साथ यह जुड़ गई कि इसे आवश्यकतानुसार अंतरमहाद्वीपीय प्रक्षेपास्त्र (ICBM) में परिवर्तित किया जा सकता था। आज 'पृथ्वी' सफलतापूर्वक भारतीय सैन्य शक्ति को संपुष्ट कर रहा है।

1998 में पोखरण में किए गए परमाणु बम परीक्षणों की सफलता तो सर्वविदित है। एक के बाद एक पाँच बड़े परमाणु बम परीक्षणों की संपूर्ण योजना डॉ. अब्दुल कलाम के निर्देशन में रूप ले रही थी। अत्यंत गुप्त रूप से किए गए इन परीक्षणों ने सारे विश्व को स्तंभित कर दिया था। डॉ. कलाम ने समय-समय पर निजी उद्योग जगत् को भी अपने महत्त्वपूर्ण परामर्शों और तकनीकी सहायता से लाभान्वित किया। यह उनकी इस मान्यता का सुफल है कि अंतरिक्ष विज्ञान की तकनीकी का लाभ सामान्य मनुष्यों तक भी पहुँचना चाहिए। 'सोसाइटी फॉर बायोमेडिकल टेक्नोलॉजी' की सहायता से बना हृदय रोगियों को लगाया जानेवाला 'कलाम-राजू स्टेंट' इसका प्रत्यक्ष उदाहरण है। विकलांग बच्चों के लिए उन्होंने वजन में हलके 'फरो कैलिपर्स' (फ्लोर रिएक्शन आर्थोसिस—F.R.O.)का भी निर्माण करवाया। ये प्रक्षेपास्त्र प्रौद्योगिकी की देन और चिकित्सा के क्षेत्र की बड़ी सफलताएँ हैं।

द्वितीय पोखरण परीक्षण के पूर्व 1997 में ही देश ने अपने इस प्रिय सपूत को 'भारतरत्न' से अलंकृत कर अपना गौरव बढ़ाया था। लगभग 25 विश्वविद्यालयों और शिक्षा संस्थानों से मानद डी.एस-सी, नेशनल नेहरू पुरस्कार, नेशनल

डिजाइन पुरस्कार, वाई. नायुडम्मा स्मृति स्वर्ण पदक, जी.एम. मोदी विज्ञान पुरस्कार, राष्ट्रीय एकीकरण के लिए इंदिरा गांधी पुरस्कार तथा वीर सावरकर पुरस्कार जैसे डॉ. कलाम के सम्मानों की एक लंबी सूची है, किंतु सर्वोच्च सम्मान है देश के उच्चतम पद पर उनको पदारूढ़ किया जाना। पहली बार देश ने राजनीति नहीं, प्रतिभा का सम्मान करके एक उच्च कोटि के वैज्ञानिक को देश का राष्ट्रपति बनाया। उनकी लोकप्रियता इसी से स्पष्ट है कि एक को छोड़कर देश की सभी पार्टियाँ उनके पक्ष थीं।

राष्ट्रपति काल में शिक्षा, तकनीकी और विज्ञान के क्षेत्र में उनके कार्यों के फलस्वरूप आज वे देश के सर्वाधिक सफल राष्ट्रपति के रूप में सराहे जाते हैं। प्रक्षेपास्त्र कार्यक्रमों के बाद 1991 में उनकी अवकाश-प्राप्ति के समय कलाम को सरकार ने अवकाश नहीं लेने दिया। वे अगले दस वर्षों तक रक्षामंत्री के वैज्ञानिक सलाहकार और रक्षा अनुसंधान विभाग में सचिव के रूप में कार्यरत रहे। इसी बीच वे टेक्नोलॉजी इन्फार्मेशन फोरकास्टिंग एंड एसेसमेंट काउंसिल के भी अध्यक्ष रहे, जिसमें उन्हें 'टेक्नोलॉजी विजन-2020' नामक महत्त्वपूर्ण रिपोर्ट को तैयार करने का अवसर मिला। यह रिपोर्ट निकट भविष्य के भारत के विकास की प्रगतिशील और महत्त्वाकांक्षी योजनाओं का दस्तावेज है। 2001 से 2002 के मध्य अवकाश ग्रहण कर डॉ. कलाम ने चेन्नई के एक विश्वविद्यालय में अध्यापन कार्य भी शुरू कर दिया था, किंतु 2001 में राष्ट्रपति के पद पर बैठकर डॉ. कलाम का कार्यक्षेत्र दूसरी दिशाओं की ओर केंद्रित हो गया। राष्ट्रपति के रूप में उनकी सक्रियता का अनुमान इन्हीं तथ्यों से लगाया जा सकता है कि अपने कार्यकाल के प्रथम वर्ष में ही डॉ. अब्दुल कलाम ने जितने प्रांतों और स्थानों का भ्रमण किया उतना उनके पूर्व राष्ट्रपति पाँच वर्षों में भी नहीं कर सके। डॉ. कलाम ने अपनी 75 वर्ष की आयु की थकान को नकारते हुए जिस ऊर्जा और स्फूर्ति का प्रदर्शन किया है, उससे बड़े-बड़े आश्चर्यचकित रह जाते हैं। देश के प्रति प्रेम, उसके भविष्य के प्रति जागरूकता और देशवासियों के प्रति अटूट निष्ठा ही उनकी अमानवीय कार्यक्षमता का अंतहीन स्रोत रहे हैं।

बच्चों को सच्चे अर्थों में देश का भविष्य मानते हुए उन्होंने कई लाख बच्चों से मिलकर विचारों का आदान-प्रदान किया। इनसे उन्हें सचमुच नए विचारों और कल्पनाओं के सूत्र तो मिलते ही थे, उन बालकों की बातों को वे कितनी गंभीरता से लेते थे, इसका प्रमाण यही है कि वे रोज स्वयं 100 से अधिक बच्चों की इ-मेल का उत्तर देते थे। बच्चों के प्रति इस लगाव के कारण ही उन्होंने अपनी

पुस्तक 'इंडिया 2020' और 'इग्नाइटेड माइण्ड्स' स्नेह ठक्कर नामक एक ऐसी बच्ची के नाम समर्पित की है, जिसने बच्चों की एक बैठक में देश का सबसे बड़ा दुश्मन 'गरीबी' को और अपनी 'सर्वोच्च इच्छा'—'एक विकसित भारत' में रहना बताया था । देश ही नहीं, विदेशों में भी डॉ. कलाम आज अत्यंत सम्माननीय नाम है। स्विट्जरलैंड सरकार ने तो राष्ट्रपति डॉ. अब्दुल कलाम के सम्मान में 26 मई, 2005 को 'विज्ञान दिवस' घोषित किया।

सन् 2003 के स्वतंत्रता दिवस की पूर्वसंध्या पर दिए गए अपने राष्ट्र के नाम संदेश में उन्होंने ईश्वर से प्रार्थना की, ''हे ईश्वर, मेरे देशवासियों पर कृपा करें कि वे मेहनती बनें और मेरे देश को एक दशक में समृद्ध राष्ट्र में परिवर्तित कर दें।'' देश की प्रगति के प्रति मन, वचन और कर्म से समर्पित व्यक्ति ही इस प्रकार की निर्लिप्त प्रार्थना कर सकता है। ऐसे महान् वैज्ञानिक का संपूर्ण जीवन ऋषितुल्य तेजस्विता, आत्मसंयम और सादगी से भरा रहा है। नैतिकता, आध्यात्मिकता, शालीनता और कर्मयोग उनके जीवनयज्ञ के संचालक मंत्र रहे हैं। अपनी आत्मकथा—'अग्नि की उड़ान'—में उन्होंने अत्यंत विनम्रता भरे शब्दों में स्वयं को ईश्वर की सृष्टि का एक कण बताया है, जिसमें प्रत्येक (कण) को कुछ-न-कुछ करने के लिए ही परवरदिगार ने बनाया है, उन्हीं में से मैं भी हूँ। उसकी मदद से मैंने जो कुछ भी हासिल किया है, वह उसकी इच्छा की अभिव्यक्ति ही तो है। जब 27 जुलाई, 2015 की रात को अचानक दूरदर्शन पर उनके हृदयाघात से आकस्मिक निधन का समाचार प्रसारित हुआ तो समस्त देश स्तब्ध और हतवाक् रह गया। जीवन में एक पल भी व्यर्थ न गँवानेवाले अपने निरंतर कर्मठ जीवन के अनुरूप ही भारत के 11वें राष्ट्रपति डॉ. ए.पी.जे. अब्दुल कलाम साहब ने शिलांग के भारतीय प्रबंधन संस्थान में भाषण देते हुए भीषण हृदयाघात के कारण अपने प्राण त्याग दिए। 27 जुलाई की शाम 7:45 पर हुई इस हृदय विदारक घटना से संपूर्ण देश एक कभी न मिट सकनेवाली अपूरणीय क्षति के शोक में डूब गया। उनके स्वर्गवास को देश के लिए एक महाविपत्ति की संज्ञा दी जा सकती है। कलाम जैसे यशस्वी, मेधावी और फिर भी सरलतम से भी सरल व्यक्ति सदियों में एक बार जन्म लेते हैं। कलाम साहब के अंतिम डेढ़ दशकों तक उनके निरंतर सहयोगी और निजी सहायक रहे युवा श्री सृजन पाल सिंह ने उनके मृत्युपरांत अपने हृदयोद्गारों को व्यक्त करते हुए उनके सान्निध्य के कुछ अमूल्य क्षणों के विषय में एक संस्मरण में लिखा है—एक बार हवाई जहाज से यात्रा करते समय उनसे कलाम साहब ने पूछा, ''तुम क्या बनना चाहते हो?'' सृजन

पाल सिंह उनके प्रश्न का कोई उत्तर न देकर उलटे उनसे ही कह बैठे कि पहले आप मेरे प्रश्न का उत्तर दीजिए, "आप अपने जाने के बाद अपने आप को क्या कहलाना पसंद करेंगे? राष्ट्रपति, मिसाइलमैन, वैज्ञानिक या दार्शनिक?" सृजन पाल सिंह ने उन्हें यह विकल्प इसलिए सुझाए थे कि कलाम साहब को उत्तर देना आसान हो जाए, परंतु कलाम साहब ने जो उत्तर दिया, वह बिल्कुल अनपेक्षित था। उनका जवाब था, "एक शिक्षक।" शिक्षण के संबंध में आज की हमारी सोच के अनुसार तो कलाम साहब ने अवकाश ग्रहण के बाद बहुत ही थोड़े समय तक विश्वविद्यालय शिक्षण का कार्य किया था, किंतु सच्चे अर्थों में वे जीवन भर एक अत्यंत संवेदनशील और सफल शिक्षक की भूमिका में बने रहे, जिसने सदैव अपने कार्यस्थल पर अपने सहयोगियों और उनके अतिरिक्त निरंतर देश के लाखों बालक-बालिकाओं के ग्रहणशील मनों को प्रेरित और प्रदीप्त करने का अद्‌भुत और अतुलनीय कार्य किया।

वर्ष 2013 में विज्ञान परिषद् प्रयाग के शताब्दी वर्ष के उद्‌घाटन के अवसर पर कृपा कर पधारे डॉ. ए.पी.जे. अब्दुल कलाम ने एक बहुत सारगर्भित और प्रेरणास्पद व्याख्यान दिया था। इस दुर्लभ अवसर पर उन्होंने परिषद् के कुछ लेखकों की जिन पुस्तकों का विमोचन किया था, उनमें मेरी (प्रेमचंद्र श्रीवास्तव) 'वनस्पति विज्ञानी : डॉ. जगदीश चंद्र बोस' नामक पुस्तक भी थी। विमोचन के पश्चात् सहृदय डॉ. कलाम तथा तत्कालीन वैज्ञानिक सलाहकार डॉ. चिदंबरम ने उस पुस्तक पर जो अपने अमूल्य हस्ताक्षर प्रदान किए, वे मेरे लेखकीय जीवन का सबसे बड़ा पुरस्कार हैं।

डॉ. कलाम को भारत के भविष्य के प्रति जितनी चिंता और जितनी उत्कंठा थी, उसी अनुपात में वे देश के युवाओं और बच्चों से मानसिक स्तर पर जुड़े हुए थे। उन्होंने स्वयं लिखा है, "एक महत्त्वपूर्ण फैसला लेते हुए मैंने तय किया कि मैं भारत की सच्ची तसवीर को यहाँ के बच्चों में तलाशूँगा। निर्णय के उस क्षण में मेरा अपना कार्य और स्वयं मैं मानो पृष्ठभूमि में चले गए। मेरा वैज्ञानिक कॅरियर, मेरी टीम, मेरा पुरस्कार—सबके सब गौण हो गए। मैंने उस शाश्वत मेधा का अंश बनने की ठानी, जो स्वयं भारत है।" युवाओं के प्रति उनकी सोच को अपनी पूर्णता में व्यक्त करनेवाली उनकी पुस्तक 'तेजस्वी मन' (अंग्रेजी की मूल पुस्तक 'द इग्नाइटेड माइंड्स' का हिंदी अनुवाद) 'ज्ञान का दीपक' जलाए रखने के उनके शाश्वत स्वप्न का एक सार्थक दस्तावेज है।

डॉ. कलाम जीवन भर यह मानते रहे कि कठिनाइयों और संकटों के माध्यम

से ईश्वर हमें आगे बढ़ने का अवसर प्रदान करता है। डॉ. कलाम जैसे लोगों के केवल नश्वर शरीर समाप्त होते हैं, उनके सत्कर्मों की स्मृति सदियों-सदियों तक अक्षुण्ण रहती है। सन् 2020 तक देश को एक संपूर्ण विकसित राष्ट्र बनाने का स्वप्न देखनेवाले और कर्मयोगी संत का जीवन जीनेवाले वैज्ञानिक, दार्शनिक महामानव डॉ. कलाम का जीवन देश की भावी पीढ़ी के लिए सदैव एक प्रेरक ज्योति-स्तंभ बना रहेगा।

शिक्षा के अलावा डॉ. कलाम छात्र व छात्राओं में सृजनशीलता और नवीनता विकसित करने के प्रबल पक्षधर थे। वे कहते थे कि एक तेजस्वी मस्तिष्क इस धरती पर, धरती के नीचे या ऊपर आसमान में सबसे सशक्त संसाधन है। उनका मानना था कि मानव मस्तिष्क की सृजनात्मक और कल्पनाशील क्षमता हमेशा किसी कम्प्यूटर से आगे ही रहेगी। नई खोजों की प्रक्रिया के जरिए ज्ञान धन-संपदा में रूपांतरित होता है और किसी भी देश के राजनीतिक और आर्थिक तंत्र में जान फूँकने में उसकी खोजी प्रवृत्ति संजीवनी बूटी का काम करती है।

डॉ. कलाम विद्यालयों में नवाचारी (इन्नोवेटिव) गतिविधियों के प्रबल समर्थक थे। वे चाहते थे कि विद्यार्थी नई सोच, नवीन दृष्टिकोण आदि द्वारा देश की अनेक सामाजिक एवं आर्थिक समस्याओं का समाधान खोजें। शिक्षा के क्षेत्र से जुड़े देश के सभी शिक्षक एवं कर्णधार इस विषय में गहराई से सोचें और कार्यान्वित करने पर विचार करें। यही हमारी डॉ. कलाम के विचारों के प्रति सच्ची श्रद्धांजलि होगी।

❑

अनूठे प्रेरक-काका कलाम

-डॉ. सत्येन्द्र कुमार सिंह

भूतपूर्व राष्ट्रपति एवं सुविख्यात वैज्ञानिक डॉ. अबुल पाकिर जैनुअलआबदीन अब्दुल कलाम एक अनूठे व्यक्तित्व के स्वामी थे। उन्होंने अपने जीवन में अथक परिश्रम व लगन के साथ महत्त्वपूर्ण उपलब्धियाँ तो हासिल की ही, साथ ही देश के नागरिकों, विशेषतौर से बच्चों और युवाओं को मार्गदर्शन और प्रेरणा भी दी। इस महत्त्वपूर्ण कार्य को उन्होंने जीवन के लक्ष्य के रूप में अपनाया तथा जीवन के अंतिम क्षण तक उसको पूरा करने का प्रयास किया। जब भी अवसर मिलता था, वे अपना समय बच्चों के बीच बिताते थे और इस कार्य से बेहद प्रसन्न रहते थे। देश भर में 10 से 17 वर्ष के बच्चों के मध्य आयोजित अपनी तरह के अनूठे कार्यक्रम राष्ट्रीय बाल विज्ञान कांग्रेस से कदाचित् इसी कारण उन्हें गहरा लगाव था। उल्लेखनीय है कि राष्ट्रीय बाल विज्ञान कांग्रेस का उद्देश्य—बच्चों की नैसर्गिक जिज्ञासा एवं सृजनात्मकता को विकसित करने का अवसर प्रदान करना, विज्ञान सीखने एवं उसके उपयोग की प्रक्रिया को आस-पास के परिवेश से जोड़ना, बच्चों को अपने राष्ट्र के प्रति सार्थक सपने सँजोने और उन्हें साकार करने हेतु प्रोत्साहित करना, उनकी वैज्ञानिक संचेतना को झकझोरना तथा विज्ञान विधि-अवलोकन, सर्वेक्षण, प्रयोग, आँकड़ों का संग्रहण और उनके विश्लेषण के पश्चात् कार्ययोजना के तहत परिणाम तक पहुँचने की प्रवृत्ति विकसित करना, अपने परिवेश में उपलब्ध ज्ञान के आधार पर शैक्षिक प्रक्रिया विकसित करना तथा जन-जन में वैज्ञानिक दृष्टिकोण विकसित करना है। इन्हीं उद्देश्यों की प्राप्ति के लिए वे अपने परिवेश के लिए उपयुक्त शीर्षक चुनते हैं और अपनी टीम के साथ

नवाचारयुक्त, सादगीयुक्त व व्यावहारिक प्रोजेक्ट/लघु शोध-पत्र तैयार करते हैं, जिनमें दैनिक जीवन से जुड़े सवालों का उत्तर खोजते हैं। स्थानीय क्षेत्रों से जुड़े चयनित शीर्षक के आधार पर वे आँकड़े एकत्र करते हैं तथा निष्कर्ष पर पहुँचकर समस्याओं का समाधान खोजते हैं। इसमें उनका समाज से सीधा संबंध रहता है, जिसमें फालोअप भी करना होता है।

कदाचित् इन्हीं बातों से प्रभावित होकर डॉ. ए.पी.जे. अब्दुल कलाम ने राष्ट्रीय बाल विज्ञान कांग्रेस (राबाविकां) के माध्यम से बाल विज्ञानियों के साथ गहरा संबंध स्थापित किया था। इस कार्यक्रम के क्षेत्रीय, राज्य स्तरीय व राष्ट्रीय स्तर के कार्य में पधारने के अनुरोध वे सहर्ष स्वीकार कर लेते थे और अपने व्यस्ततम समय में से समय निकालकर बच्चों के बीच आते थे।

बच्चों में भरते थे जोश और जुनून

डॉ. कलाम जब बाल विज्ञानियों को संबोधित करते थे तो उनमें जोश भर देते थे, उनमें कुछ नया कर गुजरने का जुनून पैदा कर देते थे। 27 दिसंबर, 2006 को सिक्किम इंस्टीट्यूट ऑफ टेक्नोलॉजी माजीटार (सिक्किम) में राष्ट्रपति के रूप में बाल विज्ञानियों को संबोधित करते हुए डॉ. कलाम ने कहा था कि सुंदर पर्यावरण में ही सुंदर मस्तिष्क विकसित होता है, सुंदर मस्तिष्क में सृजनात्मकता आती है। सृजनात्मकता महत्त्वपूर्ण प्रश्नों को जन्म देती है और महत्त्वपूर्ण प्रश्नों से बहुत सारे वैज्ञानिक आविष्कार होते हैं। उन्होंने बाल विज्ञानियों को प्रोत्साहित करते हुए कहा कि वे अपने जीवन में लक्ष्य निर्धारित करें, उसके अनुरूप ज्ञान प्राप्त करें और फिर लक्ष्य-प्राप्ति के लिए कड़ी मेहनत करें।

27 दिसंबर, 2009 को दीमापुर (नागालैंड) में राबाविकां के उद्घाटन सत्र में डॉ. कलाम ने बड़े सहज ढंग से अपने जीवन के अनुभव सुनाते हुए कहा कि अपने बचपन में वे घर के पास की नदी पर पानी लेने जाते थे। पानी एकदम साफ-सुथरा व पारदर्शी था, उसमें मेढक व मछलियों के बच्चे स्पष्ट नजर आते थे, लेकिन आज वह नदी पूरी तरह प्रदूषित हो चुकी है, सारे जलजीव मर चुके हैं। लोगों को पानी के लिए दूर जाना पड़ता है। इस तरह हमने बहुत कुछ खो दिया है। उन्होंने बच्चों को प्रेरित करते हुए कहा था कि देश में 10 से 17 आयु वर्ग के लगभग 20 लाख बच्चे हैं, यदि ये सभी 5-5 पौधे रोपकर उनका पालन-पोषण कर दें तो हमारी बहुत सारी समस्याओं का समाधान हो जाएगा।

22 नवंबर, 2012 को सागर इंस्टीट्यूट ऑफ टेक्नोलॉजी एंड मैनेजमेंट बाराबंकी, उ.प्र. में आयोजित राज्य स्तरीय राबाविकां में उन्होंने बाल विज्ञानियों से कहा था कि जीवन में सफलता प्राप्त करने के लिए चार सोपान अपनाएँ—अपने जीवन में लक्ष्य निर्धारित करें, अनवरत ज्ञान प्राप्त करें, समस्याओं को पराजित करने की इच्छाशक्ति रखें तथा सफलता प्राप्त करने का दृढ संकल्प हो।

27 दिसंबर, 2012 को काशी हिंदू विश्वविद्यालय (बी.एच.यू.) वाराणसी, उ.प्र. में आयोजित 5 दिवसीय 20वीं राष्ट्रीय बाल विज्ञान कांग्रेस में बाल विज्ञानियों को संबोधित करते हुए बच्चों के प्यारे काका कलाम ने उस वर्ष के मुख्य विषय 'ऊर्जा संभावनाएँ, उपयोग एवं संरक्षण' को स्पष्ट करते हुए कहा था कि परंपरागत रूप से मानव समाज में चार तरह का ईंधन उपयोग किया जाता है। पहला ईंधन लकड़ी है, जिसकी खोज एक मिलियन वर्ष पूर्व आग की खोज के साथ ही हुई थी। दूसरा ईंधन तेल विशेष रूप से पेट्रोलियम उत्पाद है, जिसकी खोज 100 वर्ष पूर्व हुई थी। तीसरा ईंधन परमाणु ऊर्जा है, जो कि 50 वर्ष पुराना है, जबकि चौथा ईंधन 'हरित ईंधन' है, जैसे—सौर ऊर्जा, वायु ऊर्जा आदि। इसे विगत दो दशकों से आर्थिक रूप से वहन करने योग्य एवं प्रौद्योगिकी को स्वीकार्य बनाने के प्रयास चल रहे हैं।

उन्होंने आगे बच्चों को संबोधित करते हुए कहा कि आजकल पाँचवें प्रकार के ईंधन के विषय में भी विचार-विमर्श चल रहा है, जो कि हार्डवेयर ईंधन नहीं है अपितु ऊर्जा बचत है। यह सबसे अधिक आर्थिक रूप से स्वीकार करने योग्य एवं उपयुक्त है।

22 नवंबर, 2014 को नेहरू बालोद्यान इंटर कॉलेज जौनपुर (उ.प्र.) में उन्होंने बाल विज्ञानियों से कहा कि पर्यावरण की स्वच्छता किसी भी राष्ट्र के विकास का प्रतीक है। हमें अपना पर्यावरण स्वच्छ रखना चाहिए और वह कार्य हमें अपने घर से प्रारंभ करना चाहिए। इसी प्रकार बच्चों के प्यारे काका कलाम समय-समय पर उन्हें सक्षम और सुयोग्य बनाने तथा सदैव आगे बढ़ते रहने के बहुत सारे मंत्र/सूत्र देते रहे, जैसे—

— जीवन में तीन गुणों का महत्त्व समझो—ज्ञान, परिश्रम और निरंतर प्रयास।

— किसी राष्ट्र की महानता इस बात पर निर्भर करती है कि उसके नागरिक कितनी अच्छी सोच रखते हैं।

—संकल्प लो कि मैं अपने शब्दकोष से असंभव शब्द हटा दूँगा।

—सफलता प्राप्त करने के लिए कभी न डिगनेवाला साहस और उत्साह जरूरी है।

—एक वैज्ञानिक मस्तिष्क तकनीकी बुद्धि का आधार होता है, जो कि सृजनात्मकता के माध्यम से होती है और इसी से आर्थिक उन्नति भी होती है।

—आधुनिक समाज में कचरे को धन समझा जाना चाहिए। तकनीकी और प्रबंधन इसे धन के रूप में परिवर्तित करने में सहायता करेंगे। इससे हम प्रकृति का संरक्षण और सुरक्षा भी करेंगे, जो कि हमारा सबसे अच्छा धन है।

—सपना वह नहीं, जिसे हम सोते हुए देखते हैं, सपना वह है, जो हमें सोने नहीं देता।

डॉ. कलाम ने ऐसे-ऐसे असंख्य मोती बाल हंसों के बीच बिखेरे थे। उनमें उत्साह भरा था और उनके साहस को जगाया था। अपने व्याख्यानों में वे देश और विश्व के वैज्ञानिकों के जीवन की घटनाओं व कार्यों के विषय में बताकर बच्चों को प्रेरित करते थे।

आठ बिंदुओंवाली शपथ

वे बाल विज्ञानियों को 8 बिंदुओंवाली शपथ दिलाते थे, जो कि निम्नवत् है—

1. विज्ञान मेरा लाइफ टाइम मिशन है। मैं कर्म करता रहूँगा, करता रहूँगा और सफलता प्राप्त करूँगा।
2. मैं जहाँ भी रहूँगा, एक विचार सदैव मेरे मस्तिष्क में आता रहेगा कि यह वह है, जिसमें अभिनवता आविष्कार एवं खोज कर सकता हूँ।
3. मैं हमेशा याद रखूँगा कि मेरे उड़ान भरने के दिन बर्बाद न हों।
4. मैं महसूस करता हूँ कि मुझे एक महान् वैज्ञानिक लक्ष्य तय करना है, जो कि मुझे उच्च सोच, कार्य और दृढता के साथ लक्ष्य की ओर बढ़ने के लिए प्रेरित करेगा।
5. मेरे सबसे महान् मित्र महान् वैज्ञानिक मस्तिष्क, महान् शिक्षक और महान् पुस्तकें होंगी।
6. मैं दृढ विश्वास रखता हूँ कि कोई भी समस्या मुझे परास्त नहीं कर सकती। मैं समस्या का कप्तान बनूँगा, समस्या को हराऊँगा और सफलता प्राप्त करूँगा।

7. मैं विज्ञान और तकनीकी के उपयोग द्वारा पृथ्वी ग्रह के समक्ष खड़ी जल, ऊर्जा, आवासीय कचरा प्रबंधन एवं पर्यावरणीय समस्याओं को समाप्त करने के लिए कार्य करता रहूँगा, करता रहूँगा।
8. मेरा राष्ट्रीय ध्वज मेरे हृदय में फहराता है, मैं अपने देश की महिमा बढ़ाऊँगा।

सादगी की प्रतिमूर्ति

डॉ. कलाम सादगी की प्रतिमूर्ति थे, उनमें अभिमान या दिखावा तो नाममात्र को भी नहीं था। यहाँ दो घटनाओं के उल्लेख से यह बात पूरी तरह स्पष्ट हो जाती है—

प्रथम : 27 दिसंबर, 2006 की है। एस.एम.आई.टी. माजीटार (सिक्किम) के परिसर में बाल विज्ञानियों को संबोधित करने के बाद डॉ. ए.पी.जे. अब्दुल कलाम (तब वे देश के राष्ट्रपति पद को सुशोभित कर रहे थे) ने देश भर से आए हुए शिक्षकों से मिलने की इच्छा व्यक्त की। तुरन्त व्यवस्था हुई और एक छोटे से कक्ष में शिक्षक एकत्र हुए थे। डॉ. कलाम के बैठने के लिए शिक्षकों के बिल्कुल नजदीक एक कुरसी और उसके सामने एक मेज रखी गई। डॉ. कलाम पधारे, उन्होंने कुरसी की ओर देखा भी नहीं अपितु बड़ी सहजता, सरलता और अपनत्व के साथ कुछ देर खड़े रहकर तथा कुछ देर मेज पर बैठकर शिक्षकों के साथ अपने अनुभव व विचार बाँटे तथा बच्चों में ज्ञान, उत्साह और उमंग भरने के टिप्स दिए।

द्वितीय : घटना 22 नवंबर, 2014 की है, जब उ.प्र. राज्य स्तरीय राबाविकां में पधारे। इलाहाबाद से जौनपुर तक सड़क मार्ग से लगभग 3 घंटे (सड़क की स्थिति बहुत खराब थी) की थकाऊ यात्रा के बाद बिना आराम किए समारोह में पधारे। उपस्थित जन समूह के उत्साह और उमंग का ठिकाना न रहा। डॉ. कलाम जैसे ही मंच पर पहुँचे, उन्होंने बड़ी कुरसी को हटवाकर अन्य अतिथियों के बराबर की कुरसी रखवाकर उस पर से कपड़े का कवर हटवा दिया।

ऐसे थे डॉ. कलाम, जिन्हें अपने आपको विशिष्ट प्रदर्शित करने की जरा भी चिंता न थी। वे तो केवल अपने लक्ष्य की ओर आगे बढ़ते रहना चाहते थे।

अत्यंत दु:ख की बात है कि नियति ने भारत माँ के इस अनूठे लाल—

भारतरत्न डॉ. ए.पी.जे. अब्दुल कलाम को विगत 27 जुलाई, 2015 को हमसे सदा-सदा के लिए छीन लिया। आइए! हम उनके द्वारा बतलाए गए मार्ग का अनुसरण करें, देश और दुनिया को बेहतर बनाने के प्रयासों में जुट जाएँ। यही भारत के उस महान् सपूत के प्रति सच्ची श्रद्धांजलि होगी।

❑

डॉ. कलाम : युवाओं के प्रेरणा-स्रोत

—डॉ. यशपाल सिंह

यह संक्षिप्त लेख डॉ. ए.पी.जे. अब्दुल कलाम साहब से जेनेवा में हुई छोटी सी मुलाकात पर आधारित है। मैं अपने को अत्यंत सौभाग्यशाली समझता हूँ कि मुझे डॉ. कलाम से मिलने का अवसर प्राप्त हुआ। उस छोटी-सी मुलाकात में मुझे वह उत्साह तथा प्रेरणा प्राप्त हुई, जिसकी हम जैसे युवाओं को अपेक्षा थी। इस मुलाकात में मैं उनके विचारों से प्रभावित हुए बिना न रह सका और मुझे अपने भावी जीवन में एक नए उद्‌देश्य की प्राप्ति हुई।

जब मैं जेनेवा (स्विट्‌जरलैंड) में यूरोपीय परमाणु अनुसंधान संगठन (जिसे सी.ई.आर.एन.—सर्न के नाम से जाना जाता है) में काम कर रहा था और वहाँ प्रतिनियुक्ति पर था, सौभाग्यवश तब 25 मई, 2005 को मुझे कलाम साहब से मिलने का दुर्लभ अवसर प्राप्त हुआ। मेरे साथ मेरे कुछ अन्य भारतीय सहयोगी भी सर्न के लिए काम कर रहे थे। डॉ. कलाम उस समय भारत के राष्ट्रपति थे और स्विट्‌जरलैंड की राजकीय यात्रा पर थे। हमें एक संदेश प्राप्त हुआ कि राष्ट्रपति डॉ. कलाम हमसे मिलने सर्न आ रहे हैं। जब हमें यह समाचार मिला तो हमें विश्वास ही नहीं हुआ, किंतु अब हमारी प्रसन्नता का ठिकाना नहीं था। हम सभी अपने वैज्ञानिक राष्ट्रपति से मिलने एवं उन्हें सुनने के लिए अति उत्सुक थे। इस मुलाकात का हमारे लिए एक विशेष महत्त्व था, क्योंकि हमें उनसे सर्न में तकनीकी विकास से संबंधित कुछ पहलुओं पर वार्ता करने का एक सुनहरा अवसर प्राप्त हुआ था।

डॉ. कलाम साहब निर्धारित समय पर पहुँचे और उन्होंने हम सबके साथ व्यक्तिगत रूप से एक-एक कर मुलाकात की। यह हमारे लिए अत्यंत गौरव

की बात थी। यहाँ उन्होंने अप्रत्यक्ष रूप से हमें समयनिष्ठा, संवेदनशीलता तथा व्यवहारकुशलता का पाठ पढ़ाया। डॉ. कलाम के साथ इस संक्षिप्त मुलाकात के दौरान उनके व्यक्तित्व एवं नेतृत्व के गुणों ने न केवल मुझे प्रेरित किया, बल्कि हमें और अधिक उत्तम कार्य करने के लिए प्रोत्साहित किया। मैं इस योग्य नहीं हूँ कि उनके व्यक्तित्व का मूल्यांकन करूँ, किंतु यह लिखने का दुस्साहस अवश्य करूँगा कि मैंने उनके व्यक्तित्व में विज्ञान और तकनीकी के प्रणेता के साथ-साथ एक सच्चे राष्ट्रभक्त के दर्शन किए, जिसे सदैव अपने देश के वैज्ञानिक एवं तकनीकी विकास की चिंता थी। मुलाकात के दौरान मैंने उन्हें अपने प्रोजेक्ट की तकनीकी के बारे में विस्तार से बताया। मैंने उन्हें बताया कि हम वहाँ किस प्रकार की तकनीकी चुनौतियों एवं परेशानियों का सामना कर रहे हैं और वहाँ की आधुनिक एवं उन्नत तकनीकी परियोजना में कार्य करने के अनुभव से भी उन्हें अवगत कराया। उन्होंने हमसे पूछा, "यहाँ हमारा यह कार्य किस प्रकार देश में हमारी तकनीकी आवश्यकताओं में फर्क डालेगा।" उन्होंने मुझे इस सर्न में प्राप्त इस ज्ञान और अनुभव को अपने देश की परियोजनाओं के लिए अत्यंत महत्त्वपूर्ण बताया।

अपने अत्यंत व्यस्त कार्यक्रम के बावजूद उन्होंने हम सभी को पर्याप्त समय दिया और हम सभी को बड़े ध्यान एवं धैर्य से सुना। पूरी मुलाकात के दौरान मैंने पाया कि डॉ. कलाम एक अत्यंत सरल व्यक्तित्व के धनी हैं। उनसे बातचीत के दौरान मुझे कभी ऐसा नहीं लगा कि मैं देश के राष्ट्रपति से बात कर रहा हूँ। उनके व्यक्तित्व में सच्चे देशभक्त, मार्गदर्शक एवं एक सच्चे मानव के सभी गुण विद्यमान थे। भारतीय विज्ञान एवं प्रौद्योगिकी की महान् विभूति को मेरा कोटि-कोटि नमन।

❑

मानसरोवर की ओर हंस-ऋषि की पारलौकिक उड़ान

–पं. देवनारायण भारद्वाज

व्यक्ति सामान्य हो या विशिष्ट, अपने पुरुषार्थ व योग्यता से जब वह कोई असाधारण उपलब्धि अर्जित कर लेता है, तो शासन द्वारा उसे अलंकरण व पुरस्कार प्रदान किए ही जाते हैं, जनसाधारण भी उसमें आदर्श प्रतीकों के संदर्शन करने लगता है। पारितोषिक, जो शासन द्वारा प्रदत्त होते हैं, चाहे कितने ही उच्च, उच्चतर या उच्चतम हों, उनकी सीमा निर्धारित होती है; किंतु लोक के आलोक में सहसा ही जो संबोधन उसे प्राप्त होता है, उसकी परिधि अपरमित होती है। एक उदाहरण देखिए। मिस्टर गांधी संज्ञा से जाने गए मोहनदास करमचंद 8 अप्रैल, 1915 को सर्वमान्य संस्थापक स्वामी श्रद्धानंद से भेंट हेतु गुरुकुल काँगड़ी हरिद्वार पहुँचे; तो उन्होंने ही प्रथम बार मिस्टर गांधी को महात्मा गांधी कहकर संबोधित किया। उपरांत शांति निकेतन में 'नोबेल पुरस्कार' विजेता गुरुदेव रवींद्र नाथ टैगोर ने उनके नाम के साथ 'महात्मा' ऐसा जोड़ दिया कि वे इसी नाम से विश्व विश्रुत विभूति बन गए। इसी प्रकार डॉ. ए.पी.जे. अब्दुल कलाम को भारत राष्ट्र द्वारा सर्वोच्च सम्मानोपाधि प्रदत्त की गई, जिसकी नीति सीमा सबके लिए समान रूप से निर्धारित है; किंतु इससे हटकर जनसामान्य ने उनको देखा, वैसा ही संबोधन उनके लिए किया ही नहीं, परिभाषित भी कर दिया।

लेखक ने डॉ. कलाम के लिए शीर्षक में दो विश्लेषण हंस व ऋषि यों ही प्रयुक्त नहीं किए हैं, प्रत्युत उनके चरित्र में इन प्रतीकों को झलकते देखा है। पर्वत-कंदराओं में साधना करनेवाले ही नहीं, अपितु ऋषि वही होते हैं, जो

उपकारी मंत्रद्रष्टा अर्थात् किसी सद्विचार को जनकल्याणार्थ समाज में प्रकाशित व प्रचारित करते हैं। शब्द 'हंस' का अर्थ श्वेत/शुद्ध, पक्षी, सूर्य तथा आत्मा आदि होता है। रामायण में भरतजी ने अपने कुल को हंस-वंश अर्थात् सूर्यवंश कहा है। श्वेतांबरधारी, नीर-क्षीर विवेक, व्योम विहारी महान् पक्षी हंस कहीं भी हो, उसकी उड़ान सदैव कैलास मानसरोवर की ओर होती है। वह स्वयं उड़ते हुए अपने सहयोगियों की पंक्ति भी बनाता चलता है। भारतमाता के पदांबुज को पखारनेवाले रामसरोवर (रामेश्वरम् का शास्त्रीय नाम बिंदुसरोवर) में हंस प्रकट होकर कहीं भी भ्रमणशील रह सकता है, किंतु उसकी अंतिम पारलौकिक उड़ान सदैव मानसरोवर की ओर ही होती है। बिंदुसरोवर रसमय शरीर है, जबकि मानसरोवर मस्तिष्क में स्थित ब्रह्मरंध्र है। शरीर में स्थित अमर शतकर्मी आत्मा की उड़ान सर्वदा इसी ब्रह्मरंध्र की ओर होती है। संभवतः इसी सागर की तरंग धाराओं के साथ उड़ता हुआ यह हंस-ऋषि डॉ. कलाम 27 जुलाई, 2015 को मेघालय प्रांत में जा पहुँचा, जहाँ से विज्ञान-कला-कलश परिपूर्ण कैलास मानसरोवर का मार्ग प्रशस्त होता है। नदी नाव संयोग पुरानी कहावत इस वैज्ञानिक युग में व्योम-यान संयोग बन गई है, जिसका तात्पर्य बिना किसी योजना व प्रयत्न के यकायक किसी से मिलन हो जाना है। विमान की एक उड़ान में अनेकशः व्यक्ति यात्रा कर रहे थे, उन्हीं में से एक हंस कोटि के मानव ने देखा कि अग्रिम पंक्ति में कोई राजहंस भी उपस्थित है। यह हंस उनके पास पहुँच गया और आकर्षण के वशीभूत होकर उनका ही बनकर रह गया। इस पहेली को खोलते हैं तो पता चलता है कि वे राजहंस डॉ. कलाम, जो अभी राष्ट्रपति नहीं बने थे और हंस श्री लक्ष्मण प्रसाद, जो अभी तक विज्ञान-रत्न नहीं बने थे। यह मिलन सघन मैत्री में बदला और प्रसादजी ने डॉ. कलाम के जन्म दिवस 15 अक्टूबर को समारोह 'नवाचार दिवस' के रूप में मनाने का संकल्प ले लिया जो सन् 2000 से अब तक अनवरत स्फुरण की पँखुड़ियाँ बिखेरता चला आ रहा है तथा राष्ट्रीय एवं अंतरराष्ट्रीय स्तर पर अपनी धाक जमाए हुए है। बाद में डॉ. कलाम राष्ट्रपति हुए और शासन द्वारा श्री प्रसाद को 'विज्ञानरत्न' घोषित किया गया।

एक डॉ. कलाम ही क्या, डॉ. होमी जहाँगीर भाभा तथा डॉ. विक्रम साराभाई प्रभृति अनेक राष्ट्रचेता ऋषि आ जाते हैं। रामायण काल की बात ही क्या! महाभारत काल से पूर्व तक आर्यावर्त के अतिरिक्त विश्व में अन्यत्र कोई इतिहास नहीं मिलता। इन दोनों युगों में विश्वामित्र-परशुराम प्रभृति अनेक महान् ऋषियों का वर्णन मिलता है, जिनसे योद्धा राजकुमार अस्त्र-शस्त्र की शिक्षा ग्रहण करते

थे, उनमें प्रमुख आयुध प्रक्षेपणास्त्र ही हुआ करते थे। 'कर्मयोगी कलाम' ग्रंथ से प्रो. अविज्ञात की ये पंक्तियाँ उल्लेखनीय हैं, ''यदि भारत विदेशी आक्रमणकारियों द्वारा पछाड़ा गया और इसलिए जीवन की दौड़ में पिछड़ गया तो इसका एकमेव कारण प्रौद्योगिकी के क्षेत्र में हमारी उपेक्षापूर्ण दृष्टि थी। यह नहीं कि प्रौद्योगिकी के क्षेत्र में हम अक्षम थे, परंतु हमारी दृष्टि कहीं और थी। वह सामरिक प्रौद्योगिकी, युद्धक प्रौद्योगिकी, लड़ाकू प्रौद्योगिकी पर नहीं थी। आधुनिक प्रौद्योगिकी का इतिहास हमें बताता है कि यह युद्ध-आधारित है। यह ठीक है कि प्रौद्योगिकी को नागरिक सुविधाओं तथा शांतिपूर्ण विकास के लिए भी प्रयोग किया जाता है, परंतु पहल युद्ध से होती है। पहले पत्थर मिसाइल की भाँति आत्मरक्षा अथवा शिकार के लिए फेंके गए चकमक पत्थर से आग की ईजाद बाद में हुई। पहले तीर-कमान बना, कमान की टंकार से इकतारे का संगीत बाद में सुना गया। पहले मिलिटरी इंजीनियरी बनी, सिविल इंजीनियरी बाद में आई और फिर मैकेनिकल विद्युत इलेक्ट्रॉनिकी इसी क्रम में आई। चाहे यह बाबर का तोपखाना रहा हो या अल्फ्रेड नोबेल की बारूद हो या आज की परमाणु शक्ति तथा उपग्रह प्रक्षेपण, ये सभी प्रौद्योगिकियाँ युद्ध के लिए पहले विकसित हुईं, व्यापार तथा विकास के लिए उनका उपयोग बाद में हुआ। यही कहानी दूरभाष तथा सूचना प्रौद्योगिकी की है। भारत शांतिमय जीवन की अभिलाषा से ग्रस्त इन युद्ध तकनीकों के प्रति उदासीन रहा। यही उसके गुलाम हो जाने तथा गुलाम ही बने रहने का कारण बना। अतः आत्मरक्षा के लिए नवीनतम प्रौद्योगिकी और शांतिपूर्ण विकास के लिए उसे परिस्थितियों के अनुकूल ढालकर विकसित की गई नवप्रवर्तनशील प्रौद्योगिकी को ही कलाम साहब इस महालक्ष्य की प्राप्ति के लिए अपरिहार्य मानते हैं।''

प्रो. अविज्ञात लेखक के समक्ष दिन-प्रतिदिन विज्ञात रहे हैं और मेरे चिंतन को नितप्रति परिमार्जित करते रहने के कारण मेरी प्रेरणा के संवाहक बने रहे हैं। डॉ. कलाम की उक्तानुसार क्रांति दृष्टि ही उन्हें राष्ट्रऋषि की महनीयता प्रदान करती है। कोई भी वैज्ञानिक या क्रांतद्रष्टा शोध संवाहक अपनी प्रयोगशाला की परिधि में ही छिपा रहता है, राष्ट्र में उसके आविष्कार के प्रचार होने पर ही उसका परिचय हो पाता है। अपनी उपलब्धियों के अनेक राष्ट्रीय उपहार-अलंकरण प्राप्त करने के बाद भी सर्वांश में उनके विख्यात होने का श्रेय अलीगढ़ के पक्ष में जाना चाहिए, क्योंकि यह प्रक्रिया यहीं के एक प्रबुद्ध नागरिक श्री लक्ष्मण प्रसाद ने सन् 2000 में राष्ट्र स्तरीय नवाचार समारोह का भव्य आयोजन कर प्रारंभ की। तब से 2014 तक अनवरत यह दिवस अलीगढ़, लखनऊ एवं विदेश में भी उनके मित्र शिक्षाविद्

डॉ. जगदीश गांधी के सौजन्य से अंतरराष्ट्रीय स्वरूप धारण कर चुका है। जैसे डॉ. कलाम 'पद्मभूषण', 'पद्मविभूषण' एवं 'भारतरत्न' के अलंकरण से आलोकित होते रहे हैं, वैसे ही प्रसादजी भी वयस्वी भूषण, वयस्वी गौरव से लेकर प्रांतीय व राष्ट्रीय सम्मान 'विज्ञानरत्न' आदि से विभूषित होते रहे हैं। यह स्वाभाविक भी है, 'मेहँदी बाँटनबारे को लगे मेहँदी को रंग।' प्रसादजी के प्रेरणा-प्रभाव में अलीगढ़ के अनेक शिक्षा केंद्र संचालित हो रहे हैं। जहाँ सी.बी. गुप्ता सरस्वती विद्यापीठ की स्थापना के दूसरे वर्ष में ही डॉ. कलाम का पदार्पण होता है, और ग्रामीण क्षेत्र में वे इसकी प्रगति व स्तर को देखकर प्रफुल्लित हो उठते हैं, वहीं दूसरी शिक्षण संस्था—विजडम पब्लिक स्कूल प्रतिवर्ष डॉ. कलाम के जन्म दिवस 15 अक्टूबर को 'नवाचार दिवस' के रूप में बृहत् भव्यता के साथ मनाता चला आ रहा है। विद्यालय-प्रबंधन की जागरूकता प्रशंसनीय है। जब तक पूरे भारत को ठीक से पता भी नहीं चल पाया था कि डॉ. कलाम का हृदयाघात से निधन हो गया है, इस विद्यालय ने ए.एम.यू. सहित महानगर के शिक्षाविद्, उपकुलपतियों, वैज्ञानिकों, साहित्यकारों, समाजसेवियों की एक बड़ी सभा आयोजित कर श्रद्धांजलि प्रदान की। संस्था के अध्यक्ष श्री पी.के. गुप्ता ने अपने अश्रुपूरित नेत्रों से नया बना विशाल सभागार डॉ. कलाम के नाम समर्पित कर दिया।

सब जानते हैं कि डॉ. कलाम का जन्म तमिलनाडु के रामेश्वरम्-धनुषकोटि के परिवेश में एक निर्धन, किंतु स्वाभिमानी धर्मनिष्ठ परिवार में हुआ था। उन्हें 'कुरान' एवं 'गीता' दोनों ही प्रिय थे। वे तमिल, संस्कृत एवं अंग्रेजी भाषाओं में दक्ष थे। स्वाभाविक है कि उन्होंने 'कुरान' तमिल में पढ़ी होगी और 'गीता' को उसकी मौलिक भाषा में पढ़ते होंगे। उनके उदारमना पिता जैनुलाब्दीन अब्दुल कलाम को नमाज पढ़ते समय ब्रह्मांड का एक भाग बन जाने का दर्शन सिखाते थे, ''जब तुम नमाज पढ़ते हो तो तुम अपने शरीर से इतर ब्रह्मांड का एक हिस्सा बन जाते हो, जिसमें दौलत, आयु, जाति या धर्म-पंथ का भेदभाव नहीं रहता।'' कृष्ण की गीता का वाचक, उनके पाञ्चजन्य घोष के साथ-साथ उनके चक्र सुदर्शन एवं बाँसुरी वादन पर विमोहित हुए बिना भला कैसे रह सकता है! इसीलिए तो उन्हें प्रक्षेपणास्त्र के साथ-साथ अपनी रुद्रवीणा सदैव आकर्षित करती रही है।

उपसंहार पर आते हुए 'अग्निपंख' का स्पष्टीकरण समुचित प्रतीत होता है। डॉ. कलाम ने स्वयं ही अपने आत्मकथ्य को **Wings of Fire** तथा **Ignited Mind** (अग्नि की उड़ान तथा तेजस्वी मन) नामक ग्रंथों के रूप में प्रकट किया है। अग्नि, जो अग्रणी होती है, ज्ञान, गमन एवं प्राप्ति उसकी फलश्रुति होती है।

रामेश्वरम् की गहनतम सिंधु की जलराशि के पावन पंक से उपजता है—एक अति पुनीत पंकज अर्थात् कमल, जो सदैव सूर्यमुखी होता है और उसे मिलते हैं ज्ञान-विज्ञान के पंख, जो उसकी सूर्य की ओर उड़ान में सहायक होते हैं। जैसे सागर जल से मेघ बनते हैं और उसके गहरे तट से हजारों फीट ऊपर उड़कर मेघालय की रचना कर देते हैं, वहाँ शीतल श्वेत सुदृढ शिलांग के प्रौद्योगिक उच्च शिक्षण संस्थान में विद्यमान सुसज्जित छात्र एवं शिक्षकगण स्वागत ही कर पाते हैं कि धरतीमाता अपने वर्चस्वी पुत्र को अपनी गोद में समेट लेती है और वेदमाता कह उठती है—'माता भूमिः पुत्रोऽहं पृथिव्यांः'। इस सूर्यास्त की बेला में पंकज सूर्य का समर्थन किए बिना नहीं रह सकता है। ढाका बांग्लादेश में कभी उन्होंने छात्रों को यही सीख दी थी, ''अगर तुम सूरज की तरह चमकना चाहते हो, तो सबसे पहले तुम सूरज की तरह जलो। सपना वह नहीं, जो तुम सोते हुए देखते हो, सपना वह है, जो तुम्हें सोने न दे।'' महाप्रयाण की बेला में प्रक्षेपणास्त्र पुरुष, राष्ट्रपति, भारतरत्न, राष्ट्रऋषि डॉ. कलाम तुमको प्रणाम! प्रणाम! प्रणाम!

❑

महान् व्यक्तित्व : डॉ. ए.पी.जे. अब्दुल कलाम

—प्रो. (डॉ.) विजय पालीवाल

विश्व में एक ऐसा देश 'भारत', जहाँ की मिट्टी रत्नों के रूप में महामानव तराशती है। उन्हीं महामानवों में से एक डॉ. ए.पी.जे. अब्दुल कलाम थे, जिन्हें भारत के सर्वोच्च पद (राष्ट्रपति) पर चुना गया था, मगर वैचारिक दृष्टि से सुलझे हुए कलाम ने कभी भी स्वयं को सर्वोच्च अधिकारी के रूप में स्थापित नहीं किया, बल्कि छात्रों की मुसकराहट के बीच में उन्होंने अपने आपमें एक शिक्षक तलाशने का प्रयास किया और सदैव अपने आपको शिक्षा के लिए समर्पित बनाए रखा। शिक्षा के प्रति समर्पण भाव उनमें कितना था, यह इसी तथ्य से उजागर हो जाता है कि उन्होंने छात्रों को संबोधित करते हुए ही अपनी अंतिम साँस ली। शिक्षा और साहित्य के प्रति उनमें कितना लगाव था, उनके ऐसे अनेक दृष्टांत हैं।

एक बार वे चौधरी चरणसिंह कृषि विश्वविद्यालय हिसार में दीक्षांत समारोह में आए और मुझे उनसे मिलने का सौभाग्य प्राप्त हुआ, जिसको मैं कभी भूल नहीं सकता। उन्होंने बहुत ही शालीनतापूर्ण सरल भाषा-शैली में समारोह को संबोधित किया। समरोह में उपस्थित सभी लोगों को उन्होंने मंत्रमुग्ध कर दिया। एक विशाल व्यक्तित्व का धनी कितना सहज और सरल था, यह एक अकल्पनीय क्षण था।

विश्वविद्यालय में दीक्षांत समारोह के पश्चात् उनकी दृष्टि पुस्तकालय पर पड़ी, मगर अपने व्यस्त कार्यक्रम के उपरांत भी वे अपने आपको पुस्तकालय का अवलोकन करने से नहीं रोक पाए। उनकी भावनाओं में शिक्षा और साहित्य के लिए कितना स्थान था, यह भी एक उदाहरण है।

उन्होंने भारतीय उपग्रह अनुसंधान संगठन में रहकर स्वदेशी उपग्रह प्रक्षेपण प्रणाली विकसित करने की दिशा में भी कार्य किया। रक्षा के क्षेत्र में भी उन्होंने राष्ट्र को आत्मनिर्भर बनाने का प्रयास किया। उन्होंने भारतीय रक्षा अनुसंधान संगठन में पृथ्वी, अग्नि, आकाश जैसी मिसाइलों का सफलतापूर्वक परीक्षण करवाने में योगदान दिया। राष्ट्र ने उन्हें 'मिसाइलमैन' की संज्ञा देकर संबोधित किया। एक साधारण परिवार से संबंध रखनेवाले कलाम ने अपने युवाकाल से ही अथक संघर्ष किया और अपने परिवार की मदद करने के साथ-साथ मद्रास विश्वविद्यालय से एअरो इंजीनियरिंग की मानद उपाधि ग्रहण की। उन्होंने जीवन के संघर्ष को कभी कठिनाइयों के रूप में नहीं देखा, बल्कि संघर्ष को व्यक्ति का आभूषण समझा। उनकी इसी प्रेरणा ने उन्हें कभी निराश नहीं होने दिया। इसी प्रेरणा से उन्होंने भारतीय युवाओं से कहा—

"सपने वे नहीं होते, जिन्हें हम सोती हुई आँखों से देखते हैं, बल्कि सपने वे होते हैं, जो हमारी आँखों से नींद छीन लेते हैं।"

आज वे हमारे बीच में भले ही शारीरिक रूप से नहीं हैं, मगर सदैव हमारी संवेदनाओं में प्रेरणास्रोत बने रहेंगे।

❑

एक अप्रतिम वैज्ञानिक एवं महामानव

—डॉ. दिनेश मणि

डॉ. कलाम एक सफल महान् वैज्ञानिक के साथ-साथ एक नवप्रवर्तक भी थे। देश को शक्तिशाली, बलशाली एवं विकासशील बनाने में कलाम साहब का योगदान अभूतपूर्व एवं असाधारण है। उनका मानना था कि किसी भी देश के विकास में प्रौद्योगिकी का अहम योगदान होता है। तकनीकी प्रगति के लिए आवश्यक है कि हम नयी खोजों के प्रति प्रेरित हों। अतएव हमें ऐसे कार्यक्रमों का आयोजन करना होगा कि जो इस सोच को नयी गति दे सकें। तभी हम सन् 2020 तक भारत को विकसशील देश की श्रेणी से उठाकर विकसित राष्ट्र बनाने का स्वप्न पूरा कर सकेंगे और इक्कीसवीं शताब्दी को भारत की शताब्दी बनाने में सफल होंगे। नवोन्मेष के बिना ज्ञान की कोई उपयोगिता नहीं है। नवोन्मेष की प्रक्रिया के माध्यम से ही ज्ञान को समृद्धि एवं जन कल्याण में परिवर्तित किया जाता है। नवोन्मेषक के लिए कुछ भी असंभव नहीं होता। नवोन्मेषक वही देखते हैं, जो सब देखते हैं, किंतु उनकी सोच दूसरों से भिन्न होती है। सच्चे नवोन्मेषक यथापूर्व स्थिति को स्वीकार नहीं करते और वे प्रेरणाओं को समाधानों में और विचारों को कार्यों में परिवर्तित कर देते हैं। ऐसे नवोन्मेषक तैयार करने के लिए जीवन और कार्य के प्रति सर्वव्यापी मानस-परिवर्तन की अपेक्षा रहेगी। निष्क्रियता की संस्कृति को सक्रियता की संस्कृति में, निरर्थकता की संस्कृति को विचारोत्तेजकता एवं कार्य की संस्कृति में, आत्मसंशय को आत्मविश्वास में और निराशा को आशा में बदलना होगा। भारतीय सर्जनात्मकता और नवोन्मेष की

भावना को आज उसी भावना और उसी स्तर पर राष्ट्रीय आंदोलन में बदलने की आवश्यकता है, जिस भावना के साथ राष्ट्रीय आंदोलन संचालित किया गया था। डॉ. कलाम जीवनपर्यंत वैज्ञानिक और तकनीकी खोजों को सही ढंग से मनुष्य के विकास में प्रयोग करने के लिए संघर्ष करते रहे।

डॉ. कलाम का मानना था कि नवाचारी भारत का निर्माण करके ही हम विकसित भारत के सपने को साकार कर सकते हैं। जीवन के प्रत्येक क्षेत्र में आज नवाचार की आवश्यकता है। प्रत्येक भारतीय को नवाचार के प्रति जागरूक करना समय की माँग है। वैसे तो प्रत्येक विद्यार्थी में कुछ-न-कुछ नया करने की अंत:प्रवृत्ति होती है, किंतु इस प्रवृत्ति को सही दिशा देने में देश के अनुभवी अध्यापकों तथा वैज्ञानिकों की महत्त्वपूर्ण भूमिका है। स्मरण रहे, कोई भी नवाचार सृजनात्मक विचारों के बिना संभव नहीं है। सृजनात्मक विचार अत्यंत महत्त्वपूर्ण हैं और वैज्ञानिक तथा तकनीकी ज्ञान के विकास और उत्पादों के सुधार के लिए आवश्यक हैं।

यह कहना अतिशयोक्तिपूर्ण नहीं होगा कि नवाचार के बिना ज्ञान का कोई महत्त्व नहीं है। नवाचार की प्रक्रिया द्वारा ही ज्ञान को धन और जनकल्याण में बदला जा सकता है। भारत एक विकसित राष्ट्र तभी बनेगा, जब प्रत्येक महिला और पुरुष अपनी बेहतरीन योग्यताओं और क्षमताओं के साथ योगदान देंगे।

शिक्षा के संबंध में डॉ. कलाम के विचार अत्यंत प्रासंगिक हैं, "एक नया समाज तभी उभरकर सामने आएगा, जब शिक्षा व्यवस्था अपने वर्षों पुराने सांस्कृतिक व सामाजिक ढाँचे से मुक्त हो बदलाव की प्रक्रिया से गुजरेगी। एक व्यक्ति में मौजूद प्रतिभा को सामने लाने में व्यक्ति को सहयोग करना शिक्षा का वास्तविक उद्‌देश्य होना चाहिए। यह सिर्फ कहने तक सीमित नहीं होना चाहिए।"

भौतिक रूप से मस्तिष्क ही स्नायुतंत्र का केंद्र है। यही अंग हड्डियों को समझता है, इसलिए यही इंद्रियों, स्मृति, तार्किक शक्ति तथा बौद्धिक ज्ञान के समन्वय के लिए जिम्मेदार होता है। मन, जो भौतिक रूप में नहीं होता, वह अंतर्ज्ञान से संबंध रखता है—ऐसा दृष्टिकोण, जो दृश्य को समर्पित नहीं होता, करुणा और गहरी बुद्धिमत्ता, यही सब जीवन के वास्तविक उद्‌देश्य हैं और इसीलिए शिक्षा के भी।

यह सही है कि एक व्यक्ति को ठीक ढंग से कार्य करने के लिए मस्तिष्क चाहिए। जैसे उसे हृदय या जिगर चाहिए होता है, लेकिन ठीक ढंग से कार्य करने

तथा अच्छाई एवं नेकी से परिपूर्ण जीवन का वास्तविक स्रोत मन ही है। ऐसी बेमेल जोड़ी में मस्तिष्क मन में कोई सुधार नहीं कर सकता। जो कर सकता है, वह यह कि जिस स्थिति में मन अटक गया है, उस स्थिति से उसे आजाद कर दे और उन गतिविधियों से आजाद कर दे, जो मन को ठीक से कार्य करने में बाधा डालती है, जैसे—घृणा, डर, घमंड आदि। मस्तिष्क को यह सब कर पाने में मदद करना भी शिक्षा का ही कार्य है।

कलाम ने अपनी आत्मकथा में लिखा है, ''देश के प्रति प्यार हमारी मूल प्रेरणाशक्ति होनी चाहिए। हे सर्वशक्तिमान ईश्वर! मेरे देश के लोगों को पसीना बहाने के लिए प्रेरित करना। उनके परिश्रम से विभिन्न प्रकार की अग्नियाँ जन्म लेंगी, जो बुराई को नष्ट कर सकेंगी। मेरे देश में शांति और समृद्धि आए। मेरे देशवासी मिल-जुलकर रहें। हे ईश्वर! मुझको भारत का गौरवान्वित नागरिक होने के नाते इसकी धूल में मिल जाने देना, ताकि मैं दोबारा जन्म लेकर इसकी यशोगाथा का आनंद ले सकूँ।'' (भारतीय प्रक्षेपास्त्र के जनक, पृ. 120)

ऊर्जा के विषय में डॉ. कलाम का मानना था, ''कोई भी राष्ट्र बिना गुणवत्तापूर्ण ऊर्जा की उपलब्धि के अत्याधुनिक एवं विकसित बनने की आकांक्षा नहीं कर सकता। कोई भी आधुनिक मशीन बाधारहित विद्युत व्यवस्था के बिना नहीं चल सकती। सूचना तकनीक के जादू की छड़ी अर्थहीन हो जाएगी यदि विद्युत् आपूर्ति की व्यवस्था उचित नहीं होती।''

डॉ. कलाम का कहना था, ''जब आप किसी महान् उद्देश्य के लिए एक असाधारण परियोजना पर कार्य कर रहे होते हैं, आप सभी विचारों से उन्मुक्त हो जाते हैं, आपका मस्तिष्क सीमाओं को पार कर जाता है, आपकी चेतनता का विस्तार होता है और आपको यह विश्व अद्‌भुत एवं प्रिय लगने लगता है।''

कृषि विकास हेतु दूसरी 'हरित क्रांति' की प्रासंगिकता बताते हुए डॉ. कलाम का यह मत पूर्णत: वैज्ञानिक है कि विकसित भारत के स्वरूप के लिए कृषि में उत्पादकता का स्तर सुधारना होगा तथा दूसरी 'हरित क्रांति' को गति प्रदान करनी होगी। डॉ. कलाम ने दूसरी 'हरित क्रांति' के लिए अपना बड़ा ही वैज्ञानिक चिंतन प्रस्तुत किया था, उनके अनुसार, ''दूसरी 'हरित क्रांति' की मुख्य अवधारणाएँ हैं— बीजों के अनुकूल भूमि विशिष्टीकरण, हाइब्रिड बीजों का विकास तथा उपयुक्त बीज चयन, उपयुक्त उर्वरक, जल प्रबंधन, कृषक प्रशिक्षण, फसल प्रबंधन, फसल कटाई के बाद प्रबंधन, सफल विपणन।''

उन्होंने 'हरित क्रांति' के लिए कृषकों में मानसिक क्रांति का आह्वान भी

किया था और लिखा है, ''कृषकों को नए प्रयोगों के प्रति खुली मानसिकता रखनी होगी और सभी संबद्ध क्षेत्रों में उन्नत प्रौद्योगिकी तथा प्रशिक्षण के प्रति ग्रहणशीलता बढ़ानी होगी।'' इसमें कोई संदेह नहीं कि भारत का आर्थिक विकास अब भी बड़े पैमाने पर कृषि पर आधारित है। कृषि तथा कृषि खाद्य उद्योग के साथ आधुनिक तकनीकी का समन्वय इस क्षेत्र में क्रांति ले आएगा और बड़े पैमाने पर रोजगार तथा आर्थिक विकास को प्रेरित करेगा।

❑

अलविदा! डॉ. अब्दुल कलाम

—देवेंद्र मेवाड़ी

आदरणीय डॉ. कलाम!

आपके बारे में इतना कुछ सुनता-पढ़ता रहता था कि बहुत मन करता था, कभी आपसे मिलूँ, बातें करूँ, अपनी जिज्ञासाएँ बताऊँ। मिल न सकूँ तो कम-से-कम पत्र तो जरूर भेजूँ। एक संक्षिप्त भेंट का मौका 13 मार्च, 2012 को विज्ञान परिषद्, प्रयाग के मंच पर मिला था, जब आपने मेरी पुस्तक 'मेरी विज्ञान डायरी' का लोकार्पण किया था। मेरी उस पुस्तक पर किए गए आपके हस्ताक्षर मेरी अमूल्य निधि हैं। आपसे मिलकर बात करने के बारे में सोचता ही रहा डॉ. कलाम कि आप अचानक चले गए, किंवदंती बनकर।

हाँ, किंवदंती बनकर, जो आज के हालात में कतई आसान नहीं था। आप क्या गए कि देश भर में बच्चों, विद्यार्थियों से लेकर वैज्ञानिकों और आम आदमी तक को सहसा विश्वास ही नहीं हुआ कि हमें बड़े स्वप्न देखने के लिए प्रेरित करनेवाला स्वप्नद्रष्टा और सरलतम जीवन जीनेवाला सरल हृदय कर्मयोगी चला गया है। सर, आप कहते थे कि आपको बहुत अच्छा लगेगा, अगर आपके जाने के बाद लोग आपको एक शिक्षक के रूप में याद रखें। वही हुआ। आप जाते-जाते भी भारतीय प्रबंधन संस्थान, शिलांग के विद्यार्थियों को पढ़ा रहे थे। आपकी वह छवि हम सबके मन में अंकित हो गई है और हम आपको सदैव एक प्रिय शिक्षक के रूप में याद रखेंगे।

अब सोच-सोचकर ताज्जुब होता है सर कि आप एक में अनेक थे—बहुआयामी व्यक्तित्व था आपका। आप इंजीनियर और वैज्ञानिक थे, सफल लेखक और चिंतक थे, शिक्षक थे, संगीत प्रेमी थे और राजनीति को दिशा दिखाने

के लिए आप आम लोगों के राष्ट्रपति की भूमिका भी निभा गए। सच, आप ऐसा कर गए कि आपका जीवन ही नई पीढ़ी के लिए प्रेरणा बन गया। आप बड़े स्वप्न सँजोने की बात करते थे। बताइए, इससे बड़ा और क्या स्वप्न और प्रेरणा हो सकती है। सामान्य घर-परिवार के उन लाखो-लाख बच्चों के लिए कि रामेश्वरम् के एक सामान्य मछुवारे के घर में पैदा हुआ बच्चा भी रेलवे स्टेशन और बस अड्डे पर सुबह अखबार बेचकर पढ़ाई करके देश का एक नामी वैज्ञानिक और राष्ट्रपति तक बन सकता है, इतना ही नहीं, बेहद सादगी भरा जीवन जीनेवाले उस बच्चे को बड़ा होकर देश का सर्वोच्च नागरिक सम्मान 'भारतरत्न' मिल सकता है!

सर, इसीलिए तो आज लोग कह रहे हैं कि आप 'सादा जीवन, उच्च विचार' की मिसाल पेश कर गए। आपको एक बात बताता हूँ। नब्बे के दशक में एक बार हैदराबाद से इंजीनियर अरुण तिवारी मिलने आए थे तो मैं उनसे पूछा था रह कहाँ रहे हैं?

वे बोले, "खेल गाँव के अतिथिगृह में डॉ. अब्दुल कलाम के साथ।"

मैं चौंक गया था सर। मैंने फिर पूछा था, "अरे, वे किसी बड़े होटल में नहीं रुके?"

तब उन्होंने बताया, "नहीं, वे तो बहुत ही सरल आदमी हैं। उनके पास एक बैग है और उसमें एक जोड़ी कपड़े, बस। मैंने उनके साथ उनकी जीवनी लिखी है, 'विंग्स ऑफ फायर'। बाद में आप राष्ट्रपति बने तो पता लगा वही बैग लेकर आप राष्ट्रपति भवन में गए और कार्यकाल पूरा होने के बाद वही एकमात्र बैग लेकर राष्ट्रपति भवन से बाहर आ गए! सुना है, वहाँ आप बस एक कमरे में ही रहते थे। और हाँ, आपसे जब शपथ लेने के लिए शुभ घड़ी के बारे में पूछा गया था तो आपने कहा था, "मेरे लिए साल का हर दिन, हर पल शुभ है। मैं किसी भी दिन, किसी भी समय शपथ ले सकता हूँ।" हमें गर्व होता है कि हमारे समय में, हमारे बीच आप जैसा व्यक्ति पैदा हुआ, जिसने राष्ट्रपति की भी परिभाषा बदल दी। अपने बालों से कितना प्यार था आपको! आप जब राष्ट्रपति बने तो सभी लोग सोचते थे कि अब आपके बालों का क्या होगा? लेकिन, आपने उन्हें उसी प्यार के साथ रखा। वे आपकी सादगी का हिस्सा बन गए। आपको याद होगा, एक बार पाँचवीं कक्षा के एक बच्चे ने आपसे पूछ लिया था, "आपने ऐसे बाल क्यों रखे हैं?" तो आपने हँसकर उससे पूछा था, "क्यों, क्या मुझ पर सूट नहीं कर रहे हैं?" और, कपड़े तो आप एकाध जोड़ी ही रखते थे। वे भी अपने ही दर्जी

से सिलवाते थे। राष्ट्रपति भवन जाने पर राष्ट्रपति भवन के नहीं, अपने ही दर्जी से आपने चार बंद गले के कोट सिलवाए। लोगों ने उन्हें 'कलाम कट' कोट कहा।

आपने आम आदमियों और नए आविष्कारकों के लिए भी राष्ट्रपति भवन के द्वार खोल दिए। तब से हर साल देश के कोने-कोने से अपने नए और नायाब आविष्कार लेकर प्रतिभाशाली आविष्कारक राष्ट्रपति भवन में अपने सस्ते, स्वदेशी आविष्कारों की प्रदर्शनी लगा रहे हैं। आप जैसा और कौन होगा सर, जिससे मिलने राष्ट्रपति भवन में रिश्तेदार आएँ और वह उनके रहने-खाने का खर्च अपनी जेब से दे दे। मुझे पता है, मई 2006 में राष्ट्रपति भवन में आपसे मिलने आपके 52 रिश्तेदार आए थे। उनमें आपके उम्रदराज बड़े भाई साहब के साथ ही डेढ़ साल की नन्ही पड़पोती भी थी। वे आठ दिन राष्ट्रपति भवन में रुके और जब गए तो आपने अपने व्यक्तिगत खाते से 3,52,000 रुपए का भुगतान किया। आपने तो इफ्तार की दावत का खर्च भी बचाकर वह पैसा अनाथालयों को भिजवा दिया था। खुद भी एक लाख रुपया उन्हें दिया। आपने उन बच्चों का दर्द समझा। हमें गर्व है आप पर और तभी तो बच्चे भी याद कर रहे हैं आपको तहेदिल से। आपके जाने की खबर सुनकर, जानते हैं 'चेतना बाल सुरक्षा गृह' के बच्चों ने क्या कहा? पंद्रह वर्ष के कचरा बीननेवाले आसिफ ने कहा, "मैंने पढ़ा है, बचपन में परिवार का खर्च चलाने के लिए उन्होंने भी मेरी तरह काम किया था। अखबार बेचे उन्होंने।" असलम बोला, "मैंने तो अपने शिक्षकजी से डांस सीखा कि एक दिन दिखाऊँगा उन्हें अपना डांस।" सर, आप बच्चों के दिल तक में बैठ गए। तभी तो देश के हजारों स्कूलों के लाखों बच्चों ने भी भीगी आँखों से आपकी स्मृति को नमन किया।

आपको तो याद भी नहीं होगा आपने अखिल का जीवन सँवार दिया। अखिल, मेरा मतलब है वही अखिल गुप्ता, जो आज कहीं गुजरात में भारत हैवी इलेक्ट्रिकल्स में वरिष्ठ इंजीनियर है। सी.बी.एस.ई. की परीक्षा में उस मेधावी बच्चे के गणित, रसायन विज्ञान और कम्प्यूटर विज्ञान में 97 प्रतिशत अंक थे, जबकि फिजिक्स में उसे फेल कर दिया गया। जाँच करवाई तो कह दिया गया अंक ठीक दिए गए हैं। तब अखिल ने आपको एक पत्र भेजा था कि उसके साथ अन्याय किया गया है। आप तब राष्ट्रपति थे। आपको अखिल का पत्र पढ़कर दुःख हुआ। आपने मानव संसाधन मंत्रालय से जाँच करवाई तो पता लगा अंकों की गिनती में गलती की गई थी। फिजिक्स में 70 में 55 अंक थे। अखिल पास हो गया और बिरला इंस्टीट्यूट ऑफ पिलानी से बी.टेक. करके मेकैनिकल

इंजीनियर बन गया। सर, इंजीनियर से याद आया, आपने भी तो अपने कॅरियर की शुरुआत इंजीनियर के ही रूप में की थी। मद्रास इंजीनियरिंग कॉलेज से इंजीनियरी की डिग्री लेकर 1952 में आप भारतीय अंतरिक्ष अनुसंधान संगठन (इसरो) में इंजीनियर हो गए थे। 2013 में मैं वरिष्ठ पत्रकार श्रीनिवास लक्ष्मण की पुस्तक 'मार्स बिकॉन्स इंडिया' का हिंदी अनुवाद कर रहा था तो मैंने उसमें आपसे जुड़ा एक रोचक प्रसंग पढ़ा। जब अंतरिक्ष विभाग ने केरल के एक सागरतटीय गाँव थुंबा को वहाँ के मछुवारों की शुभकामनाओं के साथ अपना लिया तो अंतरिक्ष वैज्ञानिक और इंजीनियर वहाँ के चर्च और बिशप के मकान में काम करने लगे। आप भी उनमें थे। बिशप का कमरा आपका ऑफिस बन गया था! आप लोगों ने वहाँ से 21 नवंबर, 1963 को नासा से प्राप्त प्रथम साउंडिंग रॉकेट नाइकी अपाचे छोड़ा था। देश यह कैसे भूल सकता है सर कि उस दिन हमारे देश में रॉकेट छोड़ने का शुभारंभ हो गया था। बाद में इस बारे में एक और रोचक बात का पता लगा था, जो आपको जरूर याद होगी। प्रथम साउंडिंग रॉकेट छोड़ने की 40वीं वर्षगाँठ पर जब आप 2006 में राष्ट्रपति भवन में लोगों को संबोधित कर रहे थे तो आपने अपना भाषण इस तरह शुरू किया था, "दस, नौ, आठ, सात.....!" यह सुनकर इसरो के वैज्ञानिकों के हँसते-हँसते पेट में बल पड़ गए थे।

हमें विश्वास है, थुंबा में ही आपने देश में ही रॉकेट बनाने का सपना देखा होगा। आपके नेतृत्व में तभी तो सेटेलाइट लांच व्हिकल यानी एस.एल.वी.-3 जैसे रॉकेट का निर्माण करके 1980 में रोहिणी उपग्रह पृथ्वी की निचली कक्षा में सफलतापूर्वक स्थापित कर दिया गया और आगे चलकर आपके ही मार्गदर्शन में लक्ष्यवेधी अग्नि, पृथ्वी, आकाश, त्रिशूल, नाग और ब्रह्मोस जैसी नायाब और शक्तिशाली मिसाइलें बना ली गईं, जिन्होंने देश को सामरिक शक्ति प्रदान की है।

शक्ति की धमक तो पूरी दुनिया ने तब भी सुनी थी सर, जब पोखरण में 'बुद्ध मुसकराए' थे! हमें याद है—1998 में जब आप रक्षामंत्री के वैज्ञानिक सलाहकार और रक्षा अनुसंधान विकास संगठन (डी.आर.डी.ओ.) के सचिव थे तो आपने 11 मई को पोखरण में किए गए भारत के दूसरे भूमिगत परमाणु परीक्षण में अहम भूमिका निभाई थी। विस्फोट हो जाने तक दुनिया के किसी भी देश को उसकी कानो-कान खबर नहीं हुई थी। तब आप स्वयं भी वहाँ मौजूद थे। आपके बारे में हमें यह भी पता है कि घातक मिसाइलें बनानेवाले 'मिसाइलमैन' ने हृदय रोगियों और पोलियो पीड़ितों की मदद के लिए भी काम किया। आपने निजाम अस्पताल, हैदराबाद के जाने-माने हृदयरोग विज्ञानी डॉ.बी. सोमा राजू को धमनियों में खून

जमने की समस्या से निजात दिलाने के लिए सस्ता और स्वदेशी स्टिंट बनाने की प्रेरणा दी। इसके लिए सर्वोत्तम कोटि का स्टील इस्तेमाल किया गया और इस तरह 'कलाम-राजू स्टिंट' तैयार हो गया। कीमत सिर्फ रु. 10,000, जबकि विदेशों से मँगाए जा रहे स्टिंट की कीमत 75,000 थी। जब आप अग्नि और पृथ्वी मिसाइलों के विकास में जुटे थे, तब आपने पोलियो पीड़ितों के लिए बहुत हलके, मात्र 400 ग्राम भारी कैलिपर्स बनवाए। प्रचलित कैलिपर्स का भार 4 किलोग्राम था। आप सदैव बटोरने के बजाय देने की सलाह देते रहे। यहाँ मुझे आपकी कविता 'खिल उठे देने के लिए' की पंक्तियाँ याद आ रही हैं—

"मानव जीवन क्या देता है एक-दूसरे को?"
मैं उलझन में पड़ गया, कई दिशाओं में भटका मस्तिष्क,
कहा मैंने, "ओ मेरे प्यारे नन्हे पुष्प,
तुम्हारा जीवन है सचमुच प्रेरक मानवता के लिए
एक नश्वर प्राणी के लिए, देने से बड़ा कोई सुख नहीं।"

आपका सर्व धर्म समभाव का स्वभाव भी हमें एक नया सोच दे गया। इसकी शुरुआत तो सर, शायद तभी हो गई होगी, जब बचपन में आप देखते थे कि रामेश्वरम् मंदिर का मुख्य पुजारी, स्थानीय चर्च के पादरी महोदय और मसजिद के इमाम यानी आपके पिता शाम को एक साथ बैठकर चाय पीते और समाज की समस्याओं पर बातें करते। विज्ञान के क्षेत्र में सुना है, आप अपने गुरु प्रसिद्ध अंतरिक्षविज्ञानी सतीश धवन और विक्रम साराभाई को बहुत याद किया करते थे, बाद में अध्यात्म में भी आपकी काफी रुचि हो गई थी। सर, हमें पता है, आप स्वामीनारायण संप्रदाय के गुरु प्रमुख स्वामी को बहुत मानते थे। आपकी आखिरी पुस्तक 'ट्रांसेंडेंस-माइ स्प्रिचुअल एक्सपीरिएंस' में आपने अपने जीवन के आध्यात्मिक अनुभवों को सँजोया है।

वैसे हैरानी होती है कि इतनी व्यस्तता के बावजूद आप पुस्तकें लिखने का समय कैसे निकाल लेते थे, हालाँकि हमें पता है, आप कर्मयोगी थे और अहर्निश काम में व्यस्त रहते थे। हमें पता है सर, आप तो माँ के निधन के दूसरे ही दिन अपने ऑफिस में काम पर लौट आए थे। उसी माँ के बारे में आपने अपनी कविता में लिखा था—

"आपके सहलाते हाथों ने कोमलता से हर ली थी मेरी पीड़ा
आपके प्यार, आपके दुलार, आपके भरोसे ने दी मुझे ताकत,
बिना भय और 'उसकी' शक्ति के साथ

दुनिया का सामना करने की।
हम फिर मिलेंगे कयामत के दिन। मेरी माँ!''

आपकी किताबें तो बेस्ट सेलर ही रहीं। उनके विभिन्न भाषाओं में अनुवाद भी हुए। पेंगुइन ने आपकी जो पुस्तक 'माइ जर्नी' छापी थी, अब तक उसकी 10 लाख से भी अधिक प्रतियाँ बिक चुकी हैं! यह तो एक कीर्तिमान है सर। सच मानिए, आपको न कभी बच्चे भूलेंगे, न बड़े, क्योंकि आपकी तरह का इनसान बिरला ही पैदा होता है। आप बच्चों की किताबों में मौजूद हैं। इसलिए बच्चों की आनेवाली पीढ़ियाँ भी आपको सदा याद रखेंगी। अब आप ही सोचिए, क्या तंजावूर की शास्त्रा यूनिवर्सिटी के वे बच्चे आपको भूल पाएँगे, जिनके पास आप सुबह आठ बजे गए थे और आधी रात तक उन्हीं के साथ रहे? आपने उनसे बातें करते-करते उनकी नैनो टेक्नोलॉजी की तथा दूसरी प्रयोगशालाएँ भी देखी थीं और देश भर के वे लाखों बच्चे, जिनके साथ आपने बातें कीं, वे युवा, जिन्हें आपने देश सेवा का संकल्प कराया और बड़े सपने देखकर उन्हें पूरा करने का संदेश दिया, क्या वे भूल पाएँगे?

वह गार्ड भी नहीं भूल पाएगा आपको, जो शिलांग जाते समय गाड़ी में आपकी सुरक्षा में लगातार मुस्तैदी से खड़ा रहा था। आप अपने सहयोगी से उससे बार-बार बैठ जाने के लिए कहलवाते थे, लेकिन वह बैठा नहीं। शिलांग पहुँचकर आपने कहा तो वह गद्गद होकर बोला था, ''आपने मेरे बारे में सोचा, मेरे लिए यही बड़ी बात है। आप जैसे व्यक्ति के लिए मैं दिन भर खड़ा रह सकता हूँ।'' पंजाब में सींचेवाल गाँव के निवासी भी आपको भला कभी भूल सकते हैं! आपने 2006 और 2008 में उनका उत्साह बढ़ाते हुए कहा था कि जनसहयोग से तो असंभव भी संभव हो जाता है। उन्होंने एकजुट होकर मैली, प्रदूषित काली बीण नदी को साफ बना दिया था। इसी नदी के किनारे कभी गुरु नानक को ज्ञान प्राप्त हुआ था। भूलेंगे तो चमोली, उत्तराखंड की वे ग्रामीण महिलाएँ और पुरुष भी नहीं, जिन्होंने 30 जुलाई को प्रसिद्ध पर्यावरणविद् चंडी प्रसाद भट्ट की अगुवाई में वहाँ आपकी स्मृति में 'कलाम वन' की शुरुआत के लिए वृक्षारोपण किया।

सर 1 जनवरी, 2011 को 'अमर उजाला' अखबार में छपी आपके लेख की वे पंक्तियाँ हमें सदा याद रहेंगी, जिनमें आपने हमारे देश के महान् राष्ट्र बनने का सपना देखा था—

''आकाशगंगा के मेरे मित्रो, मैं सूर्य हूँ/मेरी परिधि में आठ ग्रह लगा रहे हैं चक्कर/उनमें से एक है पृथ्वी/जिसमें रहते हैं छह अरब मनुष्य/सैकड़ों देशों

में/इन्हीं में एक है महान् सभ्यता/भारत 2020 की ओर बढ़ते हुए/मना रहा है एक महान् राष्ट्र के उदय का उत्सव/भारत से आकाशगंगा तक पहुँच रहा है/रोशनी का उत्सव/एक ऐसा राष्ट्र, जिसमें नहीं होगा प्रदूषण/नहीं होगी गरीबी, होगा समृद्धि का विस्तार/शांति होगी, नहीं होगा युद्ध का कोई भय/यही वह जगह है, जहाँ बरसेंगी खुशियाँ.... ''

आमीन! अलविदा डॉ. अब्दुल कलाम।

❑

कलाम की परदुःख-कातरता

—आर. रामनाथन

सन् 1994 में चाँदीपुर अंतरिम परीक्षण रेंज की अपनी एक यात्रा के दौरान डॉ. कलाम नजदीकी शहर बालासोर गए और डी.आर.डी.ओ. में विकसित किए गए संयोजित एफ.आर.ओ. वितरित किए। उन्होंने एक कोने में उदास बैठी हुई सात वर्षीया एक लड़की को देखा। कारण यह था कि उसे कैलिपर पहनने के लिए एक दोष-सुधार सर्जरी की आवश्यकता थी। केवल वही बच गई थी। डॉ. कलाम ने तत्काल हैदराबाद में निजाम अस्पताल में उसके लिए ऑपरेशन की आवश्यक व्यवस्था की। उन्होंने सुनिश्चित किया कि उस पर विशेष ध्यान दिया जाए। छह माह बाद बालासोर की अपनी अगली यात्रा के दौरान वे यह देखकर प्रसन्न हुए कि उस लड़की ने गर्व से अपने कैलिपर पहने हुए थे। डॉ. कलाम ने व्यक्तिगत रूप से यात्रा तथा ऑपरेशन से संबंधित पूरे खर्च का भुगतान किया। लड़की के चेहरे की मुस्कराहट ने उनका दिन सार्थक कर दिया।

उनके बारे में जो पहलू सबसे कम प्रचलित है, वह है उनकी उदारता या परोपकार की भावना। उनके द्वारा लिखित पुस्तकें बहुत सफल रही हैं। वे अपनी रॉयल्टी की आय का अधिकांश हिस्सा योग्य स्वयंसेवी संस्थानों को दे देते हैं। मदर टेरेसा द्वारा स्थापित सिस्टर्स ऑफ चैरिटी उनमें से एक है। मदर के नि:स्वार्थ त्याग तथा गरीबों के लिए उनकी करुणा के कारण डॉ. कलाम के दिल में मदर के लिए बहुत सम्मान तथा श्रद्धा थी (जब वह बीमार थीं तो डॉ. कलाम ने एक कविता की रचना कर डाली थी)। भारतीय विज्ञान तथा प्रौद्योगिकी में उनके योगदान के लिए उन्हें कई पुरस्कार दिए गए हैं। इनमें से कुछ पुरस्कारों के साथ कुछ नकद राशि भी थी। वे इन पुरस्कार राशियों को परोपकार के कार्यों के लिए अलग रखते रहे हैं।

फरवरी 2000 में उन्होंने मुझे परामर्श के लिए बुलाया। उनके सेवानिवृत्ति लाभ उन्हें प्राप्त हो गए थे। वह कोषों का प्रयोग करने को विचार-विमर्श करना चाहते थे। अन्य लोग, जो यह सलाह चाहते हैं कि बुद्धिमत्तापूर्ण निवेश द्वारा कैसे लाभ को अधिक किया जा सके, मुझसे उपयुक्त स्वयंसेवी संगठनों के बारे में सुझाव चाहते थे, जहाँ वे अपनी बचत का इस्तेमाल कर सकें। उन्होंने मुझसे कहा, ''मेरी आवश्यकताएँ बहुत कम हैं। मुझे इस सारी रकम की आवश्यकता नहीं है। इन्हें अच्छे कार्य के लिए इस्तेमाल किया जाना चाहिए। मैं गरीब बच्चों तथा बुजुर्ग लोगों के कल्याण के लिए काम करनेवाले संगठनों को यह रकम देना चाहता हूँ।''

तब यह संदेह व्यक्त किया जाता था कि वे जल्दी इसलिए लौटना चाहते थे, क्योंकि वे विदेश में मिलनेवाला भोजन पसंद नहीं करते। वे एक शाकाहारी व्यक्ति हैं तथा शराब बिल्कुल नहीं पीते। वे लंबी पार्टियाँ पसंद नहीं करते हैं, जहाँ मुक्त रूप से शराब का दौर चलता है। यदि वे किसी वैज्ञानिक को शराब पीते हुए देख लेते तो उसे फटकार लगाते। वह कुछ विलक्षण वैज्ञानिकों को जानते थे, जिनकी शराब पीने की आदत के कारण जल्दी मौत हो गई या उनका जीवन बरबाद हो गया। उन्हें शक होता था कि लोग विदेश इसलिए जाना चाहते हैं, क्योंकि इससे उन्हें सामाजिकता के नाम पर खूब शराब पीने की छूट मिलती है। यह उल्लेखनीय है कि जब भी वह विदेश यात्रा पर गए और किसी वैज्ञानिक से भारत में फोन पर बात करते हैं, तो वह अनिवार्य रूप से इसी शब्द से बातचीत शुरू करते हैं, ''एन्ज्वाइंग?'' (आनंद उठा रहे हैं?)

❑

अहिंदी-भाषी राष्ट्रपति का हिंदी-प्रेम

—श्रीमती राकेश कुमार

महामहिम राष्ट्रपति स्व. डॉ. अब्दुल कलाम की विशेष कार्य अधिकारी (ओ.एस.डी.) के पद पर मेरा चयन और नियुक्ति निस्संदेह मेरे जीवन की अत्यंत चमत्कारी घटना रही होगी। कभी स्वप्न में भी मैंने ऐसे किसी उच्च पद पर अपनी नियुक्ति की कल्पना नहीं की थी। 6 अगस्त, 2002 को डॉ. कलाम के कार्यालय में अपना पदभार सँभालने के तुरंत बाद 10-15 दिन में ही आगे आनेवाली चुनौतियों का आभास होने लगा था। प्रतिदिन दस से बारह घंटे कार्यालय में काम करना मेरी दिनचर्या का प्रमुख हिस्सा बन गया और यह अगले पाँच वर्ष तक यूँ ही चला।

भाषण, संदेश, पुस्तकों की समीक्षा; हिंदी समाचारों के अंग्रेजी अनुवाद के साथ ही उन्हें हर रोज प्राप्त होनेवाले 10-15 हिंदी पत्रों का अनुवाद और उनके उत्तर तैयार करना मेरी दिनचर्या में शामिल था। देशवासियों, विशेषकर युवाओं को डॉ. कलाम से कितनी अपेक्षाएँ थीं, यह उन पत्रों से पता चलता था, इसीलिए वे हर पत्र का उत्तर भी देते थे। पाँच वर्ष के उनके कार्यकाल के दौरान राष्ट्रपति भवन के प्रत्येक अधिकारी-कर्मचारी को पूरी तरह से काम में जुटे हुए देखा। सभी हर वक्त ऊर्जा से भरपूर दिए गए कार्य तत्परता से संपन्न करने में संलग्न दिखाई देते थे।

डॉ. कलाम को 'महामहिम राष्ट्रपतिजी' कहकर संबोधित करना बिल्कुल पसंद नहीं था, इसलिए हम सब उन्हें 'सर' कहकर संबोधित करते थे। सरल हृदय कलाम 'सर' के साथ काम करते समय कभी ऐसा आभास नहीं हुआ कि हम विश्व

के विशालतम प्रजातंत्र के राष्ट्रपति के साथ काम कर रहे हैं। पितातुल्य व्यक्तित्व के साथ पाँच वर्ष कार्य करने का अवसर सौभाग्य से ही मिलता है।

हिंदी भाषा के जानकार होने के बावजूद वर्षों दक्षिण भारत में कार्यरत रहने के कारण, हिंदी भाषा में अपने विचार व्यक्त करने में वे कुछ हिचकिचाते थे। उन्हें मिलने आनेवालों में अनेक हिंदी-भाषी भी होते, जो अंग्रेजी में बात करने से हिचकिचाते थे। ऐसे मुलाकातियों को डॉ. कलाम के साथ संवाद स्थापित करने में दिक्कत न हो, अत: बातचीत को सहज बनाने के लिए मुझे दुभाषिए (अनुवादक) के रूप में वहाँ उपस्थित रहना पड़ता था। मेरे लिए यह आसान कार्य नहीं था, मेरे लिए यह कड़ी चुनौती थी, क्योंकि चर्चाओं के दौरान विज्ञान, धर्म, दर्शन आदि कठिन विषयों पर भी बातचीत होती थी। शुरू-शुरू में काफी घबराई रहती थी, फिर धीरे-धीरे सब सरल होता गया। वह कार्य के प्रति मेरी निष्ठा और मेहनत थी अथवा ईश्वर का आशीर्वाद कि हर बार कसौटी पर खरी उतरी थी।

बच्चों को संबोधित करते वक्त वे अकसर उन्हें अपने जीवन में घटित ऐसी घटनाओं के बारे में बताते, जिनसे बच्चों को ईमानदार, मेहनती, अनुशासनप्रिय, निष्ठावान और सदाचारी बनने की शिक्षा मिलती थी।

बच्चों के साथ आनेवाले शिक्षकों से डॉ. कलाम अकसर मजाक में पूछते, "क्या आप अच्छे शिक्षक हैं, क्या आप बच्चों को प्रश्न पूछने का मौका देते हैं, क्या बच्चे आपको पसंद करते हैं ?" वे बातों-बातों में शिक्षकों को बच्चों के प्रति उनके दायित्वों का बोध करवाते थे और अकसर एक कहानी बच्चों और शिक्षकों को सुनाते थे, जिसका सार था—यदि किसी बच्चे को एक श्रेष्ठ शिक्षक के साथ सात वर्ष तक रहने दिया जाए तो फिर उसके बाद जीवन भर कोई शैतान भी उस बच्चे को बिगाड़ नहीं सकता। माता-पिता के बाद शिक्षक ही एकमात्र ऐसा व्यक्ति होता है, जो बच्चे का सर्वांगीण विकास कर सकता है। आदर्शवादी, सदाचारी और ईमानदार व्यक्ति ही अच्छा शिक्षक और विद्यार्थियों का आदर्श बन सकता है।

'सादा जीवन, उच्च विचार' की बेहतरीन मिसाल डॉ. कलाम ने वर्ष 2020 तक भारत को विकसित राष्ट्रों में शामिल करने का स्वप्न देखा था। उनका हर कदम इस सपने को मूर्त रूप देने की दिशा में आगे बढ़ रहा था। वे मानते थे कि 65 करोड़ से भी अधिक भारत की युवा आबादी उनको इस मिशन में पूरा योगदान और सहयोग देगी।

एक महापुरुष, महामानव, कर्मयोगी, राष्ट्रप्रेमी, राष्ट्रवादी और सही अर्थों में धर्मनिरपेक्ष डॉ. कलाम जल्द ही भारत के युवाओं के आदर्श बन गए थे। उनका

यूँ अकस्मात् जाना कुछ ऐसे है, मानो सागर के बीच नाव को माँझी अचानक छोड़ जाए। अब वे हमारे बीच नहीं हैं, उनके नाम पर सड़कों, संस्थानों व विश्वविद्यालयों का नामकरण हास्यास्पद और अर्थहीन प्रतीत होता है, वे स्वयं ऐसे आडंबरों से कोसों दूर रहते थे।

सभी देशवासी अपनी युवा पीढ़ी को अच्छे मूल्य दें, डॉ. कलाम के अधूरे सपने पूरे करने में सहयोग दें, उनके आदर्शों पर चलने के लिए प्रेरित करें, यही वास्तव में डॉ. कलाम को हमारी सच्ची श्रद्धांजलि होगी।

❑

डॉ. ए.पी.जे. अब्दुल कलाम : एक अनुपम व्यक्तित्व

—देवव्रत द्विवेदी

डॉ. कलाम के प्रथम दर्शन का सौभाग्य मुझे इलाहाबाद के आनंद भवन में प्राप्त हुआ था, जब वे 2001 में यहाँ जवाहरलाल नेहरू स्मृति व्याख्यान देने के लिए आए थे। उनके व्याख्यान सुनने के लिए बड़ी संख्या में युवा छात्र उपस्थित थे। व्याख्यान के बाद काफी देर तक डॉ. कलाम छात्रों के बीच खड़े रहकर उनकी जिज्ञासाओं का समाधान करते रहे और ऑटोग्राफ देते रहे।

इसके पश्चात् 26 अक्टूबर, 2004 को राष्ट्रपति भवन में उनसे मिलने का सौभाग्य प्राप्त हुआ, जब साहित्य संगम प्रकाशन द्वारा प्रकाशित विज्ञान परिषद् के तीन लेखकों की चार पुस्तकें राष्ट्रपति डॉ. कलाम को भेंट करने हम वहाँ गए थे। परिषद् की सभापति डॉ. मंजू शर्मा, प्रधानमंत्री डॉ. शिवगोपाल मिश्र, मैं देवव्रत द्विवेदी, डॉ. एम.पी. यादव, शब्दावली आयोग की तत्कालीन अध्यक्ष डॉ. पुष्पलता तनेजा और साहित्य संगम के श्री आलोक चतुर्वेदी डॉ. कलाम से मिलने पहुँचे। वे अपने पुस्तकालय में बैठे थे। पुस्तकों का सेट अपने हाथों में लिये वे हम सभी के स्वागत में उठकर आगे आए और सबसे हाथ मिलाकर परिचय प्राप्त किया।

उन्होंने एक-एककर सभी पुस्तकों के लेखकों के साथ फोटो खिंचाई और पुस्तकों पर अपने हस्ताक्षर किए। इसके बाद बैठकर देर तक विज्ञान परिषद् की गतिविधियों के बारे में जानकारी लेते रहे। डॉ. शिवगोपाल मिश्रजी ने उनसे परिषद् के शताब्दी समारोह में भाग लेने के लिए अनुरोध किया तो उन्होंने अपनी सहमति व्यक्त की। उन्होंने हिंदी विज्ञान लेखन के बारे में भी कई प्रश्न करके अपनी जिज्ञासाओं का समाधान प्राप्त किया।

राष्ट्रपति पद से हटने के बाद सन् 2008 में डॉ. कलाम इलाहाबाद आए तो वे भारतीय सूचना प्रौद्योगिकी संस्थान के अतिथिगृह में ठहरे थे। परिषद् के उपसभापति प्रो. के.के. भूटानी के नेतृत्व में मैं और आलोक चतुर्वेदी उनसे मिलने गए और परिषद् के नए प्रकाशन उन्हें भेंट किए।

इसके बाद 13 मार्च, 2012 को विज्ञान परिषद् प्रयाग के शताब्दी वर्ष के आयोजनों का उद्घाटन करने के लिए डॉ. कलाम विज्ञान परिषद् के प्रांगण में पधारे। परिसर में उनके स्वागत के लिए परिषद् के पदाधिकारी पंक्तिबद्ध खड़े थे। डॉ. कलाम ने सबका अभिवादन स्वीकार किया और सीढ़ियों पर ग्रुप फोटो खिंचाई। इसके बाद सभागार में आकर दीप प्रज्वलित कर शताब्दी समारोह का उद्घाटन किया। इस कार्यक्रम की अध्यक्षता प्रधानमंत्री के वैज्ञानिक सलाहकार डॉ. आर. चिदंबरम् कर रहे थे। मुझे इस ऐतिहासिक कार्यक्रम का संचालन करने का सौभाग्य प्राप्त हुआ। डॉ. कलाम ने विज्ञान परिषद् की वेबसाइट लांच की तथा अनेक पुस्तकों का लोकार्पण किया। उन्होंने इस अवसर पर अत्यंत प्रेरणादायी व्याख्यान दिया और सभागार में उपस्थित युवाओं और छात्रों से सीधा संवाद कर उन्हें मार्गदर्शन किया।

वे अपने तय कार्यक्रम से लगभग 25 मिनट अधिक समय तक परिषद् में रहे। फिर उठकर अगले कार्यक्रम में भाग लेने के लिए चल दिए। इस बीच परिषद् द्वारा उन्हें दिया जानेवाला 'स्मृति चिह्न' उन्हें भेंट नहीं किया जा सका। अंततः जब वे उस दिन के सभी कार्यक्रम समाप्त करके रात में लगभग 10 बजे सर्किट हाउस पहुँचे तो मैं, डॉ. आशुतोष मिश्र, डॉ.अर्चना पांडेय, डॉ. सुनंदा दास, डॉ. सोनाली चतुर्वेदी और मेहरबान राठौर उनका वहाँ इंतजार कर रहे थे। हम लोगों ने उन्हें शॉल और स्मृति चिह्न भेंट किया और परिषद् में पधारने के लिए उनके प्रति आभार व्यक्त किया।

इन सभी मुलाकातों में डॉ. कलाम की जिस बात ने मुझे सबसे अधिक प्रभावित किया, वह थी उनकी सरलता, सहजता और जिज्ञासा। वे विभिन्न विषयों के बारे में बालसुलभ कौतूहल के साथ चर्चा करते और नई-नई बातें बताते थे। पद और प्रभुता का लेशमात्र अहंकार भी उनमें नहीं था और वे सभी को उचित आदर और सम्मान देते रहे।

उनके निधन से भारत ही नहीं अपितु मानवता ने एक ऐसे अनुपम व्यक्तित्व को खो दिया है, जिसकी भरपायी असंभव है।

डॉ. कलाम की पावन स्मृतियों को शत-शत नमन।

❑

कलाम-एक अनूठी सोच

—श्रीमती दीप्ति शर्मा

बात सन् 2010 की है। मैं अलीगढ़ जनपद की सुप्रसिद्ध विद्यापीठ, सी.बी. गुप्ता सरस्वती विद्यापीठ, में तकरीबन दो वर्षों से अध्यापन कार्य कर रही थी। वह समय विद्यापीठ का बाल्यकाल था, क्योंकि उस समय विद्यापीठ को आरंभ हुए मात्र दो वर्ष ही हुए थे। मात्र 100 छात्रों व 5 अध्यापकों के साथ विद्यापीठ की नींव जमाने का कार्य किया जा रहा था।

विद्यापीठ के कर्मठ एवं बेहद ईमानदार छवि के अध्यक्ष श्रीमान विज्ञानरत्न लक्ष्मण प्रसादजी ने विद्यापीठ को सर्वोपरि बनाने का ध्येय आरंभ से ही सुनिश्चित कर रखा था। विद्यापीठ में समय-समय पर आपका आगमन, छात्र-छात्राओं व शिक्षकों का उत्साहवर्धन करना यही दर्शाता था कि आप विद्यापीठ को समस्त सुविधाओं से युक्त बनाकर समाज में स्थापित कर ऐसे युग-निर्माताओं का निर्माण करना चाहते थे, जो भारत को विश्व-पटल पर एक अनूठी पहचान दिला सकें।

इसके लिए आप समय-समय पर विषय विशेषज्ञों द्वारा शिक्षकों का प्रशिक्षण, महान् विभूतियों का विद्यालय-भ्रमण सुनिश्चित कराते रहते थे। आपके अथक प्रयासों से विद्यापीठ सफलता की सीढ़ियाँ दिन-प्रतिदिन चढ़ता ही जा रहा था।

बात सन् 2010 के अक्टूबर माह की है, जब आपने हम सभी को जानकारी दी कि आप जल्द ही विद्यापीठ में हम सभी के बीच एक अंतरराष्ट्रीय प्रतिभा को लाना चाहते हैं, जिससे हम सभी उनसे प्रेरणा लेकर अपने-अपने स्तर पर अपना-अपना कार्य प्रभावी बना सकें।

हम सभी शिक्षकों में से कोई भी शिक्षक उस अंतरराष्ट्रीय प्रतिभा का अनुमान लगाने में सक्षम नहीं था। हम सभी उस इनसान के नाम को जानने के

लिए खासे उत्साहित थे। जब सभा के अंत में आपके मुखारविंद से उस व्यक्ति का नाम निकला तो मानो पूरी सभा हतप्रभ रह गई थी। उस महान् व्यक्ति का नाम था डॉ. ए.पी.जे. अब्दुल कलाम। हम सभी डॉ. कलाम का नाम सुनकर कुछ क्षणों के लिए सुन्न से पड़ गए थे। व्यक्तिगत रूप से उस समय मेरा मन ऐसा हो रहा था कि मैं वहीं सभा में खूब जोर–जोर से खुशी के मारे डॉ. कलाम, डॉ. कलाम चिल्लाने लगूँ, पर क्या करती, मैं मन मारकर रह गई। मेरा एक शिक्षिका होना मेरी खुशी पर भारी पड़ गया। मैं जोर–जोर से चिल्ला नहीं पाई पर खुशी के आँसू मेरी आँखों से निर्झर बहने लगे। डॉ. कलाम की विद्यापीठ में पधारने की खुशी ठीक वैसी ही प्रतीत हो रही थी जैसे किसी जीवात्मा को परमात्मा के घर पहुँचने पर होती है। मेरी खुशी का ठिकाना न था।

विद्यापीठ में डॉ. कलाम के आगमन की तैयारियाँ जोरों–शोरों पर थी। तैयारियों को देखकर मुझे ऐसा लगता था कि बस ईश्वर मुझे एक ऐसा कार्य करने को मिले, जिससे मैं डॉ. कलाम को एक नजर प्रत्यक्ष देख सकूँ।

विद्यापीठ में साहित्यिक कार्यक्रम की जिम्मेदारी से लेकर अतिथि सत्कार तक की समस्त जिम्मेदारी समस्त शिक्षकों को बाँटी जा चुकी थी। मेरी नजर में कोई ऐसा कार्य न था, जिसकी जिम्मेदारी किसी शिक्षका को न दी गई हो। मैं निराश–हताश सी केवल यही सोचती रहती थी कि हे ईश्वर! कुछ तो ऐसा चमत्कार हो, जिससे मुझे एक इनसान के रूप में साक्षात् आपके दर्शन हो सकें। मैं प्रार्थना करते–करते विद्यापीठ जाती व प्रार्थना करते–करते वापस घर लौट आती। दिन बीतते गए। डॉ. कलाम के विद्यापीठ आगमन की स्वर्णिम तिथि 2 नवंबर की औपचारिक घोषणा श्री प्रसादजी द्वारा कर दी गई, परंतु कार्यक्रम में मेरी कोई जिग्गेदारी न थी। मैं दुःखी थी।

बात 27 अक्टूबर, 2010 की है, जब स्वयं अध्यक्ष महोदय ने मुझे अपने पास बुलाकर कार्यक्रम में मेरी भूमिका पूछी। मैंने सकारात्मकता से अपनी नगण्य भूमिका की सूचना अध्यक्ष महोदय को दी। तुरन्त अध्यक्ष महोदय ने विद्यापीठ से उस वर्ष प्रकाशित हुई पत्रिकाओं का डॉ. कलाम से विमोचन कराने की जिम्मेदारी मुझे सौंप दी।

डॉ. कलाम के व्यक्तित्व एवं स्वभाव का प्रभाव मुझ पर तब से था, जब वे अखंड भारत के राष्ट्रपति के रूप में हम सभी के समक्ष थे। उस महान् हस्ती के पास पुस्तकें लेकर जाना ही मुझे स्वर्ग के द्वार पर जाने जैसा लगा। डॉ. कलाम मानव अवतार में साक्षात् परमात्मा के स्वरूप थे। मैंने अध्यक्ष महोदय द्वारा प्रदत्त

कार्य सहर्ष स्वीकार कर लिया। बस फिर क्या था, मेरा मन बाग-बाग हो गया। मुझे खुशी थी कि इस बहाने मैं डॉ. कलाम के समीप जा सकूँगी। मैं इतना सोच ही रही थी कि तुरंत अध्यक्ष महोदय ने मुझे फिर से मीटिंग हॉल में बुलाया व मुझे कहा कि एक और काफी बड़ी जिम्मेदारी वे मुझे सौंपना चाहते हैं। उन्होंने मुझसे यह भी पूछा कि क्या मैं उस जिम्मेदारी को निभा पाऊँगी। डॉ. कलाम को मात्र देखने की ललक ने स्वत: मेरी गर्दन को 'हाँ' की स्थिति में हिला दिया।

बस फिर क्या था, अध्यक्ष महोदय ने मुझे जो बताया, वह उस समय मुझे अदरक के रस जैसा लगा, लेकिन बाद में उसका ऐसा असर हुआ कि मेरी सारी दुविधाएँ मिटती गईं।

उन्होंने डॉ. कलाम के कार्यक्रम के संचालन की विशाल जिम्मेदारी मुझे सौंप दी। अध्यक्ष महोदय को डॉ. कलाम के लिए प्रत्येक कार्य करने का वचन मैं पहले ही दे चुकी थी तो मैं अपने कर्म से पीछे हटने की स्थिति में नहीं थी। अध्यक्ष महोदय ने मुझे कार्यक्रम सफल बनाने के लिए आशीर्वाद के साथ अग्रिम तैयारियाँ कड़े परिश्रम से करने का निर्देश दिया।

मैं उसी क्षण से सोचने लगी कि मुझे क्या करना होगा। मैंने नगर के बहुप्रतिष्ठित कार्यक्रमों की वीडियो देखी। इसी बीच अध्यक्ष महोदय ने नगर के विख्यात शिक्षक व भाषण कला में महारत हासिल महान् पुरुष डॉ. के.एल. गुप्ताजी को मेरे दिशा-निर्देशक के रूप में नियुक्त किया। डॉ. के.एल. गुप्ताजी ने मुझे मात्र दो दिन में मंच संचालन के समस्त नियम बता दिए। श्री प्रसाद के आशीर्वाद, डॉ. के.एल. गुप्ताजी के दिशा-निर्देशन व ईश्वर की अपार अनुकंपा ने मुझे इस योग्य बना दिया कि मैं डॉ. कलाम के आगमन के कार्यक्रम में अपना बेहतरीन प्रदर्शन दे सकूँ।

डॉ. कलाम के आगमन की तैयारियों के दौरान उत्पन्न होनेवाले श्रद्धाभावों को मैंने एक कविता के रूप में पिरोकर रखना शुरू कर दिया और देखिए, वह कवितारूपी माला भी 2 नवंबर तक बनकर तैयार हो गई। अध्यक्ष महोदय द्वारा बताए गए डॉ. कलाम के जीवन के सभी संस्मरण (डॉ. कलाम द्वारा अखबार बेचना, इमली के बीज बेचना, रामेश्वरम् के मंदिर का प्रसाद खाना, बेहद कठिन परिस्थितियों में अपनी शिक्षा पूरी करना, अपनी शादी की तारीख भूल जाना आदि।) मुझे एक-एक कर याद आते गए।

1 नवंबर की रात मैं सो नहीं पाई। पूरी रात इस उधेड़बुन में निकल गई कि कुछ गलत न हो जाए। मैं मंच संचालन कर पाऊँगी कि नहीं, सोचते-सोचते भोर

हो गई, यानी वह भोर, वह दिवस, वह हवा सभी कुछ डॉ. कलाम के आने पर स्वर्णिम हो गया था। हर प्रकार के डर को त्यागने का समय आ गया था, विद्यापीठ जाकर डॉ. कलाम का स्वागत जो करना था। डर, चिंता, दुख, विषाद सबकुछ मैं अपने घर की चाहरदीवारी में बंद करके स्वर्णिम पथ पर चल पड़ी थी। ऐसा लग रहा था मानो परमात्मा ने अपना थोड़ा सा अंश मुझमें रोप दिया हो। अपनी गरदन ऊँची कर आसमानी रंग की साड़ी पहन मैं अपने घर से ऐसे निकली जैसे मैं सभी को यह बताना चाह रही थी कि मैं ही वह जीवात्मा हूँ, जिसने अपने इतने कम जीवनकाल में इतने महान् व्यक्तित्व से मिलने का सौभाग्य प्राप्त किया हो। मैं सोचती चली जा रही थी। सहसा मेरा दिवास्वप्न टूटा और मैं विद्यापीठ पहुँच गई। सभी की नजरें मुझ पर थीं। सभी सोच रहे थे कि मैं डॉ. कलाम के कार्यक्रम का संचालन कर भी पाऊँगी या नहीं, पर किसी भी प्रकार का कोई भी भय मुझे उस समय नहीं था, क्योंकि उस भय को तो मैं अपने घर पर काफी पीछे छोड़ आई थी।

डॉ. कलाम के रास्ते में होने की सूचना हम सभी को प्राप्त होते ही सभी ने अपना-अपना स्थान लिया। मैं मंच पर अपने निश्चित स्थान पर पहुँच गई। डॉ. कलाम विद्यापीठ के मुख्य द्वार पर पधार चुके थे। सूचना मिलते ही मैंने डॉ. कलाम के सम्मान में लिखी स्वरचित कविता का वाचन प्रारंभ किया। कविता के वाचन को चीरते हुए डॉ. कलाम पंडाल परिसर में पधार चुके थे। अपनी कविता का वाचन समाप्त कर मैंने तुरंत डॉ. कलाम को नजर भरकर देखा, बस वहीं मेरा जीवनध्येय पूर्ण हो गया। मुझे दिव्यात्मा के दर्शन हो चुके थे। डॉ. कलाम ने मंच पर अपना आसन ग्रहण किया व कार्यक्रम आगे बढ़ा, अब तो मेरे शब्द स्वतः निकल रहे थे। कार्यक्रम संचालन के दौरान एक भी बार डर या झिझक महसूस नहीं हुई और होती भी कैसे, मुझसे एक कदम दूर डॉ. कलाम जैसे महापुरुष जो बैठे थे।

कहते हैं न महान् आत्माओं का प्रभाव तो कोसों दूर तक रहता है तो मैं जीवात्मा तो मात्र आपसे एक कदम दूरी पर आप ही के प्रभाव में कार्य कर रही थी।

डॉ. कलाम के अनुसार इतिहास केवल कुछ महान् ज्ञानियों के इर्द-गिर्द घूमता रहता है। आपका मानना था कि कोई भी व्यक्ति, चाहे वह किसी भी धर्म का हो या किसी वर्ग का, नवाचार के माध्यम से अपना नाम इतिहास में स्वर्णिम अक्षरों में लिखवा सकता है। आपके अनुसार जो लोग व्यवसाय में लगे हैं, उन्हें तो बाजार के हिसाब से चलना ही होता है, किंतु जो लोग शिक्षा के क्षेत्र को

जीविका की तरह अपनाते हैं, वे निश्चिंतता और समृद्धि की ओर रुख करते हैं। आप शिक्षकों की शिक्षा पर विशेष ध्यान देते थे, आपका मानना था कि शिक्षा से जुड़े लोगों और वैज्ञानिकों को नए ज्ञान को खोजने में समस्या का सामना करना पड़ता है। आपने विद्यापीठ में पधारकर उन सभी तरीकों से हम सभी को अवगत कराया, जिनके माध्यम से हम किसी भी समस्या का समाधान बालक को करना आसानी से सिखा सकते हैं। आपने सामूहिक व व्यक्तिगत रूप से सभी शिक्षक-शिक्षिकाओं का मार्गदर्शन एक कुशल मार्गदर्शक के रूप में किया, जो आज तक हम सभी के शिक्षण कार्य में लाभकारी सिद्ध होता रहा है।

कार्यक्रम के दौरान डॉ. कलाम ने मुझे मेरी कविता लेकर अपने समीप आने को कहा। मैं अपनी कविता लेकर मंच पर पहुँची। डॉ. कलाम ने मेरे सिर पर अपने कर-कमलों को रखकर आशीष प्रदान किया व मेरी कविता पर अपनी कलम से शुभाशीष लिख उसे अमर बना दिया। ठीक उसी दिन मैंने आपसे सीख ली और ठान लिया कि जीवन में अब रुकना नहीं है, आगे बढ़ना है। विद्यापीठ में कुछ समय तक शिक्षण कार्य करने के उपरांत मैंने अपनी मेहनत से सन् 2014 में उ.प्र. बेसिक शिक्षा विभाग में सहायक अध्यापिका का पद प्राप्त किया। सन् 2015 में मुझे उ.प्र. अपर बेसिक शिक्षा विभाग में सहायक अध्यापिका के पद पर कार्य करने का अवसर प्राप्त हुआ। अब आगे चाहती हूँ कि प्रशासनिक अधिकारी बनकर समाज में एक आदर्श स्थापित कर सकूँ।

आप आज हमारे बीच नहीं हैं, पर आप जन्नत से हमें देख रहे हैं, ऐसा मुझे विश्वास है।

पृथ्वीलोक पर जब आप थे, तब अपने आशीष से मेरा वर्तमान सँवारा आज मैं जो भी कुछ हूँ, केवल आपके आदर्शों पर चलकर। भविष्य में भी आप मुझे जन्नत से सही मार्ग पर चलने का दिशा-निर्देशन प्रदान करेंगे, ऐसी मेरी अभिलाषा है।

❑

विज्ञान ऋषि डॉ. कलाम : प्रेरक स्मृतियाँ

–डॉ. रामगोपाल

वर्तमान भारत के सबसे लोकप्रिय, 27 जुलाई, 2015 को ब्रह्मलीन हुए पूर्व राष्ट्रपति, मिसाइलमैन, शिक्षक-मार्गदर्शक, ओजस्वी वक्ता, वैज्ञानिक, कर्मयोगी, भविष्यद्रष्टा, भारतरत्न डॉ. अब्दुल कलाम को संपूर्ण राष्ट्र भावभीनी श्रद्धांजलि अर्पित कर रहा है। मेरे रक्षा अनुसंधान विकास संगठन के सहकर्मी, बॉस और मार्गदर्शक डॉ. कलाम के साथ बिताए कुछ प्रेरक प्रसंगों की अमूल्य निधि प्रस्तुत करते हुए मैं आत्मसंतोष का अनुभव कर रहा हूँ।

डॉ. कलाम से मेरा प्रथम मिलन लगभग 1990 के आसपास खेलगाँव दिल्ली के डी.आर.डी.ओ. अतिथिगृह में हुआ था, जहाँ डॉ. कलाम राष्ट्रपति बनने के पूर्व अनेक वर्षों तक रहे। वरिष्ठ वैज्ञानिक और निदेशक, रक्षा प्रयोगशाला, जोधपुर के रूप में अनेक वैज्ञानिक सम्मेलनों, साउथ ब्लॉक दिल्ली के उनके कार्यालय, बालेश्वर (उड़ीसा) के अग्नि मिसाइल के प्रक्षेपण स्थल, विज्ञान भवन जोधपुर की प्रयोगशाला और मरुस्थलीय परियोजना स्थलों, बंगलौर, हैदराबाद आदि जगहों पर उनसे विचार-विमर्श और अनुसंधान कार्यों का विवरण देना होता रहा। डॉ. कलाम मुझे स्नेहवश 'वाटरमैन' से संबोधित करते रहे हैं। आप द्वारा स्वीकृत 'सुजलम्' परियोजना के अंतर्गत बाड़मेर (राजस्थान) के दूरस्थ 25 गाँवों में शुद्ध पेयजल उपलब्ध कराने के हमारे सफल कार्य की प्रशंसा कर रक्षा प्रयोगशाला, जोधपुर को देश के मानचित्र पर गौरवपूर्ण स्थान दिलाया। परियोजना निदेशक 'सुजलम्' के रूप में मेरे कार्य और राष्ट्रीय पेयजल मिशन में भागीदारी,

पेटेंट्स, जल गुणवत्ता परीक्षण पर आधारित प्रशिक्षण, निर्लवणीकरण संयंत्रों, किट और उपकरणों के उत्पादन को देश-विदेश में मान्यता व पुरस्कार आपके आशीष के रूप में मिले और विश्व स्वास्थ्य संगठन के सदस्य के रूप में शोधकार्यों को राष्ट्रीय और अंतरराष्ट्रीय सम्मेलनों में प्रस्तुत करने का अवसर मिला। मुझे उन्होंने ग्रामीण विकास एवं सोसाइटी फॉर बायोटेक्नोलॉजी के अंतर्गत तिलोनिया (अजमेर), राँची, बंगलौर, राजस्थान के मरुक्षेत्रों, भूकंप व तटीय साइक्लोन प्रभावित उड़ीसा, आंध्र प्रदेश, महाराष्ट्र, गुजरात आदि क्षेत्रों में साथ में कार्य क़रने का अवसर प्रदान किया। मेरे सामाजिक सेवा के कार्यों को प्रोत्साहन देने हेतु नेत्रहीन विकास संस्थान, जोधपुर आकर बच्चों को मार्गदर्शन दिया। सन् 1998 में पोखरण में 5 अणु बम विस्फोटों के सफल परीक्षण में 'शक्ति-98' पुरस्कार रक्षा प्रयोगशाला, जोधपुर और देश के अन्य वैज्ञानिकों के साथ मुझे भी प्राप्त करने का अवसर आपके सफल और गरिमामय नेतृत्व के कारण उपलब्ध हुआ।

उपर्युक्त अभिव्यक्ति इन शब्दों के साथ करते हैं, "मैं इस महान् भूखंड के कुएँ के समान हूँ और जिस प्रकार कुएँ से निरंतर जल निकाला जाता है, वैसे ही जिन लाखों बच्चों को मैं देख रहा हूँ, वे मेरे अनुज मेरे दैवी स्रोत से प्रेरणा लेते हुए इस परमात्मा के आलोक को सर्वत्र फैलाते रहें।"

अग्नि के सफल परीक्षण के उपरांत डॉ. कलाम ने उस रात अपनी डायरी में निम्नांकित शब्दों में अभिव्यक्ति (अनुवादित) की है—

"अग्नि को इस दृष्टि से मत देखो
कि यह क्षितिज में उठता हुआ
तुम्हारा शक्तिपुंज है
यह प्रत्येक भारतीय हृदय में सुषुप्त दावानल है
इसे प्रक्षेपास्त्र मात्र का नाम भी न दो
यह तो आलोकित राष्ट्र का गौरव है
इसलिए इतना देदीप्यमान है।"

सादा जीवन एवं उच्च विचार के धनी डॉ. कलाम 19वीं सदी में लिखी हुई कविता को उद्धृत करते हुए कहते हैं—

"प्रत्येक क्षण कार्यरत रहो,
सभी से सहज भाव से मिलो।
पर जब तुम निहाई पर हो, सहो,
और जब हैमर हो तो प्रहार करो।"

डॉ. कलाम ने देश को एक नई लक्ष्य-दृष्टि दी है, जिसके अंतर्गत रक्षा प्रणाली मिशन में आत्मनिर्भरता मिशन (सेल्फ रिलाएंस मिशन इन डिफेंस सिस्टमः 1995-2005) और तकनीकी दृष्टि-2020 के अंतर्गत भारतवर्ष को सशक्त और प्रभुता-संपन्न विकसित राष्ट्रों की श्रेणी में जाना है तो हमारे देश को तकनीकी क्षेत्र में विदेशी आयात से मुक्त कराने के लिए दृढ संकल्प के साथ कार्य करना है।

27 जुलाई, 2015 के अंतिम क्षणों में डॉ. कलाम के साथ रहे श्री सृजन पाल सिंह की मीडिया में अभिव्यक्ति देश, समाज और मानव जाति के प्रति समाई हुई अखंड, असीम करुणा, मैत्री और राष्ट्रप्रेम, गहरे सोच और सुखी जीवन जीने की सोच दरशाती है। कैसे हमारी पृथ्वी हिंसा, प्रदूषण से मुक्त होकर प्रजातांत्रिक जीवन जिए। डॉ. कलाम की शांतिपूर्ण सुखद मृत्यु का विवरण यह दरशाता है कि वे एक पुण्यात्मा, कर्मयोगी और निष्कलंक व्यक्तित्व के धनी थे। संयुक्त राष्ट्र संघ ने डॉ. कलाम को अभूतपूर्व श्रद्धांजलि देते हुए इनके जन्म दिवस 15 अक्टूबर को 'विश्व छात्र दिवस' घोषित किया है। एक भारतीय व्यक्ति को यह महानतम सम्मान है। वे आजीवन समाजसेवा और विकासशील भारत को विकसित विश्वगुरु भारत के निर्माण में जुटे रहे।

❑

डॉ. कलाम से मैंने जो सीखा

–दिलीप भाटिया

विज्ञान के भगवान्, भारतरत्न, भूतपूर्व राष्ट्रपति और स्मृतिशेष डॉ. ए.पी.जे. अब्दुल कलाम सर से मुझे जीवन में एक अच्छा इनसान बनने के लिए बहुत कुछ सीखने को मिला। राजस्थान परमाणु बिजलीघर में 1998 में वे आए थे, हेलीपैड पर हमारे परियोजना निदेशक ने जब उनसे ब्रीफकेस लेना चाहा तो उन्होंने स्पष्ट मना कर दिया। वैज्ञानिक सलाहकार के बड़े पद पर होते हुए भी अपना कार्य स्वयं ही करने का पाठ डॉ. कलाम से सीखने को मिला। केंद्रीय हिंदी संस्थान, आगरा का 'आत्माराम 2004' पुरस्कार लेने जब मैं नई दिल्ली के विज्ञान भवन में गया, तो राष्ट्रपति ठीक सायं 5 बजे आ गए थे। मुख्य अतिथि अधिकांशतः देरी से ही आते हैं, पर अनुशासन एवं समय के महत्त्व का पाठ पुनः मुझे उनसे सीखने को मिला। घड़ी की सुइयों की तरह ठीक 1 घंटे में नियत समय में कार्यक्रम का संपन्न होना, मुझे सही योजना प्लानिंग का पाठ सिखा गया। पुरस्कार प्राप्त करनेवालों में एक 90 वर्षीय व्यक्ति स्टेज पर आने में असमर्थ थे। डॉ. कलाम स्वयं स्टेज से नीचे उतरकर उनको सम्मानित करने आए। डॉ. कलाम ने इनसानियत एवं मानवीयता का पाठ मुझे सिखा दिया।

अपना संबोधन हिंदी में ही दिया एवं विज्ञान को जनता तक हिंदी में देने के लिए हमें संदेश दिया। उनके इस पाठ से मैंने सीखा कि परमाणु ऊर्जा पर जनता की भ्रांतियाँ दूर करने के लिए हमें हिंदी एवं क्षेत्रीय भाषाओं को माध्यम बनाना होगा। मैंने अपने विचार अपने अधिकारियों को बतलाए एवं पश्चिमी तथा दक्षिणी भारत के परमाणु बिजलीघरों में जन-संपर्क हेतु मराठी, गुजराती, तेलुगु, कन्नड़ का भी उपयोग होने लगा। उनकी पुस्तकें पढ़कर मैंने उन्हें पत्र लिखा था। राष्ट्रपति पद की व्यस्तता होते हुए भी उन्होंने मेरे पत्र का उत्तर दिया। इससे मुझे शिक्षा मिली कि हर

पाठक-पाठिका से प्राप्त पत्र का उत्तर अवश्य देना चाहिए। पत्र का उत्तर नहीं देना इसी प्रकार है कि कोई हमारी डोरबेल बजाए एवं हम दरवाजा नहीं खोलें।

राष्ट्रपति पद से सेवामुक्त होने पर मात्र दो सूटकेस लेकर विदा लेना मुझे सादगी एवं अपरिग्रह का पाठ सिखा गया। न्यूनतम सामान ही रखना चाहिए एवं अनावश्यक संग्रह नहीं करना चाहिए। राष्ट्रपति भवन के कर्मचारियों की व्यक्तिगत परेशानी में सहयोग की उनकी भावना ने मुझे सबकी यथाशक्ति तन-मन-धन से सहायता करने का पाठ सिखाया।

सेवानिवृत्ति के पश्चात् भी डॉ. कलाम का पुस्तकें लिखना एवं शिक्षण संस्थानों में व्याख्यान देना मुझे सिखा गया कि समाज, देश हेतु सत्कर्म करते रहना चाहिए। संस्थान से सेवानिवृत्ति के पश्चात् भी यथाशक्ति तथा यथासंसाधन सृजन, समाज-सेवा और देश-सेवा करना संभव है। वैज्ञानिक के पद पर जब उन्हें तत्कालीन प्रधानमंत्री इंदिरा गांधी से मिलने जाना था तो वे अपनी सादगीवाली वेश-भूषा में चले गए। उनका यह व्यवहार मुझे सादगी, सरलता, पारदर्शिता का पाठ सिखा गया। आडंबर, दिखावा, कृत्रिमता की आवश्यकता नहीं; यह मुझे डॉ. कलाम की जीवन-शैली से सीखने को मिला।

शिक्षा हेतु बड़ी बहन जोहरा आपा द्वारा दी गई सहायता से छात्रवृत्ति मिलते ही कर्जमुक्त हो जाना चाहिए, ऐसा उनका सोच था। राष्ट्रपति पद की शपथ बिना मुहूर्त देखे, बिना भव्य समारोह के लेना मुझे सिखा गया कि शगुन-मुहूर्त और कर्मकांड के चक्कर में नहीं रहना चाहिए। हर क्षण, हर समय शुभ है। उच्चतम पद राष्ट्रपति एवं उच्चतम सम्मान 'भारतरत्न' का उन्हें कभी कोई अभिमान नहीं रहा। मुझे सरलता का पाठ सीखने को मिला। शिक्षण संस्थानों में वार्त्ता के पश्चात् बच्चों की जिज्ञासा का समाधान करना, प्रश्न पूछने के लिए प्रेरित करना मुझे सिखा गया कि बच्चों से संवाद बनाए रखना चाहिए एवं अतिथि का घमंड छोड़कर कार्यक्रम में शिक्षकों-बच्चों से रिश्ता जोड़कर आना चाहिए।

डॉ. कलाम से सीखकर ही मैं परमाणु ऊर्जा विभाग से सेवानिवृत्ति के पश्चात् भी बच्चों के लिए पुस्तकें लिख रहा हूँ। इच्छुक बच्चों को पी.डी.एफ. सॉफ्टकॉपी इ-मेल से निःशुल्क भेजता रहता हूँ। शिक्षण संस्थानों में वार्त्ताएँ देता हूँ। बच्चों से संवाद बनाए रखता हूँ। मैं, दिलीप, दिल से डॉ. कलाम का कृतज्ञ हूँ। उनकी सीखों का पालन कर मुझे जीवन-संध्या में देश-सेवा करने का अनमोल पाठ जीवन को सार्थक बनाने का अवसर मिल रहा है। उन्हें आदरपूर्ण सलाम। इति!

❑

विलक्षण गुणों के धनी : डॉ. कलाम

—श्रीमती मंजू नौटियाल

"प्रज्वलित मन, पृथ्वी पर किसी भी संसाधन की तुलना में, सबसे शक्तिशाली संसाधन है, पृथ्वी के ऊपर और नीचे पृथ्वी।"

मैं गहराई से अनुभव करती हूँ कि माननीय डॉ. ए.पी.जे. अब्दुल कलाम की हमारे शहर लखनऊ की यात्राओं के दौरान मुझे उनकी उपस्थिति और मार्गदर्शन में होने का सौभाग्य प्राप्त हुआ।

सिटी मोंटेसरी स्कूल (सी.एम.एस.) लखनऊ, एक संस्था है, जिसे किसी परिचय की आवश्यकता नहीं है। श्री लक्ष्मण प्रसाद ने कलामजी के दृष्टिकोण का प्रक्षेपण किया, जो युवाओं के अभिनव और रचनात्मक विचारों को प्रोत्साहित करता है। अंतरराष्ट्रीय नवोन्मेष दिवस इनकी दूरदर्शिता की ही पहल है। इस कार्यक्रम को वृहत् रूप से करने के लिए श्री लक्ष्मण प्रसाद ने हमारे विद्यालय सिटी मोंटेसरी स्कूल से संपर्क किया और इस तरह 15 अक्टूबर, 2006 को अंतरराष्ट्रीय नवोन्मेष दिवस का जन्म हुआ, जो कि हमारे पौराणिक दूरदर्शी कलामजी का जन्मदिवस है। इस कार्यक्रम, जिसमें दुनिया भर के युवा छात्र, जो वैज्ञानिक और पर्यावरणविद् बनने के आकांक्षी हैं, का समन्वय कार्य मुझे दिया गया। इसके द्वारा भावी वैज्ञानिकों को बढ़ावा देने, नवीन विचारों और रचनात्मकता को आत्मसात् करने के लिए प्रोत्साहित किया जाता है। यह कार्यक्रम वर्तमान में अपने 11वें वर्ष में सफलतापूर्वक चल रहा है और इसे कलामजी के सपनों को बढ़ावा देने के लिए एक लंबा सफर तय करना है।

अंतरराष्ट्रीय नवोन्मेष दिवस को एक दशक हो चुका है। मुझे अभी भी उनका उत्साहजनक संदेश याद है, जो उन्होंने हमारे कार्यक्रम के लिए पत्र प्रेषित

किया था कि सीखने के कौशल द्वारा अधिग्रहण की मूल सोच रचनात्मकता की ओर ले जाती है, यही रचनात्मकता नवोन्मेष का परिणाम है।

डॉ. ए.पी.जे. अब्दुल कलाम ने बच्चों से उसी जोश के साथ अपार प्रेम साझा किया, जिस प्रकार से पूर्व प्रधानमंत्री पंडित जवाहरलाल नेहरू ने किया था। वे भी नेहरूजी की तरह आश्वस्त थे कि बच्चे ही हमारे भविष्य हैं और हमें उनका मन प्रज्वलित करना होगा। डॉ. ए.पी.जे. अब्दुल कलाम एक स्वप्नद्रष्टा और दूरदर्शी विभूति थे, जिन्होंने भारत और उसके युवाओं का परिपोषण किया, जब देश को एक आदर्श व्यक्तित्व की आवश्यकता थी। वह जिस सभा में भी जाते, वहाँ युवाओं को सितारों को प्राप्त करने के उद्देश्य के लिए प्रेरित करते, क्योंकि वे पूर्ण रूप से विश्वास रखते थे, "अगर आपमें सितारों को पाने की इच्छा है तो इस बात से कोई फर्क नहीं पड़ता कि आप कौन हैं, बल्कि आपका जुनून और उसे प्राप्त करने का आत्मविश्वास ही मायने रखता है।" यह डॉ. कलाम के व्यक्तित्व का मानवीय पक्ष है, जो उनके वैज्ञानिक कौशल के रूप में प्रसिद्ध हो गया है।

उनकी उपस्थिति से हम सब धन्य हो गए थे। उनके कहे उपर्युक्त शब्द छात्रों की कल्पना में उतर गए। उनका यह आगमन मेरी स्मृति में छाप छोड़ गया है। आज भी हमारे छात्र उस प्रसंग को दोहराते रहते हैं। राष्ट्रीय वनस्पति अनुसंधान संस्थान के बागानों में वह सुनहरी सुबह, जहाँ हमारे विद्यालय के छात्रों को संस्थान की 'हीरक जयंती' उत्सव का हिस्सा बनने के लिए आमंत्रित किया गया था। सभी बच्चे बहुत उत्साहित थे और उत्सुकता के साथ डॉ. कलाम के आगमन की प्रतीक्षा कर रहे थे। जैसे ही उनके साथ उनका काफिला आया, सभी बच्चे अत्यंत उत्सुकता के साथ उनसे मिलने गए तो डॉ. कलाम ने एक स्वागत मुसकान के साथ उन्हें धन्यवाद दिया और कहा, जो मैं कभी भूल नहीं सकती, "मेरी प्रतीक्षा कर रहे प्यारे बच्चों-युवा मन को हर पल प्रेरित करने की आवश्यकता है। बच्चों का समय बहुमूल्य है, मैं नहीं चाहता कि आप मेरी प्रतीक्षा करें, मैं मेरे नवीन आविष्कारकों से मिलना चाहता हूँ।" मैं उनके द्वारा कहे विनम्र शब्दों से अत्यंत कृतार्थ हुई। उनके स्वर्णिम कथन से मैं अत्यंत प्रभावित हुई और मुझे अनुभूति हुई कि कभी बच्चों के साथ अधीर नहीं होना चाहिए।

वे अपने जादुई मार्गदर्शन से बच्चों की कल्पनाओं और भावनाओं को जाग्रत् करने में सक्षम थे। उन्होंने इस बात पर जोर दिया, "एक, कई, छोटे-बड़े और कोई भी उन्मादी विचारों की उड़ान..." यह बच्चों की रचनात्मकता को प्रतिबिंबित करते हैं।

समारोह के दौरान मैंने ध्यान दिया कि कलामजी की सभी बच्चों के साथ

तालमेल करने की अविश्वसनीय कुशाग्र बुद्धि थी। मुझे विश्वास है कि उनका हृदय एक बच्चे के समान था, वे छोटे बच्चों की छोटी-मोटी शरारतों से अवगत थे। वे स्वयं को बच्चों के स्तर पर ले जाकर वार्त्तालाप करते थे। उन्होंने कभी भी अभिमानी कद प्रस्तुत नहीं किया।

मैं अभी भी एक रुचिकर प्रसंग याद कर सकती हूँ, जैसा कि आमतौर पर होता है, ऐसी सभी घटनाओं में, जहाँ सबसे होनहार छात्रों को आगे की पंक्ति में तैयार सवाल पूछने के लिए और वाक्पटुता के साथ उत्तर देने के लिए बैठा दिया जाता है। कलामजी इस तय परिदृश्य से पूरी तरह अवगत थे। जब मंच पर वे अपने विचार पेश कर रहे थे कि उन्होंने अचानक बोलना बंद कर दिया और सभागार में पीछे बैठे छात्रों को संबोधित करते हुए कहा, "पीछे बैठे छात्रों में भी रचनात्मकता होती है, सपना और इच्छाएँ भी होती हैं। उनकी किताबों को देखो, जो चित्रों से भरी हैं। मैं अधिक आग्रह करता हूँ, वे अपनी रचनात्मकता का उपयोग और कुछ नया करने के लिए करें।" हम सभी वरिष्ठ अधिकारी और शिक्षक उनकी अभिव्यक्ति की सोच से स्वयं द्वारा किए इस कार्य के लिए शर्मिंदा हुए और हास्य का वातावरण भी छा गया। हम सब उनकी बात से सहमत थे। डॉ. कलाम एक पल में छात्रों में हिट हो गए। मैंने इससे पहले बच्चों को इतना ध्यानमग्न नहीं देखा था।

मेरा यह मानना है कि दुर्जय व्यक्तित्व का आधार उनकी साधारण पृष्ठभूमि है। डॉ. कलाम का माताओं के प्रति अत्यंत सम्मान का भाव था। उन्होंने दृढता से यह माना कि माता ही बच्चों को पोषित करती है और उन्हें संस्कारवान बनाती है। समारोह के अंत में उन्होंने सुनिश्चित किया कि इस शपथ द्वारा बच्चे अपने आचरण द्वारा माँ को सदैव प्रसन्न रखें—

"अपनी माँ की हमेशा मुसकान बनाए रखें,
माँ मुसकराती है तो घर मुसकराता है,
घर मुसकराता है तो समाज मुसकराता है,
समाज मुसकराता है तो राष्ट्र मुसकराता है।"

एक शिक्षक होने के नाते वर्षों के दौरान मैंने अनुभव किया कि बच्चों ने कई अन्य कारणों के लिए भी शपथ ली है, परंतु जिस भावनात्मक लगाव और ध्यान से बच्चों ने इस बार शपथ ली, यह पल मेरी आँखों में आँसू ले आता है, क्योंकि यहाँ पर वह इनसान था, जिसने अपने भावुक और ईमानदार शब्दों से एक-एक का हृदय छू लिया।

सत्यता यह है कि उन्होंने धरती माँ से स्वयं के लिए कुछ भी नहीं लिया,

लेकिन बहुत कुछ विज्ञान और प्रौद्योगिकी, अध्यात्मवाद तथा मानवीय मूल्यों के लिए बड़े पैमाने पर दुनिया में योगदान दिया। उनके इस योगदान से हम सभी धन्य हैं। वे एक ऐसे आदर्श शिक्षक थे, जिनका अनुकरण करके छात्र स्वयं को भाग्यशाली अनुभव कर सकते हैं। निश्चित रूप से यदि हम उनके सर्वगुणों में से एक भी गुण का अनुकरण करें तो यह उनके लिए हमारी तरफ से सच्ची श्रद्धांजलि होगी, जो अपनी महान आत्मा के रूप में आज भी हमारे मध्य विद्यमान हैं।

❑

विमुक्त भागीदारी (फ्री पार्टनरशिप) का मूलमंत्र

–विज्ञान रत्न लक्ष्मण प्रसाद

डॉ. ए.पी.जे. अब्दुल कलाम का व्यक्तित्व सम्मोहक तथा बहुपक्षीय था। उनका महत्त्व रामेश्वरम् के एक अनजान ग्रामीण लड़के से राष्ट्रपति भवन तक की यात्रा तक सीमित नहीं था। वे बचपन से ही मानवीयता तथा आध्यात्मिकता से प्रेरित रहे। उन्होंने अपने जीवन में सपनों को साकार करने का प्रयत्न किया और सफलता ने उनका दामन नहीं छोड़ा। 'मिसाइल पुरुष' नाम से प्रख्यात डॉ. कलाम सन् 2020 तक भारत को विकसित राष्ट्र का दर्जा दिलाना चाहते थे। वे हमेशा आकाश की ऊँचाइयों तक पहुँचने के इच्छुक रहे। वे समाज के सभी वर्गों के साथ-साथ विशेष रूप से बच्चों के मस्तिष्क को प्रज्वलित करने के लिए जीवनपर्यंत प्रयत्नशील रहे।

डॉ. कलाम के संपर्क में जो भी व्यक्ति आता था, वह उनके गुणों, जैसे सादगी, सद्‌भावना, संवेदनशीलता, विनम्रता, आत्मीयता, मैत्रीपूर्ण व्यवहार आदि से प्रभावित हुए बिना नहीं रहता था। वे सदैव अच्छे कार्यों की प्रशंसा के साथ ही उनको अपने-अपने क्षेत्र में आगे बढ़ने के लिए प्रोत्साहित करने का उनमें एक विशेष गुण था। देश के ऐसे अनेकों व्यक्ति हैं, जिन्होंने उनके द्वारा बताए गए मार्ग पर चलकर जीवन में सफलता के साथ अनेक प्रकार की उपलब्धियाँ भी अर्जित की हैं। ऐसे महान् व्यक्तित्व को कोई कैसे भूल सकता है?

राष्ट्रपति के रूप में भी उनकी सादगी एवं विनम्रता में कोई कमी नहीं देखी गई। उनको शैक्षिक एवं धार्मिक संस्थाओं एवं स्थलों में जाना सदैव रुचिकर लगता

था। प्रत्येक धर्म के धर्मगुरुओं से विस्तृत चर्चा करने में बहुत आनंद आता था और वे बिना भेदभाव सभी धर्मों के श्रेष्ठ विचारों एवं अच्छाइयों को ग्रहण करने में संकोच नहीं करते थे। एक बार जब वे गुजरात के एक आश्रम में गए तो वहाँ के एक संन्यासी ने पूछा कि डॉ. कलाम, आप हर समय इतने ऊर्जावान एवं उत्साही कैसे रहते हैं? तो उन्होंने सहज भाव से उत्तर दिया, 'स्वामी, जब मैं लिफ्ट से प्रथम तल से भूतल तक आता हूँ तो उस अल्प समय में भी मैं सदैव एक ही बात सोचता रहता हूँ कि मैं देश एवं समाज को क्या दे सकता हूँ? जब मैं किसी बच्चे से मिलता हूँ तो मैं उसे क्या दे सकता हूँ, जिससे उसे खुशी मिले। इसी प्रकार जब मैं किसी संन्यासी/साधु से मिलता हूँ तो मैं सदैव सोचता रहता हूँ कि उनको क्या दे सकता हूँ? मैं सदैव सोचता रहता हूँ कि मैं क्या दे सकता हूँ? इसी से मैं हर पल ऊर्जावान एवं उत्साहित बना रहता हूँ।' उन्होंने स्वामीजी से कहा कि दुनिया हमको बताती है कि हम दूसरों से क्या ले सकते हैं? क्या हम कभी सोचते हैं कि हम दूसरों को क्या दे सकते हैं, जिससे उनको आगे बढ़ने में मदद मिले? स्वामीजी ने बताया कि अहमदाबाद एक ऐसा नगर है, जहाँ हम सदैव दूसरों से लेने की बात लगातार करते रहते हैं और देने की बात पर हम ध्यान ही नहीं देते। जब हम किसी को कुछ देते हैं तो उसके बदले में हमको क्या लाभ मिलेगा, ऐसी हमारी मानसिकता बन गई है। इस प्रकार की सोच में कैसे परिवर्तन लाया जा सकता है? इसके उत्तर में डॉ. कलाम ने कहा कि हमको समाज में पूर्ण रूप से सकारात्मक सोच विकसित करनी होगी, उसी सोच के द्वारा हम समाज में परिवर्तन ला सकते हैं। इसलिए देश एवं समाज को आगे बढ़ाने के लिए सकारात्मक सोच और विचारों की बहुत ही आवश्यकता है।

डॉ. कलाम इस कार्यक्रम के बाद जब आश्रम से बाहर जा रहे थे तो लगभग 40 मीडियाकर्मियों ने उन्हें घेर लिया और बातचीत करने के लिए आग्रह किया। उनके आग्रह पर डॉ. कलाम ने एक शिक्षक के रूप में उनसे कहा कि आप सर्वप्रथम अपने कैमरे, कलम और पैड अलग रख दें। सभी मीडियाकर्मियों ने उनके इस सुझाव का पालन किया। उसके उपरांत डॉ. कलाम ने कहा कि मैं आपको 'फ्री पार्टनरशिप' को ग्रहण करने के लिए आमंत्रित करता हूँ। सभी उपस्थित महानुभावों ने बहुत ही उत्सुकता से पूछा कि यह 'फ्री पार्टनरशिप' क्या चीज होती है? इसके उत्तर में डॉ. कलाम ने कहा कि बिना किसी स्टेक के आप अपने-अपने तरीके से देश की प्रगति/उन्नति में भागीदार/साझीदार बनें। आगे कहा कि आप अपने घर की प्रगति के साथ-साथ अपनी पत्नी की प्रगति में भागीदार बनें और आपकी पत्नी

भी आपकी प्रगति में भागीदार बनने की भूमिका निभाएँ और आपस में किसी भी प्रकार की प्रतिस्पर्धा नहीं होनी चाहिए। इसी प्रकार आप अपने बच्चे के उत्थान में भागीदार बनें और अपने-अपने कार्यालयों में अपने वरिष्ठ अधिकारियों एवं कनिष्ठों की उन्नति में भी भागीदारी की सक्रिय भूमिका निभाएँ। इस प्रकार के विचारों का पालन वही व्यक्ति कर सकता है, जिसकी सोच पूर्ण रूप से सकारात्मक होती है। इन सकारात्मक विचारों को सुनने के उपरांत कुछ मीडियाकर्मियों ने कलाम साहब से मुसकराने के लिए कहा तो तुरंत इसके उत्तर में उन्होंने बताया कि जैसे आप मुझे मुसकराने के लिए कह रहे हैं, वैसे ही आपके द्वारा किए गए सकारात्मक कार्यकलापों से 'देश मुसकराए'।

डॉ. कलाम के इस गूढ़ संदेश में बहुत कुछ छिपा है। 'देश तभी मुसकराएगा', जब देश का प्रत्येक नागरिक अपने-अपने कार्य को ईमानदारी एवं पूर्ण निष्ठा के साथ समर्पित भाव से पूरा करे। जिस प्रकार समाज की वर्तमान स्थिति है, उसमें प्रत्येक छोटे-बड़े न्यायाधीश को बिना भेदभाव, लालच आदि में न फँसकर सत्यनिष्ठा से न्याय करना होगा। इसी प्रकार नेताओं और राजनेताओं को भी निजी स्वार्थ त्यागकर देश एवं समाज की उन्नति के लिए पूरे ईमानदारी से कर्तव्य निभाना होगा। इसके अलावा समाज के एक और महत्त्वपूर्ण अंग हमारे 'शिक्षकों' को सबसे अधिक जिम्मेदारी से, बिना किसी भेदभाव के, लालच आदि में न फँसकर निस्स्वार्थ भाव से छात्र/छात्राओं को अत्यंत योग्य बनाना होगा। इसी प्रकार चिकित्सकों को भी धनलोलुपता से दूर रहकर राष्ट्र को स्वस्थ बनाने में अपनी अहम भूमिका निभानी होगी। देश की नौकरशाही को भी पूर्ण रूप से पाक-साफ बनाने की आवश्यकता को नकारा नहीं जा सकता। देश की आर्थिक एवं सामाजिक प्रगति में उद्योगपतियों की एक अहम भूमिका होती है, उनको भी इस दिशा में सत्यनिष्ठा से आदर्श स्थापित करने की आवश्यकता है। जिससे उनके उद्योगों में कार्य करने वाले सभी छोटे-बड़े कर्मचारियों एवं अधिकारियों को भी बहुत ही मेहनत और ईमानदारी के साथ अपने-अपने कार्य को कर्मठता के साथ अंजाम देने की आवश्यकता है। वैज्ञानिकों एवं टेक्नोलॉजिस्ट्स को भी 'देश के मुसकराने' में नई-नई खोजों एवं नए-नए उपकरणों, उत्पादों के विकास के द्वारा समाज की सेवा करने में सत्यनिष्ठा से योगदान करना होगा। समाज के अति पिछड़े वर्ग, जैसे किसान, मजदूर आदि को भी लगन एवं कठिन मेहनत के साथ अपने-अपने कामों को समर्पित भाव से करने की आवश्यकता है, जिससे उनकी खुशहाली के साथ-साथ समाज की सोच में भी बदलाव आएगा। इस प्रकार हम डॉ. कलाम द्वारा प्रतिपादित प्रस्ताव

'फ्री पार्टनरशिप' में भाग लेकर उनके इस मंत्र द्वारा भारत को विश्व के सर्वश्रेष्ठ देशों की श्रेणी में महत्त्वपूर्ण स्थान दिलाने में सक्रिय भूमिका निभाएँ। दूसरे शब्दों में, जिस प्रकार आजादी की लड़ाई के लिए महात्मा गांधी ने 'करो या मरो' का नारा दिया था, उसी प्रकार डॉ. कलाम ने भारत को एक 'विकसित राष्ट्र' बनाने के लिए 'फ्री पार्टनरशिप' का मूलमंत्र दिया है, जो वास्तव में देश की उन्नति का मार्ग प्रशस्त करेगा।

❑

राष्ट्रपति के रूप में डॉ. कलाम के प्रति विचार, अवधारणाएँ, प्रशस्तियाँ आदि

साकार हो रहा है राष्ट्रपति का सपना

—दीनानाथ मिश्रा

वह एक अनोखा जलपान था। राष्ट्रपति ए.पी.जे. अब्दुल कलाम ने राष्ट्रपति भवन में ही इसका आयोजन किया था। मुझे इसकी तनिक भनक नहीं थी कि जलपान का प्रयोजन क्या है और जलपान में कौन-कौन लोग बुलाए गए हैं! केवल उत्तर प्रदेश और उत्तरांचल के सांसद बुलाए गए थे, सभी पार्टियों के सांसदों के अनेक झुंड अल्पाहार ले रहे थे। कुछ खड़े-खड़े और कुछ टेबलों पर बैठकर। अरुण शौरी, कलराज मिश्र, बलबीर पुंज और मैं, एक टेबल पर अपना जलपान लेकर बैठ चुके थे। शौरी ने राष्ट्रपति कलाम के कुछ संस्मरण सुनाने चालू कर दिए। तभी अचानक राष्ट्रपति महोदय हमारी टेबल पर आ जमे। चर्चा चली। पिछले महीनों में वे सत्रह राज्यों में यह प्रयास कर चुके हैं, जहाँ भी गए, स्कूली बच्चों से वे ज़रूर मिले। स्कूली बच्चों के मन में सुखी-संपन्न भारत, विकसित भारत और सुरक्षित भारत के सपने तैरने का जिक्र उन्होंने किया।

यह बताया कि अब बच्चे पूछते हैं—विकसित भारत के लिए अब वे किस दिशा में बढ़ें! राष्ट्रपति महोदय ने परिहास में यह भी बताया कि कोई बच्चा राजनेता बनना नहीं चाहता। उत्तर दिशा में कतार में बड़े-बड़े चार्ट लगे थे। उन तालिकाओं में विभिन्न राज्यों के विकास-संबंधी तुलनात्मक आँकड़े दर्ज थे। साफ था कि अल्पाहार का यह निमंत्रण विकसित भारत के अरसे से पके हुए उनके सपने से संबंधित था। राष्ट्रपति वही, जो राष्ट्र का मिशन है और जिसकी चर्चा प्रधानमंत्री अटलबिहारी वाजपेयी ने लाल किले की प्राचीर से 2000 के 15 अगस्त के भाषण में की थी, उसी का विस्तृत उल्लेख इस बजट-सत्र के प्रारंभ के संयुक्त अधिवेशन में राष्ट्रपति के अभिभाषण में भी किया गया था। वही मिशन इस अल्पाहार का भी था, जिसे 'संकल्पना-2020' भी कहा गया है।

'संकल्पना-2020' की यह विशेषता है—'ग्रामीण क्षेत्रों में शहरी सुविधाएँ उपलब्ध कराना।' भारत की दो-तिहाई से अधिक जनता ग्रामीण क्षेत्रों में रहती है। हमें उनके सशक्तीकरण हेतु एक बृहत् मिशन के जरिए उनके सर्वांगीण विकास पर नए सिरे से बल देने की आवश्यकता है। चार महत्त्वपूर्ण संयोजनों की व्यवस्था करके वे बहुत अच्छी तरह प्राप्त किए जा सकते हैं, वे हैं—अच्छी सड़कें और परिवहन सुविधाएँ, गुणवत्तायुक्त ऊर्जा मुहैया कराकर, भौतिक संयोजन विश्वसनीय संचार-तंत्र मुहैया कराकर, इलेक्ट्रॉनिक संयोजन और अधिक व्यावसायिक संस्थाएँ एवं व्यावसायिक प्रशिक्षण केंद्र, उच्च गुणवत्ता की अवसंरचना वाले विद्यालय, अध्यापन के प्रति समर्पित अध्यापक, ग्रामीण दस्तकारों के लिए उत्पादन-केंद्र, प्राथमिक स्वास्थ्य, मनोरंजन केंद्र आदि की स्थापना करके ज्ञान-संबंधी संयोजन और मार्केट-संयोजन, जिससे ग्रामीण जनता को उत्पादों व सेवाओं के लिए उचित मूल्य प्राप्त करने में मदद मिलेगी और उनके लिए रोजगार अवसरों में लगातार बढ़ोतरी होगी।

असल में राष्ट्रपति महोदय छोले-भठूरे से लेकर रबड़ी-जलेबी की तश्तरियों के जरिए सांसदों को इस सपने की सौगंध खिला रहे थे। यह बात तब और साफ हो गई, जब अर्द्धगोलाकार कुर्सियों के बीच स्वयं बैठ गए। सामने एक तरफ सोनिया गांधी थीं, दूसरी तरफ डॉ. मुरली मनोहर जोशी और अनेक वरिष्ठ सांसद और मंत्रीगण विराजमान थे और बीच में राष्ट्रपति महोदय ने चर्चा प्रारंभ की। उनके हाथ में भारतीय उद्योग महासंघ (सी.आई.आई.) के नियोजित अध्ययन की रिपोर्ट थी। विषय था—'राज्य विकास के पायदानों पर'। इसके अनुसार सबसे ऊँचे पायदान पर केरल आया, उसके बाद महाराष्ट्र, तमिलनाडु और पंजाब। उनकी रैंकिंग 'ए' थी। 'बी' रैंकिंगवाले चार राज्य—गुजरात, कर्नाटक, हिमाचल और हरियाणा पाए गए। 'सी' रैंकिंग वाले पाँच राज्य—उत्तरांचल, आंध्र, जम्मू-कश्मीर, पश्चिमी बंगाल और राजस्थान थे।

'डी' श्रेणी के राज्यों में मध्य प्रदेश, उत्तर प्रदेश, छत्तीसगढ़, असम, उड़ीसा और झारखंड थे और सबसे रद्दी हालत बिहार की पाई गई। छोटे राज्यों, केंद्रशासित क्षेत्रों की रेटिंग और रैंकिंग अलग दी गई थी। चंडीगढ़, दिल्ली, गोवा, दमनद्वीव, पांडिचेरी, लक्ष्यद्वीप और दादर और नागर हवेली की रैंकिंग समस्त परिगणना के बाद 'ए' थी। 'बी' में अंडमान-निकोबार द्वीप था। 'सी' में सिक्किम, मिजोरम, नागालैंड और अरुणाचल प्रदेश था। 'डी' में त्रिपुरा, मेघालय और मणिपुर। राष्ट्रपति महोदय ने चौथे पायदान पर खड़े उत्तर प्रदेश के सांसदों

से पूछा, "विकास के परिणाम के मामले में उत्तर प्रदेश क्यों पिछड़ा है? उन्होंने कारण की मीमांसा करते हुए कहा कि दक्षिण और पश्चिम भारत के राज्यों में राजनैतिक मतभेद तो हैं, लेकिन विकास के मामलों में सभी दलों के लोग भेदभाव भूलकर एकजुट होकर अपने क्षेत्रों को उन्नति के लिए एकीकृत प्रयास करते हैं। उत्तर प्रदेश और उत्तरांचल के लोग ऐसा क्यों नहीं कर सकते हो?"

उन्होंने सुझाव दिया कि निर्वाचित प्रतिनिधि पच्चीस-तीस गाँवों का एक खंड चुन लें। उनमें तमाम सरकारी विभागों और उनकी परियोजनाओं को एकीकृत रूप से परस्पर पूरक ढंग से क्रियान्वित करें। वहाँ का जीवन स्तर उठाएँ। उनको आदर्श क्षेत्र बनाने में जुटें। राष्ट्रपति महोदय पिछले दिनों में बिहार, तमिलनाडु, कर्नाटक और पांडिचेरी के सांसदों को अलग-अलग बुलाकर उत्तर प्रदेश जैसी कसरत पहले करा चुके। संभवतः अब दूसरे राज्यों के सांसदों का नंबर आने वाला है। 21वीं सदी के पहले दो दशक इस विचार-बीज के विशाल वृक्ष में बदल जाने के लिए अनुकूलतम मौसम प्रदान करते हैं। इस अवसर पर राष्ट्रपति महोदय ने कहा, "21वीं सदी में एक नया समाज आकार ले रहा है। जहाँ उत्पादन का प्राथमिक संसाधन पूँजी और श्रम के बदले ज्ञान है, सूचना तकनीक से संचालित जानकारियों और प्रणालियों, बायो-टेक्नोलॉजी और अंतरिक्ष टेक्नोलॉजी के जरिए लोगों का जीवन उन्नत होगा।"

भविष्य में क्रांति के तहत अंतरिक्ष या किसी उपग्रह पर मानव बस्ती बसेगी और पृथ्वी बिजली के बदले सौर ऊर्जा से जगमग होगी। इसके अलावा भी अहम क्षमताओं का दोहन किया जा सकता है। इसमें सूचना, सुरक्षा, वैज्ञानिक सॉफ्टवेयर और इ-गवर्नेंस को शामिल किया जा सकता है, जो मजबूत घरेलू बाजार, मनोरंजन, शिक्षा, हार्डवेयर, चिप डिजाइन और वायरलेस में अग्रणी भूमिका निभा सकते हों। अगर हमने इन क्षमताओं का दोहन किया तो हम 2010 तक भारतीय कंपनियों को बहुराष्ट्रीय निगम बना सकते हैं और 150 अरब डॉलर के कारोबार का लक्ष्य तय कर सकते हैं। एक और अहम क्षमता हमें जैव प्रौद्योगिकी में विकसित करनी चाहिए। भारत जड़ी-बूटियों, जर्मप्लाज्म और सूक्ष्म जैविक तत्त्वों के मामले में संपन्न है। औद्योगिक रूप से विकसित देश इन जैव संसाधनों को कच्चे सामान के रूप में मँगाते हैं और फिर उन्हें ही विशेष जैव सामग्री के रूप में भारत सहित विकासशील देशों को निर्यात कर देते हैं। उनके पास इन उत्पादों का पूरी तरह संरक्षित पेटेंट भी हैं। ऐसे संसाधनों का निर्यात करने और ऊँची कीमत पर इन मूल्यवर्द्धित उत्पादों का आयात करने की जगह भारत को इन संसाधनों

को अपनी तकनीक से मूल्यवर्द्धित उत्पादों में बदलना चाहिए और फिर इनका घरेलू जरूरत तथा निर्यात में इस्तेमाल करना चाहिए। जड़ी-बूटियों के 61 अरब डॉलर के विश्व बाजार में चीन का हिस्सा करीब 3 अरब डॉलर है, जबकि भारत का हिस्सा 1 करोड़ डॉलर भी नहीं है। अतएव इस क्षेत्र में ज्यादा बाजार कब्जाने की काफी गुंजाइश है। इसी तरह फूलों की खेती और मछली पालन में भी तमाम गुंजाइश है।

राष्ट्रपति महोदय के लिए यह मिशन आज से नहीं, अरसे से सर्वोत्तम प्रेरणा का विषय रहा है। राष्ट्रपति बनने से बहुत पहले उन्होंने 2020 तक भारत को विकसित राष्ट्र बनाने का एक सपना देखा था। इसी सपने से वह नयी पीढ़ी को अनुप्राणित करते हैं। यह सपना राष्ट्रीय संकल्प बन गया है। इसका बहुत बड़ा श्रेय स्वयं राष्ट्रपति महोदय को जाता है। शताब्दी का अंत होते-होते तक भारत को विकसित देश बनाने का लक्ष्य उभरकर आया और ए.पी.जे. अब्दुल कलाम के राष्ट्रपति पद पर पहुँचने के साथ तो यह लक्ष्य सारे देश का साझा लक्ष्य हो गया है और अब यह लक्ष्य संकल्प में बदल गया है, आकार भी लेने लगा है। पिछले पाँच वर्षों की उपलब्धियों से विश्वास बढ़ा है। यह विश्वास कुछ राज्यों में ज्यादा है और कुछ राज्यों में कम है। जिन राज्यों में कम है, उन राज्यों के निर्वाचित प्रतिनिधियों पर भी इसे पूरा करने की जिम्मेदारी का एहसास अब राष्ट्रपति महोदय करा रहे हैं। सांसदों का यह अल्पाहार कार्यक्रम इसी दिशा का एक हिस्सा बना था।

❑

राष्ट्रपति कलाम, जैसा मैंने उन्हें जाना

—आरती अग्रवाल

प्रत्येक संध्या, लगभग पाँच बजे, मैं पिताजी की कार का हॉर्न दरवाजे पर सुनती थी, क्योंकि वे उस समय कार्यालय से घर आते थे, पर आज एक भिन्न दिन था। शाम के पाँच बज चुके थे, परंतु कार का हॉर्न नहीं बजा था। क्या कारण हो सकता है ? मैं घर के दरवाजे पर खड़ी बेचैनी से प्रतीक्षा कर रही थी। अंत में वे रात्रि के 8 बज़े लौटे, थके-माँदे, परंतु हँसते हुए। हम सबने उनकी तरफ जानने की दृष्टि से देखा। उन्होंने बताया कि उनके कार्यालय, डिफेंस रिसर्च डेवलपमेंट लेबोरेटरी (Defence Research Development Laboratory) हैदराबाद में एक नए निदेशक नियुक्त हुए हैं।. यह घटना 1982 की थी।

एक सप्ताह तक देर से आने के कारण मैंने तथा माताजी ने एक जाँच समिति गठित की। "आपके नए निदेशक कौन हैं, वे आपको दफ्तर में इतनी देर तक क्यों रोककर रखते हैं ?"

मेरे पिताजी का उत्तर था, "उनका नाम है : डॉ. ए.पी.जे. अब्दुल कलाम। क्या तुम्हें याद है कि वे हमारे साथ पूना में भी थे, जबकि मैं आरमामेंट रिसर्च डेवलपमेंट एस्टेब्लिशमेंट (Armament Research Development Establishment) में था। उस समय वे मेरे कनिष्ठ थे। आज वे मेरे वरिष्ठ हैं। कड़ी मेहनत तथा दृढ विश्वास एक आदमी को क्या नहीं बना सकता है !"

मैंने पूछा, "क्या उनके बच्चे उनसे घर जल्दी आने की जिद नहीं करते हैं ?"

पिताजी हँसने लगे और आँखों में चमक के साथ उत्तर दिया, "नहीं! वे नहीं करते, क्योंकि वे अविवाहित हैं।"

हम लोगों की आँखों में एक आश्चर्ययुक्त भाव आया, "क्या! अविवाहित हैं? आह! अच्छा है यदि वे विवाह कर लें।"

"ओह! वे हैं।" मेरे पिताजी ने कहा। मुझे ऐसा लगा कि अब मेरे पिता मुझे चिढ़ा रहे हैं तथा भ्रमित कर रहे हैं। मैंने उनकी तरफ भ्रमित आँखों से देखा। "अपने काम से विवाहित हैं।" उन्होंने कहा तथा कमरे से बाहर चले गए और मुझे विचारने को छोड़ गए कि उन्होंने क्यों कहा है, 'अपने काम से विवाहित हैं?' इसका क्या अर्थ हो सकता है!

जैसे-जैसे समय बीतता गया, मुझे पिताजी के वाक्य का अर्थ स्पष्ट होने लगा। डॉ. कलाम एक व्यावहारिक (Pragmatic) व्यक्ति हैं, जो वास्तव में 'अपने काम से विवाहित हैं'। काम ही उनकी पत्नी है, सब प्रोजेक्ट (Project) उनके प्यारे बच्चे हैं और उनका कार्यालय ही उनका घर है। क्या विचित्र व्यक्ति हैं वे! उनके लिए तो आकाश सीमा है और ऐसा प्रतीत होता है कि वे उसे छू लेना चाहते हैं!

मेरे पिता अच्छी कविता के, चाहे वह किसी भाषा में ही क्यों न हो, शौकीन थे। एक दिन, हलके क्षणों में, उन्होंने डॉ. कलाम को उर्दू की एक शायरी सुनाई। उनको यह सुनकर आश्चर्य हुआ जब डॉ. कलाम ने कहा, "एयर कोमोडोर अग्रवाल! मुझे यह कहते हुए दुःख है कि यद्यपि मैं मुसलमान हूँ, पर मैं न तो उर्दू को पढ़ सकता हूँ और न लिख सकता हूँ। मैं आपको एक आश्चर्यजनक बात बताता हूँ। मुझे 'भगवद्गीता' कंठस्थ है।" प्रत्येक व्यक्ति ने उनकी तरफ आदर की दृष्टि से देखा। यहाँ एक ऐसा व्यक्ति है, जो वास्तव में सच्चा भारतीय है, जो धर्म, जाति, भाषा की रूढ़िवादिता में विश्वास नहीं रखता। बहुत प्रयास करने के बाद उन्होंने कहा, "वह वीणा-वादन जानते हैं।" उनका मत है कि कला एक व्यक्ति के व्यक्तित्व को निखारने तथा उसके विचारने के क्षेत्र को विस्तृत करने के लिए आवश्यक है। उन्होंने मेरे पिताजी से कहा कि वे प्रतिदिन अच्छी उर्दू शायरी लाएँ, जिससे वे उनका आनंद लेना सीख सकें।

शीघ्र ही डॉ. कलाम तथा उनकी टीम ने नयी बैलेस्टिक मिसाइल (Ballestic Missile) 'पृथ्वी' पर क़ाम शुरू कर दिया । तब सबको पता चला कि वास्तव में सच्ची शिक्षा तथा गतिशीलता क्या है। उपाधियाँ प्राप्त करना आसान है, पर वास्तव में गहरा विश्लेषण करना सबके बस की बात नहीं है। उन्होंने अपने

साथियों को एक दिन जो बताया, वह सबके लिए बिजली की चमक जैसा था। ''मैं चाहता हूँ कि आप सब लोग प्रोजेक्ट प्रारंभ करने से पहले 'महाभारत' पढ़ें। क्या आपको पता है कि आज से हजारों वर्ष पूर्व महाभारत के समय अनेक दूर से फेंककर मारनेवाले अस्त्र (Missile) भी थे, जिनके बारे में आज हमें कोई ज्ञान नहीं है। वे सब नष्ट कर दिए गए। अब मैं चाहता हूँ कि आप विज्ञान तथा तकनीक के क्षेत्र में उस पुराने गौरव तथा श्रेष्ठता को पुनः स्थापित करें तथा संसार को साबित कर दें कि हम एक महाशक्ति बनने में बहुत पीछे नहीं हैं। महाभारत में ऐसी आधुनिक तकनीकों का वर्णन है कि जिन्हें आज तक किसी देश ने प्राप्त नहीं किया है।'' ऐसे व्यक्ति, जिनके गहरे सोच और आध्यात्मिक बोध को पाना कठिन है। ऐसा ही श्रेष्ठ व्यक्ति राष्ट्र को एक महाशक्ति बनाने की तरफ ले जा सकता है।

एक दिन हमारे घर में एक पार्टी थी, जिसके लिए मेरे माता-पिता ने डॉ. कलाम को निमंत्रित किया था। चूँकि वे एक शाकाहारी हैं, अतः मेरी माता ने अपनी देखरेख में खाना बनवाया था। काफी समय बीत गया, पर डॉ. कलाम अभी तक नहीं पधारे थे। मेरे पिता आश्चर्यचकित थे, क्योंकि वे ऐसे व्यक्ति थे, जो एक बार वायदा करने के बाद कभी देर नहीं करते थे। अतः पिताजी यह जानने के लिए कि देर का क्या कारण है, मेस (Mess) में गए, जहाँ डॉ. कलाम रहते थे। डॉ. कलाम थोड़े परेशान से अपने वस्त्रों की अलमारी के सामने खड़े दिखे। पूछने पर उन्होंने कहा, ''मेरे पास टाई नहीं है और न मेरे पास जूते हैं। मैं इस दशा में कैसे तुम्हारे घर दावत के लिए आ सकता हूँ।'' मेरे पिता हलके से मुसकराए और बोले, ''टाई और जूते उन साधारण लोगों के लिए होते हैं, जिनको निखरने की आवश्यकता होती है, पर आप जैसे व्यक्तित्व के धनी व्यक्ति के लिए सादगी ही आभूषण है। आप वास्तव में एक विशिष्ट व्यक्तित्व के धनी एवं ज्ञान और सूचनाओं के बिजलीघर हैं। कृपया जैसे हैं, वैसे ही चलिए और अपनी सम्मानित उपस्थिति से हमें अनुगृहीत कीजिए।''

ऐसी उनकी सादगी है। वे एक बहुत विनीत व्यक्ति हैं। ऐसा व्यक्ति, जो किसी भी साधारण व्यक्ति की तरह सड़क पर आपके पास से बिना पहचाने गुजर जाता है, पर एक बार जब आप उनके संपर्क में आ जाएँ, तब आप उनके ज्ञान और बुद्धिमत्ता से बहुत कुछ सीख सकते हैं और एक भारतीय होने पर गर्व कर सकते हैं। आज इतने बड़े वैज्ञानिक, कवि और सलाहकार भारत के राष्ट्रपति हैं। मैंने डॉ. कलाम को इस लेख के लिए कुछ सूचना प्राप्त करने के लिए एक इ-मेल भेजा। मैं सोचती थी कि यह संभव है कि उनके साथ रहने के इतना समय बीत

जाने के कारण शायद उनको मेरे पिताजी के बारे में स्मरण न हो, पर मैं और जो भी इस इ-मेल के उत्तर, जो उन्होंने अविलंब भेजा है, को पढ़ेगा, वह वास्तव में उनकी अद्‌भुत स्मरण-शक्ति, कनिष्ठों के प्रति प्रेम और उनके परिवारजनों के प्रति उत्तरदायित्व की भावना से आश्चर्यचकित रह जाएगा। उनका वह उत्तर इस प्रकार है :

"मैं स्वर्गीय एयर कोमोडोर आर.के. अग्रवाल को बहुत अच्छी तरह जानता हूँ। उन्होंने मेरे साथ डी.आर.डी.एल. (DRDL) में 1982-86 के कार्यकाल में काम किया था। वे एक टीम के व्यक्ति थे और उनका मुसकराता चेहरा था। इस गुण के कारण वे किसी के भी साथ काम कर सकते थे। जुलाई 1983 में मैंने एयर कोमोडोर आर.के. अग्रवाल को Guided Missile Programme के कार्यक्रम का प्रबंध सौंप दिया था। इस घटना में मिसाइल कार्यक्रम की विभिन्न डी.आर.डी.ओ. (DRDO) के केंद्रों की प्रयोगशालाओं के लगभग 30 निदेशकों का स्वागत करना था। उन्होंने यह सुनिश्चित किया कि सब निदेशकों की आवश्यकताओं का, जब से वे हैदराबाद में पधारें और जब तक वे वापस जाएँ, पूरी तरह ध्यान रखा जाए। इसके अतिरिक्त उनको एक बड़े स्थान पर इस कार्यक्रम का प्रबंध करना था, जिसमें सभी 3000 वैज्ञानिकों, इंजीनियरों तथा कर्मचारियों को, जो कार्यक्रम में हिस्सा लेने आए थे, बैठने की सुव्यवस्था हो। मैं उनके संगठन की क्षमता की सराहना करता हूँ, जिसके कारण यह कार्यक्रम बहुत उत्तम ढंग से पूरा हो गया तथा सभी भाग लेनेवाले कार्यक्रम को सफल बनाने के लिए किए गए प्रबंधों से प्रसन्न थे। यह मैं नवयुवक अफसरों के लिए सीखने तथा अनुसरण करने के लिए एक अच्छा उदाहरण मानता हूँ ।

लेख के लिए मेरी बधाई।"

शुभकामनाओं सहित,

ए.पी.जे. अब्दुल कलाम

❑

वैज्ञानिक कलाम : मानवीय गुणों के भंडार

—अनामिका बंसल

सन् 2003 में मुझे राष्ट्रपति डॉ. कलाम साहब से व्यक्तिगत रूप से मिलने का सौभाग्य प्राप्त हुआ। मेरे नानाजी, एक साधारण से नवप्रवर्तक के नाते कलाम साहब के संपर्क में आए और 2000 एवं 2001 में उनको कलाम साहब से चार-पाँच बार मिलने का मौका मिला। हर मुलाकात के बाद वे परिवार के सभी सदस्यों से डॉ. कलाम के अनेक गुणों, जैसे—सादगी, सद्भावना, संवेदनशीलता, विनम्रता, आत्मीयता, मैत्रीपूर्ण व्यवहार, नए-नए कामों के लिए उत्साहित करना, अच्छे कामों की प्रशंसा करना और प्रोत्साहन देना, भारतीय मूल्यों में आस्था, ईश्वर में अटूट विश्वास आदि के बारे में बताते थे। उस समय मुझे सहसा विश्वास नहीं होता था कि एक अंतरराष्ट्रीय ख्याति के वैज्ञानिक में ऐसे सभी गुण कैसे समाहित हो सकते हैं! उस समय मैं दिल्ली में एम.बी.ए. में पढ़ रही थी।

सन् 2002 में राष्ट्रपति चुने जाने के उपरांत कलाम साहब ने मेरे नानाजी की आविष्कारों से संबंधित दो पुस्तकों का विमोचन करने के लिए हम सभी को राष्ट्रपति भवन में आमंत्रित किया। इस अवसर पर हमारे साथ लगभग 15 व्यक्ति थे, जिनमें मेरे मम्मी-पापा, नानी-परनानी, बड़े मामाजी, प्रख्यात वैज्ञानिक डॉ. आर.ए. माशेलकर और नानाजी के मित्र एवं सह-लेखक विनोद कुमार मिश्र के दो पुत्र और पत्नी, दोनों प्रकाशक आदि उपस्थित थे। डॉ. कलाम ने बहुत ही सहृदयता से हमारा स्वागत किया। वे बड़ी आत्मीयता के साथ प्रत्येक व्यक्ति से मिले तथा बातचीत भी की। मेरी परनानी, जिनकी उम्र उस समय लगभग 88 वर्ष थी, ने डॉ. कलाम को शॉल ओढ़ाकर उनका अभिनंदन करने के साथ-साथ बड़े

दुलार से उनके सिर एवं पीठ पर हाथ फेरकर आशीर्वाद दिया, जिसको कलाम साहब ने बहुत ही सहज भाव एवं विनम्रता से स्वीकार किया और वे उस समय भावविभोर हो गए। जब मैंने उनकी आँखों में आँसू झलकते देखे, तब मुझे ऐसा अहसास हुआ कि शायद उनको अपनी माँ की याद आ गई हो।

मेरे नानाजी ने कलाम साहब को बताया कि यहाँ पर मेरे परिवार की चार पीढ़ियाँ इस समय उपस्थित हैं। इसको सुनकर वे चौंके और प्रसन्न भी हुए। उन्होंने विशेष रूप से मुझसे प्रश्न किया, ''तुमने अपने परिवार की चार पीढ़ियों से क्या सीखा?'' मैंने उन्हें बताया कि मैंने अपने परिवार की परंपराओं का ज्ञान ही हासिल नहीं किया, बल्कि उनका पालन भी कर रही हूँ। उनकी मुसकराहट बता रही थी कि वे मेरे उत्तर से संतुष्ट थे। मुझे ऐसा भी लगा कि वे भारतीय परंपराओं एवं मूल्यों का कितना आदर एवं सम्मान करते हैं। ऐसे गुण बिरले वैज्ञानिकों में ही दिखाई पड़ते हैं।

एक बात और लिखने योग्य है कि जब हमारे परिवार के सदस्यों का राष्ट्रपतिजी के साथ फोटो लिया जा रहा था तो उन्होंने फोटोग्राफर को रोककर मेरी परनानी से अंग्रेजी में कहा, ''अम्मा, यू टेक योर स्टिक विद यू।'' जब उन्होंने अपना बेंत अपने हाथ में ले लिया, तब ही ग्रुप फोटो खींचा गया।

इस प्रकार लगा कि कलाम साहब बुजुर्गों के प्रति कितने संवेदनशील हैं और छोटी-से-छोटी चीजों का भी ध्यान रखते हैं। यह एक बहुत बड़ी बात है।

समारोह के उपरांत जब हम लोग राष्ट्रपतिजी से विदा ले रहे थे, तब मेरी नानी ने तमिल में कलाम साहब से कहा, ''पोइट वरेन्'' (जाकर आते हैं)। वे बहुत जोर से मुस्कराए और मेरी नानी से पूछा, ''डू यू नो तमिल?'' (क्या आप तमिल जानती हैं) इस पर मेरी नानी ने उत्तर दिया, ''कुंचम-कुंचम,'' (थोड़ी-थोड़ी)। इस प्रकार कलाम साहब ने हम सबको बहुत ही सद्भावना के साथ विदा किया। हम सभी उनके सद्व्यवहार एवं सादगी से प्रभावित हुए बिना न रह सके। इस अनोखी भेंट को मैं कभी नहीं भूल सकती।

जनवरी 2004 में मेरी शादी से पूर्व मेरे नानाजी ने कलाम साहब को शादी का निमंत्रण-पत्र भेजा था। एक बहुत सुंदर पत्र द्वारा उन्होंने आशीर्वाद एवं ढेर सारी शुभकामनाएँ दीं और हमारे सफल दांपत्य-जीवन की कामना भी की। उनका यह पत्र हमारे लिए एक ऐतिहासिक दस्तावेज बन गया है। इस धरोहर को हमने बहुत ही सँभालकर रखा है, जिससे आनेवाली पीढ़ियाँ इस ऐतिहासिक दस्तावेज को देखकर गौरवान्वित महसूस कर सकें।

इस प्रकार के आचार-विचार एवं सद्व्यवहार से कोई कलाम साहब को कैसे भूल सकता है! वास्तव में वे मानवीय गुणों की खान हैं।

शादी के बाद मैं पिछले एक साल से लंदन में रह रही हूँ और अनेक भारतीय नागरिकों से मिलती हूँ।

सभी भारतीय नागरिक कलाम साहब के कार्यों एवं उपलब्धियों की प्रशंसा ही नहीं करते, बल्कि उनके दीर्घ-जीवन की कामना भी करते हैं, जिससे वे भारत को एक बलशाली राष्ट्र बनाने का सपना पूरा कर सकें।

❑

राष्ट्रपति के रूप में डॉ. अब्दुल कलाम् के प्रति प्रशस्तियाँ

राष्ट्रपति कलाम की गणना भारत के सर्वाधिक सक्रिय एवं लोकप्रिय राष्ट्रपति के रूप में होने लगी है। राजनैतिक न होते हुए भी उनके मित्रों, प्रशंसकों, भक्तों एवं प्रेमियों की संख्या दिन-प्रतिदिन बढ़ रही है। उनके देश के प्रति अटूट प्रेम, निष्ठा, लगन एवं देश को विकसित राष्ट्र की श्रेणी में स्थापित करने की संकल्पना आदि इसके प्रमुख कारण हैं।

देश के भिन्न-भिन्न वर्गों के नागरिकों ने डॉ. कलाम के व्यक्तित्व का मूल्यांकन अनेक रूपों में किया है, जैसे—असाधारण प्रतिभा, असाधारण देश-प्रेम, कर्म के प्रति असाधारण निष्ठा, विलक्षण प्रतिभा, ईश्वर के प्रति अटूट आस्था, अद्‌भुत लगन, असाधारण निष्पक्षता एवं निडरता, कर्तव्यों में घोर पारदर्शिता, भ्रष्टाचार-घूसखोरी एवं अपराधीकरण के प्रति गहन चिंता, बच्चों से लगाव, विनम्रता एवं आत्मीयता, कर्मयोगी एवं स्वप्नद्रष्टा, देश के प्रति समर्पण की भावना, शासन में पारदर्शिता आदि। कुछ नागरिक इनको महामानव के रूप में देखते हैं तो कोई इनके व्यक्तित्व की 24 कैरेट जैसे शुद्ध स्वर्ण से उपमा देते हैं। कोई इनको एक ऐसे बेदाग पर्वत का उदाहरण देते हैं, जो शिक्षा और विज्ञान की नदी को अपने स्रोत से निकालकर संपूर्ण भारत की जमीन को सींचने के साथ-साथ उसकी जड़ों तक पहुँचा रहे है। कोई कलाम जैसे राष्ट्रपति को पाकर अपने को भाग्यवान मान रहे हैं, तो कोई उनको देश के अत्याधुनिक सुरक्षा-कवच की उपमा दे रहे हैं।

इस अध्याय में डॉ. कलाम के बारे में देश-विदेश से प्राप्त हुए कुछ पत्रों को उद्‌धृत कर रहे हैं, जिनसे पाठक उनकी मूल-भावनाओं और विचारों से अवगत हो सकें कि वे डॉ. कलाम को किस रूप में देख रहे हैं।

जब से डॉ. ए.पी.जे. अब्दुल कलाम भारत के राष्ट्रपति बने, उन पर कई

पुस्तकें प्रकाशित हो चुकी हैं। पत्रिकाओं में भी उनके जीवनवृत्त छपे हैं, किंतु महामहिम राष्ट्रपति ने जो अपनी जीवनी 'अग्नि की उड़ान' तथा 'तेजस्वी मन' जैसी पुस्तकें लिखी हैं, वे सचमुच सूचनाप्रद ही नहीं, रोमांचक भी हैं। उनका प्रारंभिक छात्र-जीवन भारत के हर ग्रामीण छात्र से मिलता-जुलता है, किंतु उनकी अद्‌भुत लगन, गुरु-निष्ठा एवं भारतीयता ने उन्हें उन्नति के शिखर पर ला दिया।

मैं एक बार पहले भी राष्ट्रपति भवन जाकर 'आत्माराम पुरस्कार' ग्रहण कर चुका था, किंतु इस बार 27 अक्तूबर, 2004 को राष्ट्रपति भवन में अपनी कुछ पुस्तकें भेंट करने के सिलसिले में महामहिम ए.पी.जे. अब्दुल कलाम के दर्शन करने का सुअवसर प्राप्त हुआ। उन्होंने जिस उत्सुकता से विज्ञान परिषद्, प्रयाग तथा हिंदी में विज्ञान-लेख के बारे में जिज्ञासाएँ कीं, वे सचमुच अद्‌भुत थीं, साथ में डॉ. श्रीमती मंजू शर्मा भी गई थीं। जब उन्होंने 'विज्ञान' पत्रिका के 90वें वर्ष में प्रवेश करने पर विज्ञान परिषद्, प्रयाग द्वारा आयोजित किए जानेवाले समारोह में राष्ट्रपतिजी से प्रयाग पधारने के लिए अनुरोध किया तो तुरंत ही उन्होंने हामी भर दी। मुझे लगा कि हमारा राष्ट्रपति न केवल एक विज्ञानी है अपितु महामानव है, जो अपने से छोटों को भी सम्मान देने के लिए उद्यत रहता है। उनके प्रति उनके अनुराग से सारा विश्व परिचित है।

—शिवगोपाल मिश्र

प्रधानमंत्री,

विज्ञान परिषद्, प्रयाग,

इलाहाबाद

किसी भी जाति, प्रांत अथवा राष्ट्र का प्रमुख अगर सच्चरित्र एवं सर्वगुण संपन्न हो तो उससे उस संपूर्ण जनसमूह पर अच्छा प्रभाव पड़ता है। यह हमारा सौभाग्य है कि हमें डॉ. कलाम जैसे दूरद्रष्टा, देशप्रेमी वैज्ञानिक अपने राष्ट्रपति के रूप में मिले हैं। उनकी लगन एवं परिश्रम से उत्पन्न सफलता की कहानी गाँव में रहनेवाले एक साधारण व्यक्ति तक को प्रभावित करती है। उनके ज्ञान और दृष्टि से उत्पन्न 'भारत-2020' की परिकल्पना हमें राष्ट्र-निर्माण का सही रास्ता दिखलाती है तो वहीं उनका हमारे राष्ट्र एवं संस्कृति के प्रति प्रेम हर युवा रक्त को देशसेवा के लिए उद्वेलित कर देता है। डॉ. कलाम ने अपने कार्यकाल में कई सकारात्मक कार्य किए हैं और उनके इन्हीं प्रयासों के कारण आज भारतीय जनमानस में शासन एवं तंत्र के प्रति आस्था उत्पन्न हुई है। राष्ट्राध्यक्ष

बनने के पश्चात् भी उनमें तनिक भी अभिमान नहीं आया और राजा-रंक दोनों से सरलता और सहजता से मिलते रहे हैं। मेरी प्रभु से यही प्रार्थना है कि इसी प्रकार डॉ. कलाम हमें सही राह दिखलाते रहें और वे स्वयं अपने 2020 के विकसित भारत के सपने को साकार होते देखें।

—अक्षत शंकर

छात्र,

आई.आई.टी., नई दिल्ली

डॉ. कलाम कोई साधारण व्यक्ति नहीं हैं। उनका व्यक्तित्व असाधारण है। उनका आचरण एवं व्यवहार असाधारण है। काम के प्रति निष्ठा और लगन भी असाधारण है। कार्य करने की क्षमता भी असाधारण है। उनका सोच और विचार भी असाधारण हैं। उनका लक्ष्य भी असाधारण है। एक साधारण परिवार में जनमे कलाम इन्हीं गुणों के कारण देश के सर्वोच्च पद पर विराजमान हैं।

एक विश्व-स्तर के वैज्ञानिक होते हुए भी उनकी ईश्वर में अटूट आस्था है। यह भी एक विलक्षण गुण इनमें विद्यमान है, जो बहुत कम वैज्ञानिकों में पाया जाता है। उनका विकसित भारत का स्वप्न अवश्य ही पूरा होगा।

यह भारत का सौभाग्य है कि इसने ऐसे विलक्षण एवं असाधारण सपूत को जन्म दिया है। मेरा विश्वास है कि इनके कार्यों से भारत भविष्य में विकसित राष्ट्रों की श्रेणी में अवश्य ही स्थान ग्रहण करेगा। विदेश में प्रत्येक भारतवासी को डॉ. कलाम पर गर्व है। हम परमपिता परमात्मा से प्रार्थना करते हैं कि वह उनको दीर्घायु प्रदान करे जिससे वह अपना सपना अपने जीवन में साकार होते देख सकें।

—वनिता कुमार

सलाहकार,

फ्यूचर शॉप, टोरेंटो, कनाडा

जब जनवरी 2005 में राष्ट्रपति कलाम इंडियन इंस्टीट्यूट ऑफ मैनेजमेंट (आई.आई.एम.) में कुछ चुनिंदा आविष्कारकों को पुरस्कृत करने व सम्मानित करने के लिए आए तो अहमदाबाद में मानो जाम-सा लग गया। ऐसा प्रतीत हो रहा था मानो सब सड़कें आई.आई.एम. की ओर ही बढ़ रही हों।

मेरा मानना है कि सभी लोग वहाँ केवल राष्ट्रपति के दर्शन करने नहीं आए थे, परंतु एक ऐसे असाधारण मनुष्य के दर्शन करने के लिए आए थे, जो कि

अपने शब्दों व अपने कर्मों से लोगों को प्रोत्साहित करने की शक्ति रखता है। चाहे बच्चे हों या बूढ़े, वैज्ञानिक हों या साधारण काम करनेवाले व्यक्ति, डॉक्टर हों या इंजीनियर राष्ट्रपति कलाम हमेशा सबको प्रेरणा देते हैं—मेहनत करने की और सपने देखने की।

आज जब विश्व में भारत का नाम होने लगा है, राष्ट्रपति कलाम का लोगों को यूँ प्रेरित करना भारतवर्ष को नयी ऊँचाइयों तक पहुँचा सकता है ।

—आशिमा सेखरी

एम.बी.ए. (2005)

आई.आई.एम., अहमदाबाद

आज भारत दुनिया के हर कोने में चर्चा में है। इसका कारण इसकी बढ़ती आबादी या गरीबी नहीं, बल्कि इसके नागरिकों की बढ़ती शैक्षिक उपलब्धियाँ हैं। जहाँ एक तरफ भारत को स्वयं की रक्षा के लिए आधुनिक और अत्याधुनिक सुरक्षा-कवच की आवश्यकता है, वहीं दूसरी ओर भारत स्वयं की उन्नति के लिए भारतीयों की शिक्षारूपी शक्ति पर निर्भर है।

जिस प्रकार एक नदी पर्वतों से बहती हुई नीचे आती है और जमीन की जड़ों तक पहुँचकर इस जगह में जान डालती है, ठीक उसी प्रकार भारत को जरूरत थी एक ऐसे बेदाग पर्वत की, जो शिक्षा और विज्ञान की एक नदी से संपूर्ण भारत को नहलाए। डॉ. कलाम के रूप में हमें एक ऐसा ही पर्वत मिला।

डॉ. कलाम का साधारण एवं दोषरहित व्यक्तित्व ही इस पर्वत की कठोरता है। उनकी विज्ञान में अपार रुचि और अंतहीन ज्ञान इस नदी का बहाव रहा है और उनका भारत के बच्चों के प्रति प्रेम और प्रोत्साहन ही इस नदी का भारत की जड़ तक पहुँचना है।

केवल परिश्रम और लगन से यह इनसान भारत के सर्वोच्च पद के उत्तरदायित्व तक पहुँचा है। इनके इस कठोर संघर्ष की झलक हमें भारत की विज्ञान में अनेक उपलब्धियों में नजर आती है। यही कारण है कि भारत का हर नागरिक इन्हें सम्मान की नजर से देखता है। सिर्फ यही एक राष्ट्रपति हैं, जिन्होंने अपने पद का उपयोग भारत के बच्चों और नवयुवकों को प्रोत्साहित करने में किया। उनके रहते भारत के नागरिकों को विज्ञान की महत्ता ठीक से समझ आई।

डॉ. कलाम से प्रेरित होकर हमें स्वप्न देखने की इच्छा मिलती है। उनमें हमें एक ऐसा बालक नजर आता है, जिसने न केवल स्वप्न देखे, बल्कि जो खुद

पर पंख लगा अपने सपने सच करता हुआ आसमान की ऊँचाइयों की ओर बढ़ता चला गया। स्वप्न सच कर पाना ही हमारे विचार में एक इनसान की असली स्वतंत्रता है।

हम स्वयं को भाग्यशाली मानते हैं कि हमें उनके राष्ट्रपतित्व काल में भारत को फलता-फूलता देखने का मौका मिला। हमारे विचार में उनके रूप में भारत ने स्वयं का सर्वश्रेष्ठ राष्ट्रपति देख रहा है।

—सुधांशु गर्ग

बी.टेक. (2005)

आई.आई.टी., मुंबई

जो लोग डॉ. कलाम को जानते हैं, उनके पास वह महान् भाग्य है, भारत तो महान् है ही, डॉ. कलाम जैसा राष्ट्रपति पाकर हम लोग भाग्यवान हैं।

कलाम का व्यक्तित्व उन व्यक्तियों जैसा है, जो जीवन में कुछ प्राप्त करना चाहते हैं तथा दृढमति व एकाग्रचित्त होते हैं, साथ ही जो कुछ और जैसा भी चाहते हैं, उसे प्राप्त कर लेते हैं।

डॉ. कलाम से अधिक महान् उनका उदार हृदय है। धरती पर दुर्लभ उदारता का एक स्रोत है। उनका व्यक्तित्व 24 कैरेट स्वर्ण जैसा निर्मल है; जो अन्य चीजों के जुड़ने से भी कुछ कम नहीं होता। वह बुद्धिमत्ता तथा आकर्षण में रत्न हैं।

—अनूप गुप्ता

निदेशक

विजडम पब्लिक स्कूल, अलीगढ़

जवाहरलाल नेहरू के बाद राष्ट्रपति कलाम ऐसे व्यक्तित्व हैं, जिनका अगली पीढ़ी से घनिष्ठ संबंध रहा है। वे अपने प्रशंसकों से सीधी बातचीत करने में अपने सुरक्षा घेरे को तोड़ने की भी परवाह नहीं करते हैं। चाहे इनका हेयर कट स्टाइल हो या व्यापक अध्ययन, सबमें इनकी अपनी विशेषताएँ होती हैं।

इन्होंने भारत के अनेक युवाओं को प्रोत्साहन दिया है। बच्चे इनसे इसलिए प्यार करते हैं, क्योंकि ये उनकी बातों पर पूरा ध्यान देते हैं।

यही कारण है कि चाचा नेहरू के बाद राष्ट्रपति कलाम ऐसा व्यक्तित्व थे, जिसने अधिक-से-अधिक बच्चों से मिलने की इच्छा के फलस्वरूप छोटी पीढ़ी के साथ घनिष्ठ संबंध बनाया है। लगातार उन्नति की ओर गतिशील बच्चों में ये

रोम के वंशीवादक के रूप में आकर्षण का विषय है।

—मोनिका सिंधु
विद्यार्थी,
रोहिणी, नई दिल्ली

मैं इनकी एक आदर्श मानव के रूप में प्रशंसा करती हूँ। वे 'सादा जीवन, उच्च विचार' में विश्वास रखते हैं। उनके अनुसार, "भारत दरिद्र नहीं है, बल्कि हमारे विचारों में दरिद्रता है।" द्दिग्गज व्यक्तित्व के धनी होते हुए भी वे भारत की माटी के सपूत हैं। एक शब्द में इन्हें संत-प्रतिमा कह सकते हैं।

—हेमप्रभा
विद्यार्थी,
श्यामनगर, कानपुर

क्या कभी किसी ने सोचा था कि दक्षिण भारत के रामेश्वरम् नगर के एक सामान्य परिवार में जन्मा शिशु एक दिन भारत देश का सर्वोच्च पद ग्रहण कर, जनमानस का सर्वप्रिय नेता बनेगा?

मानव जाना जाता है अपने गुणों से और हम गर्व से कह सकते हैं कि हमारे राष्ट्रपति महामहिम डॉ. ए.पी.जे. अब्दुल कलाम गुणों की खान हैं। उन्हें मैं क्या संबोधन करूँ? मेरी समझ के बाहर है—एक वैज्ञानिक, अत्यंत दूरदर्शी, सहृदय अथवा सच्ची सूझ-बूझ रखनेवाला व्यक्ति।

लोग तो मात्र कथनी से व्यक्त करते हैं कि आज के बच्चे, कल के नेता हैं, पर हमारे राष्ट्रपतिजी बच्चों के भविष्य के बारे में जो कुछ कर रहे हैं, वह अत्यंत सराहनीय है। धर्मनिरपेक्षता, भारतीय परंपरा एवं कला-संस्कृति के प्रति अगाध श्रद्धा, उनका सौम्य स्वभाव उनकी विलक्षण प्रतिभा को और भी उजागर करता है। इस गरिमापूर्ण सिंहासन पर आसीन महापुरुष राजनीतिज्ञ नहीं बना, कितनी सराहना करूँ? बस यही कहूँगी, ऐसे व्यक्तित्व को शत-शत नमन।

—संतोष सक्सेना
संगीत शिक्षिका
वैशाली एन्क्लेव, नई दिल्ली

स्वतंत्र भारत में राष्ट्रपति तो अनेक हुए, परंतु पहली बार देश के सर्वोच्च

पद को सुशोभित करनेवाला महापुरुष राजनीतिज्ञ नहीं है। इस गरिमापूर्ण पद पर आसीन होकर महामहिम डॉ. ए.पी.जे. अब्दुल कलाम रामेश्वरम् के सामान्य परिवार में जन्म लेकर न केवल महान् वैज्ञानिक बने, बल्कि भारतीय परंपरा और संस्कृति के जीवित-जाग्रत प्रतीक हैं। वे सर्वधर्म समभाव को जीवन में जीते हैं। कुरान-शरीफ-गीता-उपनिषदों को समान भाव से पढ़ते और आचरण में उतारते हैं। सरल, सौम्य स्वभाववाले डॉ. अब्दुल कलाम बच्चों और विद्यार्थियों, विशेषत: शारीरिक एवं मानसिक दुर्बलताओं से ग्रस्त बच्चों के साथ मिल-बैठकर ज्ञान बाँटने में किसी प्रकार का संकोच नहीं करते। ये बच्चों के चरित्र-निर्माण, वैज्ञानिक सोच और व्यक्तित्व विकास के प्रति चिंतित एवं कार्यरत रहते हुए, अपना प्रिय उद्देश्य भारत के ग्रामों में नागरिक सुविधाएँ पहुँचाकर 2020 तक भारत को विश्व का सिरमौर बनाना चाहते हैं।

विलक्षण प्रतिभा एवं अजातशत्रु व्यक्तित्व के धनी डॉ. अब्दुल कलाम विश्व-नेताओं के लिए आदर्श स्थापित कर रहे हैं।

—अमिता अग्रवाल

सेक्टर 16,

वाशी, न्यू मुंबई

डॉ. अब्दुल कलाम भारत के प्रथम नागरिक। आपका व्यक्तित्व बहुत प्रभावशाली है। आप व्यक्तिगत रूप में सादगी के परिचायक हैं। इतने महान् वैज्ञानिक और राष्ट्रनीतिज्ञ होने के बावजूद आपका बच्चों के साथ बहुत लगाव है। आपकी सबसे बड़ी विशेषता है, आपकी इनसानियत! कहने का अभिप्राय यह है कि आप छोटे-बड़े में, अमीर-गरीब में कोई भेदभाव नहीं करते। इनके व्यक्तित्व के बारे में ये पंक्तियाँ उद्धृत हैं—

"मासूम-सी हँसी, विद्वानों की छवि
विज्ञान को दिए जिन्होंने नए आयाम
ऐसे है, हमारे राष्ट्रपति अब्दुल कलाम!"

—साधना सिंधू

प्रहलादपुर,

बाँगर, दिल्ली-110042

राष्ट्र के प्रथम पुरुष महामहिम राष्ट्रपति डॉ. अब्दुल कलाम, विज्ञान के क्षेत्र

में देश को अग्रणी बनानेवाले वैज्ञानिक देश की बागडोर महान् जिम्मेदारी के साथ निभा रहे हैं, मगर आपके पास एक बाल-मन भी विद्यमान हैं।

देश के कमजोर वर्ग की महिलाओं के उत्थान, देश के भावी निर्माता बच्चों के सर्वांगीण विकास पर आपका ध्यान गया एवं अनेक कार्यक्रम आपने तैयार किए। अंतरराष्ट्रीय स्तर पर अपने देश की राजभाषा को विकास के सोपान के साथ जोड़ा।

औद्योगिक विकास के साथ-साथ रोटी, कपड़ा व मकान जैसी बुनियादी आवश्यकताओं पर विशेष ध्यान आकर्षित किया। आपने निर्माण की दिशा में महत्त्वपूर्ण कार्य किए। प्रति व्यक्ति आय की तुलना में प्रति व्यक्ति विद्युत् खपत पर राष्ट्रीय आय की गणना का सूत्रपात किया।

—समीर कुमार
ग्राम जमनीया,
कोरबा, छत्तीसगढ़

ए.पी.जे. अब्दुल कलाम है उस व्यक्ति का नाम
जिसने देश-सेवा को ही अपना धर्म माना
देशवासियों ने भी उसका नित नया रूप जाना।
देश को सर्वोच्च बनाना ही उसका है सपना
इस राह पे बनाया है हम सबको साथी अपना।
आइए, हम सभी उनका हाथ बटाएँ
भारत को फिर से जगद्गुरु बनाएँ।

मैं ए.पी.जे. अब्दुल कलाम को ऐसे देखता हूँ—

A- Academic
P- Pragmatic
J-Jovial

A- Aspiring
B- Brilliant
D-Dedicated
U-Unrelenting
L-Laborious

K- Kind-hearted
A-Adorable

L-Legend
A-Achiever
M-Mastermind

—युगांतर सक्सेना
मथुरा रोड,
नई दिल्ली–110094

महामहिम राष्ट्रपति ए.पी.जे. अब्दुल कलाम देश के विशिष्ट कोटि के वैज्ञानिक हैं। इक्कीसवीं शताब्दी में ले जाने के लिए देश के विकास एवं प्रगति में इनका योगदान सराहनीय है। सादगी उनका विशेष गुण है। ये बच्चों को बहुत प्यार करते हैं और भविष्य में देश के विकास में उनके योगदान की अहम भूमिका देखते हैं।

ये अविवाहित हैं!

—शिव शर्मा
विद्यार्थी,
खगरिया, बिहार

यदि देश के वर्तमान राजनैतिक, सामाजिक, आर्थिक परिदृश्य पर नजर डाली जाए तो स्पष्ट होगा कि आज भारत को दुनिया के अग्रणी देशों की पंक्ति में खड़ा करना है तो इस देश का नेतृत्व राजनेताओं से छीनकर डॉ. ए.पी.जे. अब्दुल कलाम जैसे लोगों के हाथ में सौंपना आवश्यक है। भारत के राष्ट्रपति का पद केवल शोभा के लिए है, उसके पास देश की नीतियों का निर्माण एवं क्रियान्वयन करने की क्षमता नहीं है। इसके बावजूद राष्ट्रपति के रूप में डॉ. कलाम ने जिस प्रकार देश की युवा पीढ़ी को प्रेरित करने का प्रयास किया, वह अतुलनीय है। डॉ. कलाम ने पूरे देश को एक सपना देखने एवं उसे पूरा करने के लिए अपने स्तर पर प्रयास करने का आह्वान किया है कि हमें 2020 तक भारत को विकसित देशों की कतार में सम्मिलित करना है।

डॉ. कलाम की सबसे अच्छी बात यह है कि वह व्यवस्था की खामियाँ उजागर करने की बजाय व्यवस्था को परिवर्तित करने का आह्वान करते हुए इसकी जिम्मेदारी युवकों को स्वीकार करने के लिए प्रेरित करते हैं। इसमें कोई दो राय नहीं कि जो व्यक्ति, परिवार या राष्ट्र विकास के सपने देखेगा, वही उस सपने को पूरा करने का प्रयास भी करेगा। जिस देश की युवा पीढ़ी हताश एवं निराश होगी, वह देश कभी

प्रगति नहीं कर सकता। डॉ. कलाम के व्यक्तित्व में जो पवित्रता एवं निश्छलता दिखाई देती है, वह सभी देशवासियों के मन में यह विश्वास पैदा करती है कि उस व्यक्ति के नेतृत्व में भारत विकसित देशों की कतार में सम्मिलित हो सकता है।

काश, ऐसा हो पाता कि इस देश का नेतृत्व कुछ वर्षों के लिए राजनैतिक पार्टियों एवं राजनेताओं से छीनकर डॉ. ए.पी.जे. अब्दुल कलाम जैसे समर्पित, योग्य एवं अनुभवी वैज्ञानिकों, उद्योगपतियों, संविधान विशेषज्ञों के हाथ में सौंपा जा सकता, तो इसमें कोई दो राय नहीं कि भारत 2020 तक दुनिया में विश्वगुरु का वह दर्जा पुनः प्राप्त कर लेता, जिसका उल्लेख हम अपने इतिहास में पढ़ते एवं सुनते रहते हैं।

मेरा कलाम को सलाम!

—केसर सिंह गुप्ता
संपादक, नेशनल न्यूज सर्विस,
नई दिल्ली

महानतम वैज्ञानिक आइंस्टाइन ने कहा था कि परमेश्वर पासों का खेल नहीं खेलता। इस प्रकार भारतवर्ष की पुण्य-भूमि का यह एक परम सौभाग्य है कि हमारे शीर्षस्थ स्थान को एक विश्व स्तर का वैज्ञानिक ही नहीं, परंतु एक सफलतम कर्मयोगी सुशोभित कर रहा है। 'छांदोग्य उपनिषद्' में विस्तार से स्पष्ट किया गया है कि हर प्रकार के ज्ञान से सर्वोपरि विज्ञान है। भारतवर्ष में वैज्ञानिक परंपरा का लोप ही हमारे महान् पतन का कारण रहा है। कलाम साहब की पृष्ठभूमि में कोई आर्थिक-राजनैतिक प्रभुत्व के न होते हुए भी उनका राष्ट्रपति पद को सुशोभित करना एक दैवी चमत्कार से किसी रूप में कम नहीं है।

सैकड़ों वर्षों के संघर्षमय इतिहास में हमारे जन-सामान्य और समाज में जो अकर्मण्यता और निर्जीवता छा गई है, उसके उन्मूलन के लिए देश के बच्चों में भविष्य के प्रति स्वप्न देखने और विज्ञान के द्वारा प्रगति का मार्गदर्शन करने का कार्य कलाम साहब कर रहे हैं। यही भारतवर्ष के भविष्य को देदीप्यमान करने का वर्तमान में एकमात्र उपाय है।

—इंजी. सुबोध कुमार
अध्यक्ष, ग्लोबल सिगनल केबल्स लि.
सी-61, रामप्रस्थ, गाजियाबाद

वास्तव में कलाम साहब गुणों के भंडार है। उनमें वे सभी गुण विद्यमान है

जो एक संत में होते हैं। कलाम साहब का चरित्र इतना पावन है, जितना गंगाजल। लोगों की मान्यता है कि गंगाजल के सेवन से सभी कष्ट दूर हो जाते हैं तथा गंगाजी में स्नान करके सभी पाप धुल जाते हैं।

मेरा विश्वास है कि कलाम साहब के बताए हुए मार्ग पर चलने से देश के आर्थिक विकास की गति में बढ़ोतरी, राजनीति में आ रही गिरावट पर रोकथाम, सामाजिक मूल्यों के पतन की गति पर विराम और धार्मिक संबंधों की कट्टरता में कमी आ सकती है। इससे ऐसा सौहार्दपूर्ण वातावरण बनेगा, जो राष्ट्र के चौमुखी विकास में सहायक सिद्ध होगा।

हम सबका स्पष्ट लक्ष्य भारत को सन् 2020 तक विकसित राष्ट्र बनाने का होना चाहिए, जो हमारे राष्ट्रपतिजी का सपना है।

—रितु रत्ना

नेहरू प्लेस, नई दिल्ली

डॉ. ए.पी.जे. अब्दुल कलाम भारतवर्ष के पहले राष्ट्रपति हैं, जो एक महान् वैज्ञानिक हैं, राजनीति से दूर। एक वैज्ञानिक होने के नाते उनके सब कार्यों में वैज्ञानिक दृष्टिकोण होता है जो न्यायपूर्ण एवं विवेकसंगत है। वे उच्च कोटि के मानव एवं नेक इनसान है जिन्होंने भारत को भली-भाँति प्रकार जाना। उन्हें विद्यार्थियों से विशेष स्नेह है। वे उनकी समस्याओं को सुनते हैं तथा उन्हें सुलझाने के उपाय भी बताते हैं। वे उन्हें शिक्षित और अच्छा नागरिक बनाने की अभिलाषा रखते हैं। उनकी इच्छा है कि राष्ट्रपति का कार्यकाल समाप्त होने पर वे शिक्षण पेशे की ओर लौटेंगे और भारत को विकसित राष्ट्र बनाने का अपना लक्ष्य पूरा करेंगे। वे भारत की एक अरब जनता को हँसता हुआ देखना चाहते हैं और सन् 2020 तक भारत विकसित राष्ट्र के रूप में उभरे, इसके लिए उन्होंने प्रयत्न करते रहने के लिए कहा है। ऐसे उच्च कोटि के विचार रखनेवाला देशभक्त कौन हो सकता है भला!

ईश्वर के प्रति अटूट आस्था की विशेषता के कारण वे अपने देश के सबसे लोकप्रिय राष्ट्रपति हैं। आज उनके जैसा कोई नहीं। उन्हें अपने देश में ही नहीं, विदेशों में भी सम्मान प्राप्त है।

—विनोदशंकर गुप्त

ए-14, न्यू स्टाफ कॉलोनी,
दिल्ली रोड, हिसार

❑

परिशिष्ट

1. डॉ. कलाम के निधन पर देश-विदेश के राष्ट्राध्यक्षों एवं राजनेताओं द्वारा अर्पित श्रद्धांजलि।
2. पत्रिकाओं एवं पुस्तक से लिये गए लेख।
3. लेखक/लेखिकाओं का परिचय।

परिशिष्ट-1

डॉ. कलाम के निधन पर देश-विदेश के राष्ट्राध्यक्षों एवं राजनेताओं द्वारा अर्पित श्रद्धांजलि

"डॉ. कलाम की मृत्यु से हमने भारत के एक महान् सपूत को खो दिया है, जिसने सारा जीवन मातृभूमि और इसके लोगों के कल्याण के लिए समर्पित किया। वे जीवन भर जन-जन के राष्ट्रपति रहे और मृत्यु के बाद भी रहेंगे। कलाम को विज्ञान और नवोन्मेषता के जुनून के लिए याद किया जाएगा। एक सुविख्यात वैज्ञानिक, प्रशासक, शिक्षाविद् और लेखक होने के साथ-साथ भारत के रक्षा अनुसंधान एवं सुरक्षा-प्रणाली के प्रवर्तक के रूप में उनकी उपलब्धि बेजोड़ है।"

—प्रणब मुखर्जी, भारत के राष्ट्रपति

"मेरे व्यक्तिगत जीवन में डॉ. कलाम एक अच्छे व वरिष्ठ मार्गदर्शक थे। मुझे उनके साथ बहुत निकट से कार्य करने का सुअवसर मिला। मैंने अपने व्यक्तिगत जीवन में एक मार्गदर्शक खो दिया, जो देश के सभी लोगों, विशेषकर युवाओं के लिए प्रेरणा का स्रोत था। आज देश एक महान् वैज्ञानिक, अप्रतिम राष्ट्रपति और इससे बढ़कर एक प्रेरणादायी शख्सियत पर शोकाकुल है। देश ने एक ऐसा सपूत खो दिया, जो राष्ट्र को मजबूत करने के लिए कार्य करता रहा।

उन्होंने अपने जीवन का प्रत्येक क्षण भारत के युवाओं को मजबूत और स्वावलंबी बनाने के लिए दिया। वे एक महान् वैज्ञानिक मेधा से युक्त प्रबुद्ध राजनेता और सच्चे देशभक्त थे, जिन्होंने अपने कार्यों के माध्यम से लाखों युवाओं और प्रौढ़ों को प्रेरणा दी।''

—नरेन्द्र मोदी, भारत के प्रधानमंत्री

''जमीन से उठकर कलाम भारत के सबसे काबिल लीडर्स में शामिल हो गए और उन्हें देश-विदेश में ख्याति मिली।''

—बराक ओबामा, पूर्व अमेरिकी राष्ट्रपति

''डॉ. कलाम को भारत-रूस की नजदीकी मित्रता का सूत्रधार माना जाएगा। उन्होंने दोनों देशों के मध्य परस्पर सहयोग बढ़ाने में महत्त्वपूर्ण भूमिका निभाई।''

—ब्लादिमिर पुतिन, राष्ट्रपति, रूस

''डॉ. कलाम की मृत्यु दुःखद है। वह मेरे जैसे लाखों लोगों के लिए प्रेरणादायी व्यक्ति थे। हमारे पास उनके जीवन से सीखने के लिए बहुत कुछ है।''

—अशरफ गनी, राष्ट्रपति, अफगानिस्तान

''भारत के पूर्व राष्ट्रपति अब्दुल कलाम का अचानक निधन दुखद है। उनकी आत्मा को शांति मिले। इस घड़ी में भारत के साथ मेरी सहानुभूति है।''

—शेख हसीना, प्रधानमंत्री, बँगलादेश

''भारत के पूर्व राष्ट्रपति डॉ. ए.पी.जे. अब्दुल कलाम के परिवार और मित्रों के प्रति संवेदना। उनकी मृत्यु विज्ञान समुदाय के लिए भी एक बड़ी क्षति है।''

—मोहम्मद नजीब तुन रजाक, राष्ट्रपति, मलेशिया

''डॉ. कलाम के जीवन की शुरुआत सहज थी, लेकिन वे भारत के रक्षा अनुसंधान संगठन के शीर्ष वैज्ञानिक के रूप में चमके। उसके बाद 11वें राष्ट्रपति के रूप में देश की सेवा करते हुए वे भारत में लोगों के राष्ट्रपति के रूप में स्थापित हुए।''

—ली. सियेन लूंग, प्रधानमंत्री, सिंगापुर

''डॉ. अब्दुल कलाम एक ऐसे व्यक्ति थे, जो भारत को एक नई यात्रा पर ले गए हैं। आप हम सभी को शताब्दियों तक निरंतर प्रेरित करते रहोगे।''

—मैत्रीपाला सिरीसेना, प्रधानमंत्री, श्रीलंका

''डॉ. कलाम चीन-भारतीय मित्रता के सक्रिय समर्थक थे। सेवानिवृत्ति के बाद भी उन्होंने कई बार चीन का दौरा किया और पीकिंग विश्वविद्यालय में मानद प्रोफेसर के रूप में सेवाएँ दीं।''

—वांग यी, विदेश मंत्री, चीन

''एक वैज्ञानिक के रूप में डॉ. कलाम ने हमारी रक्षा तैयारियों में बुनियादी योगदान दिया। राष्ट्रपति के पद पर रहते हुए अपने आचरण से भारत को गौरवान्वित किया। उनका जीवन असाधारण साहस, दृढ संकल्प, दृढता और उत्कृष्टता प्राप्त करने की इच्छा की कहानी रहा।''

—मोहन भागवत, संघ प्रमुख

''राष्ट्रपति कलाम जनता के राष्ट्रपति थे। उन्होंने अपनी पूरी जिंदगी देश के लिए समर्पित कर दी। उनके जाने से देश ने ऊँचे सोचवाला एक पथ-प्रदर्शक खो दिया है।''

—राहुल गांधी, कांग्रेस उपाध्यक्ष

''मैं सुप्रसिद्ध राजनेता और कुशल वैज्ञानिक पूर्व राष्ट्रपति डॉ. ए.पी. जे. अब्दुल कलाम के निधन से बहुत दु:खी हूँ। मैं सौभाग्यशाली रहा कि ऐसे प्रतिभावान और सहृदय महामानव को नजदीक से जानने का अवसर मिला। उनके निधन से देश ने न केवल एक लोकप्रिय राष्ट्रनायक अपितु एक सर्वाधिक कुशल तकनीकी विशेषज्ञ भी खोया है, जो देश के उत्थान एवं विकास के लिए बच्चों और युवाओं को ऊँचा लक्ष्य और कार्य करने की प्रेरणा देते रहे। डॉ. कलाम से मेरा निकट संबंध तब बना, जब वे भारत सरकार के प्रधान वैज्ञानिक सलाहकार और मैं विज्ञान एवं तकनीकी मंत्री था। इसके बाद भारत के राष्ट्रपति के रूप में उनके केंद्रीय विश्वविद्यालयों और उच्च शिक्षण संस्थानों के 'विजिटर' और मैं केंद्रीय मानव संसाधन मंत्री के रूप में मेरा उनसे नियमित रूप से संवाद रहा और

नजदीक से कार्य करने का संबंध बना। उनका निधन देश के लिए एक बड़ी क्षति है और मेरे लिए भी व्यक्तिगत क्षति। देश के लिए हजार कलामों की आवश्यकता पड़ेगी, ऐसे महान् पुरुष दुर्लभ ही हैं। डॉ. कलाम की मृत्यु ने एक रिक्त स्थान छोड़ दिया, जिसको भरना बहुत कठिन है।''

—डॉ. मुरली मनोहर जोशी, पूर्व मानव संसाधन विकास मंत्री

''भारतमाता के सपूत, राष्ट्रपति पद भी जिनसे विभूषित हुआ, 'मिसाइलमैन' के नाम से जिन्होंने संसार में प्रसिद्धि प्राप्त की, 1998 में बड़ी कुशलता से देश परमाणु शक्ति-संपन्न हो गया और दुनिया जान न सकी, अंत तक जो स्वयं को अध्यापक कहलाने में गौरव अनुभव करते थे, जिन्होंने जीवन में कभी किसी को कष्ट नहीं दिया, उन्होंने अनायास मृत्यु प्राप्त की। ऐसे स्वर्गीय डॉ. ए.पी.जे. अब्दुल कलाम के प्रति हम विनम्रतापूर्वक श्रद्धांजलि समर्पित करते हैं। मैं उनके अनायास निधन से दुःखी हूँ। परिवारजनों एवं शुभचिंतकों को परमात्मा धैर्य एवं शक्ति प्रदान करे, यह भी प्रार्थना करता हूँ।''

—अशोक सिंघल, संरक्षक, विश्व हिंदू परिषद्

परिशिष्ट-2

पत्रिकाओं एवं पुस्तक से लिये गए लेख

'साहित्य अमृत' पत्रिका

1. मेरे वैज्ञानिक मित्र डॉ. कलाम
2. डॉ. ए.पी.जे. अब्दुल कलाम : इनसान के रूप में
3. संत कलाम
4. जीवन से भी विशाल : तब और अब
5. डॉ. कलाम अहर्निश शिक्षकीय भूमिका में
6. कर्मयोगी-स्वप्नद्रष्टा डॉ. कलाम
7. ईश्वरीय शक्ति ने मुझे कलाम के साथ काम करवाया
8. राष्ट्रपति कलाम बेहद साहसी व्यक्ति थे
9. डॉ. कलाम : एक आदर्श शिक्षक
10. अमर ज्योति कलाम
11. डॉ. कलाम के साथ बिताए इक्कीस साल

12. एक देवता के साथ बिताए पाँच वर्ष
13. अहिंदी-भाषी राष्ट्रपति का हिंदी-प्रेम

'विज्ञान' पत्रिका

1. हम मिलकर पूरा करेंगे डॉ. कलाम का सपना
2. वह इतिहास रचने आए थे, रचकर चले गए
3. बहुप्रतिभा के धनी, डॉ. कलाम
4. विज्ञान ऋषि डॉ. कलाम : प्रेरक स्मृतियाँ
5. डॉ. कलाम साहब : जिन्हें हम भुला नहीं पाएँगे
6. डॉ. ए.पी.जे. अब्दुल कलाम : एक अनुपम व्यक्तित्व
7. कलाम की पर दु:ख-कातरता
8. अनूठे प्रेरक—काका कलाम

'इलेक्ट्रॉनिकी आपके लिए' पत्रिका

1. डॉ. ए.पी.जे. अब्दुल कलाम
2. डॉ. कलाम : मित्र, विचारक एवं पथ-प्रदर्शक
3. अलविदा! डॉ. कलाम
4. कलाम से जुड़े कुछ अविस्मरणीय प्रसंग
5. इंडिया 2020 के स्वप्नद्रष्टा
6. बाल वैज्ञानिकों को बहुत याद आएँगे अंकल कलाम
7. एक अप्रतिम वैज्ञानिक एवं महामानव

'डिफेंस मॉनीटर' पत्रिका

1. पारखी नजर के धनी थे डॉ. कलाम

'कर्मयोगी कलाम' पुस्तक

1. साकार हो रहा राष्ट्रपति का सपना
2. राष्ट्रपति कलाम : जैसा मैंने उन्हें जाना
3. वैज्ञानिक कलाम : मानवीय गुणों के भंडार
4. राष्ट्रपति डॉ. अब्दुल कलाम : प्रशस्तियाँ

परिशिष्ट-3
लेखक/लेखिका परिचय

1. **श्री नरेंद्र मोदी**
प्रधानमंत्री
7, रेसकोर्स रोड, तीन मूर्ति मार्ग एरिया,
नई दिल्ली–110011

2. **डॉ. वाई.एस. राजन**
वरिष्ठ वैज्ञानिक, इसरो
524, नालंदा, 14वीं क्रॉस, 7वीं मेन, *इसरो*
बैंगलोर–560708
इ–मेल : ysrajan1944@gmail.com

3. **डॉ. रघुनाथ माशेलकर**
पूर्व महानिदेशक, वैज्ञानिक व औद्योगिक अनुसंधान परिषद्, नई दिल्ली
नेशनल केमिकल लेबोरेट्री,
पॉलीमर साइंस एण्ड इंजीनियरिंग बिल्डिंग,
डॉ. होमी भाभा रोड, पुणे–411 008
फोन : 020–25902605, 25902197
इ–मेल : ram@ncl.res.in

4. **प्रो. अरुण कुमार तिवारी**
निदेशक, केयर कन्वेंजेंस सेंटर,
रोड नं. 10, बंजारा हिल्स,
हैदराबाद– 500 034
फोन : 040–39116255
इ–मेल : tiwariarun@gmail.com

5. **विज्ञानरत्न लक्ष्मण प्रसाद**
लेखक एवं नवाचारविद्
3/6, मैरिस रोड, मैंडू कंपाउंड
अलीगढ़–202001

फोन : 0571-502156, मोबा.: 09358626917
इ-मेल : lakshmanratan@yahoo.co.in

6. **श्री पी.एम. नायर, *आई.ए.एस. (अवकाश-प्राप्त)***
राष्ट्रपति डॉ. कलाम के पूर्व सचिव
पांडिचेरी
फोन : 7639103463
इ-मेल : pmnair18@gmail.com

7. **श्रीमती मृदुला सिन्हा**
राज्यपाल, गोवा
राजभवन, गोवा
इ-मेल : snmridula@gmail.com

8. **श्री कर्नल अशोक किनी**
पूर्व लेखानियंता, राष्ट्रपति भवन
इ-मेल : spiritualindia@hotmail.com

9. **श्री सृजन पाल सिंह**
601-बी, रोहताश प्रेसिडेंशियल टावर,
विभूति खंड, गोमती नगर, लखनऊ
इ-मेल : srijanpalsingh@gmail.com
फोन : 08130031374, 08141422165

10. **डॉ. दीनानाथ तिवारी**
सभापति, विज्ञान परिषद्, प्रयाग
महर्षि दयानंद मार्ग, इलाहाबाद-211002
इ-मेल : vijnanaparishad_prayag@rediffmail.com

11. **श्री एस.एम. खान**
डायरेक्टर जनरल, दूरदर्शन विभाग,
नई दिल्ली
फोन : 09810861203
इ-मेल : smkhan.dg@gmail.com

12. **श्री एच. शेरिडॉन**
डॉ. कलाम के पूर्व निजी सहायक
नई दिल्ली
इ-मेल : sheridon@abdulkalam.com

13. **डॉ. जी. सतीश रेड्डी**
रक्षामंत्री के वैज्ञानिक सलाहकार
नई दिल्ली

14. **श्री आर.के. प्रसाद**
डॉ. कलाम के पूर्व निजी सहायक
नई दिल्ली
इ-मेल : rkprasad@abdulkalam.com

15. **डॉ. शिवगोपाल मिश्र**
प्रधानमंत्री, विज्ञान परिषद्, प्रयाग
महर्षि दयानंद मार्ग, इलाहाबाद - 211002
फोन : 0532-2460001
इ-मेल : vijnanaparishad_prayag@rediffmail.com

16. **प्रो. के.के. भूटानी**
उपसभापति, विज्ञान परिषद्, प्रयाग
महर्षि दयानन्द मार्ग, इलाहाबाद - 211002
फोन : 0532-2460001
इ-मेल : bhutanikk@rediffmail.com

17. **श्री संतोष चौबे**
संपादक, 'इलेक्ट्रॉनिकी आपके लिए'
सेक्ट, स्कोप कैंपस,
एन.एच.-12, होशंगाबाद रोड,
भोपाल-47
फोन : 0755-2499657, 6546511
इ-मेल : choubey@aisect.org

18. **श्री सुभाष चंद्र लखेड़ा**
वरिष्ठ विज्ञान लेखक
नई दिल्ली
इ-मेल : subhash.surendra@gmail.com

19. **श्रीमती अमिता अग्रवाल**
3/6, मैरिस रोड, मैंडू कंपाउंड
अलीगढ़-202001
मोबा.: 07830269268
इ-मेल : amita.numex@gmail.com

20. **श्री इरफान ह्यूमन**
वरिष्ठ विज्ञान लेखक
शाहजहाँपुर (उ.प्र.)
इ-मेल : research.org@rediffmail.com

21. **श्री आर.पी. गौतम**
संस्थापक, राज टैलेंट स्कूल,
खैर, अलीगढ़
मोबा.: 09927467742

22. **श्री सुधीर मिश्रा**
सी.ई.ओ. एण्ड एम.डी., ब्रह्मोस एयरोस्पेस,
डी.आर.डी.ओ.
नई दिल्ली
इ-मेल : skmishra@brahmos.com

23. **श्रीमती उमा प्रसाद**
3/6, मैरिस रोड, मैंडू कंपाउंड
अलीगढ़-202001
फोन : 0571-502156

24. **श्री समर मंडल**
फोटो विभाग,
राष्ट्रपति भवन
इ-मेल : samarmondol@gmail.com

25. श्री कौशल
छात्र, 11वीं कक्षा
सी.बी. गुप्ता सरस्वती विद्यापीठ
सिंघारपुर, मथुरा रोड,
अलीगढ़-202002

26. श्री प्रेमचंद्र श्रीवास्तव
वाई-2सी, 115/6, त्रिवेणीपुरम
झूसी, इलाहाबाद-19
इ-मेल : amitabh.premchandra@gmail.com

27. डॉ. सत्येंद्र कुमार सिंह
निदेशक 'विकास'
राज्य समन्वयक, राष्ट्रीय बाल विज्ञान कांग्रेस उ.प्र.
एच.डी.-86, ए.डी.ए. कॉलोनी,
नैनी, इलाहाबाद
मोबा.: 09450961953

28. डॉ. यशपाल सिंह
साइंटिफिक ऑफिसर,
राजा रमन्ना सेंटर फॉर एडवांस्ड टेक्नोलॉजी,
इंदौर (मध्य प्रदेश)
इ-मेल : ypsingh1968@gmail.com

29. पं. देवनारायण भारद्वाज
प्रधान संपादक, 'वयस्वी पत्रिका'
'वरेण्यम्' अवंतिका (प्रथम),
रामघाट मार्ग, अलीगढ़-202001
फोन : 0571-2742061

30. प्रो. (डॉ.) विजय पालीवाल
डिपाटमेंट ऑफ एनिमल न्यूट्रीशियन
हिसार एग्रीकल्चर यूनिवर्सिटी,
हिसार (हरियाणा)

31. **डॉ. दिनेश मणि**
35/3, जवाहरलाल नेहरू रोड,
जार्ज टाउन, इलाहाबाद-2
इ-मेल : dineshmanidsc@gmail.com

32. **श्री देवेंद्र मेवाड़ी**
सी-22, शिव भोले अपार्टमेंट्स,
प्लाट नं. 20, सेक्टर-7, द्वारका फेज-1
नई दिल्ली-110075
इ-मेल : dmewari@yahoo.com

33. **श्री आर. रामनाथन**
पदेन सचिव (अवकाश-प्राप्त),
दूरसंचार आयोग,
भारत सरकार, नई दिल्ली

34. **श्रीमती राकेश कुमार**
ए-406, रामकृष्ण, सी.जी.एच.एस.एल.टी.ओ.
फ्लैट नं. 12, सेक्टर-23,
द्वारका, दिल्ली-110077
मोबा.: 09968267553

35. **श्री देवव्रत द्विवेदी**
कार्यकारी सचिव, विज्ञान परिषद्, प्रयाग
महर्षि दयानंद मार्ग,
इलाहाबाद-211002
फोन : 09793128124
इ-मेल : vijnanaparishad_prayag@rediffmail.com

36. **श्रीमती दीप्ति शर्मा**
सहायक अध्यापिका,
राजकीय जूनियर हाईस्कूल,
छतारी, जिला बुलंदशहर
मोबा.: 09719574611

37. **डॉ. रामगोपाल**
पूर्व निदेशक, रक्षा प्रयोगशाला, जोधपुर
अ-66, कृष्णा नगर, न्यू पाली रोड,
जोधपुर (राजस्थान)

38. **श्री दिलीप भाटिया**
372/201, न्यू मार्केट,
रावतभाटा-323307 (राजस्थान)
मोबा.: 09461591498
इ-मेल : dileepkailash@gmail.com

39. **श्रीमती मंजू नौटियाल**
प्रधानाचार्या,
सी.एम.एस., जोपलिंग रोड, लखनऊ

40. **श्री दीनानाथ मिश्रा**
पत्रकार एवं पूर्व सांसद (राज्यसभा)

41. **श्रीमती आरती अग्रवाल**
निदेशक, इंस्टीट्यूट ऑफ इंगलिश लिटरेचर
नई दिल्ली

42. **श्रीमती अनामिका बंसल**
पूर्व परामर्शदाता,
स्टैंडर्ड चार्टर्ड बैंक,
लंदन, यू.के.
इ-मेल : anamikay220180@yahoo.co.in

❑❑❑